U0712484

本书编委会

主　　任：李绍美

副 主 任：蓝　青

成　　员：（按姓氏笔画为序）

白荣敏　刘兆武　吴舒婷　林成峰

林修东　郑　坚　高燕君

主　　编：杨应杰　钟而赞

编　　委：（按姓氏笔画为序）

王郑松　王雪平　林丹球

政协福建省福鼎市委员会文化文史和学习委◎编

海峡出版发行集团 | 海峡文艺出版社

图书在版编目(CIP)数据

磻溪/政协福建省福鼎市委员会文化文史和学习委编. —福州:海峡文艺出版社,2024.5
(福鼎文史.乡镇专辑)
ISBN 978-7-5550-3598-5

Ⅰ.①磻… Ⅱ.①政… Ⅲ.①乡镇—文化史—福鼎 Ⅳ.①K295.75

中国版本图书馆CIP数据核字(2023)第252957号

磻溪

政协福建省福鼎市委员会文化文史和学习委 编
出 版 人 林 滨
责任编辑 邱戊琴
出版发行 海峡文艺出版社
经 销 福建新华发行(集团)有限责任公司
社 址 福州市东水路76号14层
发 行 部 0591—87536797
印 刷 上海盛通时代印刷有限公司
厂 址 上海市金山工业区广业路568号
开 本 787毫米×1092毫米 1/16
字 数 400千字
印 张 23.25 插页 2
版 次 2024年5月第1版
印 次 2024年5月第1次印刷
书 号 ISBN 978-7-5550-3598-5
定 价 95.00元

如发现印装质量问题,请寄承印厂调换

总　序

李绍美

福鼎古属扬州，晋属温麻县，隋开皇九年（589）废温麻县改原丰县，唐武德六年（623）置长溪县，清雍正十二年（1734）为霞浦县辖地，归福宁府。清乾隆四年（1739）由霞浦县划出劝儒乡的望海、育仁、遥香、廉江四里设福鼎县，县治桐山。1995年10月，福鼎撤县设市，现辖10个镇、3个街道、3个乡（其中2个畲族乡）、1个开发区。

福鼎建县虽不足300年，但人文历史悠久，早在新石器时代就有先民在这块土地上繁衍生息，并因山海兼备的地理特征创造出丰厚和多元的文化，如滨海名山太姥山孕育了太姥文化，依海而生的马栏山先民则开辟了海洋文化。随着时代的发展，福鼎的文化愈发精彩和独特：与浙江交界的叠石、贯岭、前岐等乡镇，接受瓯越文化较为明显，其方言与温州的腔调接近；与长期作为闽东文化中心的霞浦县相近的硖门乡和太姥山镇，受儒家文化影响较深，文风盛于其他乡镇；地处山区的管阳、磻溪等镇和地处滨海的沙埕、店下等镇，在生产方式与生活习惯上均有很大的不同……新中国成立以来，特别是改革开放后，福鼎各乡镇立足各自的区位特点和地方传统，抓住历史机遇，走出了各具特色的发展之路，在经济建设、社会治理、文化繁荣等方面都取得了长足的进步，变化可谓翻天覆地。

基于市情，我们改变常规文史工作立足县市层面，把视角下移，提出为辖下的13个乡镇、3个街道、1个开发区编纂文史资料并合出一套丛书的思路，使得政协文史工作更细致入微、更接地气。这一思路得到了福鼎文史界和各乡镇（街道、开发区）的积极支持和大力配合。为了做好这项工作，市政协总体协调，聘请文史研究员跟踪、指导、参与丛书具体编纂事宜，努力推进这项工程量巨大的工作。各个乡镇（街道、开发区）成立工作小组具体落实，有的乡镇与高校合作，借助高校的科研力量；有的乡镇聘请当地文史工作者，借助当地“活地图”“活字典”的力量……可谓“八仙过海，各显神通”，使得丛书的编纂进展顺利。

本次系统挖掘整理各乡镇的文史资料，是文史工作的一次创新，而且以乡镇为单位编纂成书，使每个乡镇零散的资料归于系统化，实乃为每一个乡镇写史纂志，对各乡镇的文化建设意义重大。在工作中，很多史料的价值以文史的眼光审视得到重新“发现”，更有不少内容属于抢救性的挖掘整理，十分难能可贵。也因此，这项工作具有开拓性，也更具挑战性。自工作开展以来，镇里、村里的老干部、老“秀才”和“古董”们，市里各个领域的文史爱好者，以及高校研究人员，纷纷热情参与其中，为完成这项浩大的文化工程付出了艰辛的劳动。大家既科学分工，又团结协作，怀抱对乡土的热爱、对家乡的厚谊及对文史的关怀，兢兢业业，埋头苦干，无私奉献，终于使煌煌几百万字的“福鼎文史·乡镇专辑”丛书与大家见面了。该丛书的出版，拓展了福鼎文史工作的广度和深度，使福鼎文史工作有了新的突破、质的提升。

文史工作是政协工作的重要组成部分，是一项有益当代、惠及后世的文化事业，在传播优秀文化遗产、繁荣发展文化事业、推进建设和谐社会等方面都具有十分重要的意义。市政协历届领导班子有重视文史工作的优良传统，以对历史负责的求实态度，尊重社会各界的意见、建议，注重文史人才的培养并发挥他们的积极作用，守正创新，破立并举，推进福鼎政协文史工作长足发展，为福鼎地方文化建设做出了积极贡献。在此，谨向所有关心和支持这项工作的各界人士表示诚挚的谢意！

读史可以明智。历史是昨天的客观存在，是我们认识现实、走向未来的前提和出发点。迈入新时代的福鼎，正孕育着新的希望，让我们紧密团结在党的领导下，一如既往地秉承“肝胆相照，荣辱与共”的方针，与全市人民一道，团结拼搏，鼎力争先，不忘初心，接续奋斗，为加快建设宁德大湾区沙埕湾生态临港产业城市发挥我们应有的作用，做出我们应有的贡献。

是为序。

（本文作者为福鼎市政协党组书记、主席）

序：状元故里·大美磻溪

林开诚

一、因溪而名，沿革多变

磻溪，原为溪名。据清嘉庆《福鼎县志》载："磻溪，源出九髆山（今九冈山），东迳车岭，汇于叶莒溪，又东，至百步溪、翁潭入海。"

北宋太平兴国三年（978），林氏先祖林遇自浙江昆阳（今平阳县）迁居鼎邑磻溪。林姓先祖把从湖林、弄坑流经漫水桥的这段溪流称为"西涧溪"，把从五蒲、金盘、坑头、岭头流向漫水桥这段溪流称为"东涧溪"，后为发展需要，把西涧溪盘直，改成现在的流向，从此便有"盘溪"之说。因改直后的溪门只有原溪门的一半宽，又有人称之为"半溪"。清乾隆年间，族里文人雅士把"盘溪""半溪"改为"磻溪"，意在追从姜太公之志，隐身磻溪，安居乐业。另一说，"盘石之安，其在斯乎，遂考其盘桓之乐，因名之曰磻溪"。

磻溪镇位于福鼎市西南部，在"海上仙都"太姥山西麓，与霞浦、柘荣两县交界，距福鼎市区33千米。唐宋属长溪县，元明时属福宁州劝儒乡望海里九都，清乾隆四年（1739）福鼎置县后为十二、十三都，部分为十四都。清末筹办自治，废都里为区，福鼎全县划编为19个区，磻溪区为其中之一。1912年，沿清末建制，仍设磻溪区。1934年秋，全县20个区缩编为5个区，白琳、点头、翠郊、磻溪并为第四区。1940年8月改联保为乡镇，磻溪镇域析分为蒋吴乡和磻溪镇。1944年10月改制，全县计编10个乡5个镇，磻溪为乡。1949年6月，福鼎全县划为四区一镇，磻溪乡归点头区辖。1950年6月，福鼎进行行政区划整编，磻溪归属白琳区辖。1952年5月设磻溪区，1968年6月成立磻溪人民公社革命委员会。1983年11月，全县进行体制改革，改磻溪人民公社为磻溪区公所。1987年7月，改磻溪区公所为磻溪乡人民政府。1992年10月撤乡建镇，改磻溪乡人民政府为磻溪镇人民政府，辖19个村委会。1993年因建桑园水库，并海洋、桑园为桑海村。

磻溪镇域面积222.3平方千米，占福鼎市的七分之一，是福鼎市地域面积最大的乡镇。下辖磻溪、黄冈、金谷、蒋阳、杜家、赤溪、吴阳、大洋、青坑、仙蒲、后坪、桑海、湖林、油坑、炉屯、排洋、朝阳、南广 18 个行政村，共 294 个自然村，拥有人口近 3 万。全镇有汉、回、畲 3 个民族，共 50 多个姓氏。

二、历史悠久，文化多元

磻溪宗族聚落特征十分明显。唐僖宗时，翁氏先祖迁桑园，第四世翁十四在唐末五代时统领军队守隘长溪白琳寨达 36 年，2003 年版《福鼎县志》有载。北宋时，仙蒲叶氏、磻溪林氏、南广李氏、杜家杜氏、炉屯陈氏先后迁入。李氏先祖自北方带来了先进的制陶技术，迁居南广后，多以陶瓷制造为业。南广现有南宋窑址，出土了彩青釉执壶、碗、碟和部分窑具，具有很高的文物价值。南宋时，青坑吴氏、青龙郑氏、后坪张氏、磻溪吕氏、黄冈周氏迁入。明清时，政府奖励垦荒，金谷耿氏、梅洋王氏、湖林池氏、小溪沈氏、油坑曾氏、蒋阳马氏、赤溪褚氏及蓝氏、雷氏、郭氏、邱氏、罗氏、温氏、何氏、蔡氏、甘氏、姚氏、江氏、刘氏、钟氏、杨氏、季氏、黄氏、金氏、饶氏等迁入，磻溪人口骤增，域内的山林草地得到大规模垦辟，农业发展加速。清末和民国社会动乱，又有冯氏、束氏、岳氏、卓氏、汪氏、纪氏、程氏等迁入。

悠久的历史，积淀着深厚的文化底蕴。古朴气派的磻溪林宅，气势恢宏的仙蒲古民居，祥和庄严的后畲临水宫……宫庙寺祠观，亭台楼榭阁，都体现出精湛的技艺和独特的风格。明朝桑园翁氏祖墓，规模宏大、结构独特，是福鼎目前所知占地面积最大的古墓。建于清朝末年的溪尾拱桥，高跨两岸，宛如空中楼阁，为福鼎第二条木建大拱桥，充分体现了磻溪先人非凡的智慧。磻溪古廊街，依山傍水，一年四季，避风遮雨，福鼎域内罕见。三十六弯古官道上的秦公桥和五峰桥历史悠久。

因地处霞浦、福鼎、柘荣三县交界处，历史上驿道穿镇而过，学子、商人、官宦等前往福宁府或福州都得经过磻溪，各界人士南来北往，促进了蒋阳古街和磻溪古街的繁荣。经磻溪的古道有 20 千米，道上设有杜家、蒋阳、三十六弯、五蒲岭 4 个关隘、3 个铺递，数量为福鼎各乡镇之最。宋时蒋阳还设有巡检司。

磻溪先人还分别以古官道上的蒋阳、五蒲岭为中心各修通了 3 条支道；磻溪经牛栏头、桑园、岭头、仙蒲至霞浦洋里有古道；七都溪是旧时磻溪通往霞浦的水上要道，全长 18 千米。因此，磻溪旧时交通可谓水陆兼备，四通八达。

1305 年，吴氏先祖在蓝溪创办第一家竹纸加工坊。明清时期，仙蒲村民开始制造粗纸；民国时期，仙蒲造纸业发展至高峰。1939 年，仅仙蒲整村 180 户就有

170户造纸，1956年仙蒲创办民办造纸合作社，直至1987年才最终停止造纸。磻溪竹编业发达，涌现出许多编制竹具的能工巧匠，林逢迁竹艺书法名传四方，见诸报端；青龙郑氏先祖学有制造火炮的一整套技术，他们制造的单双响礼炮深受城乡居民欢迎，名噪一时……

磻溪人民在长期的生活中形成了许多民俗。仙蒲、南广的春祀祈福活动很隆重，场面壮观，年头戏、竖“马箸”，独具魅力；畲族二月二、三月三等传统节日，让人充分感受到畲家的热情好客及独特风情；后畲陈、林、李三位夫人的巡游和大办八将、八仙，也都别具特色。

磻溪是革命老区，下山溪、马兰溪、福溪、庄边、梨园、梅洋、龟洋等村是霞鼎县委、霞鼎泰县委主要革命根据地之一。1934—1935年，霞鼎县委、霞鼎泰县委、闽东红军独立师、红四团在磻溪开展活动，多次粉碎国民党军队、保安队、地方民团的“围剿”。

三、耕读传承，人才辈出

磻溪人杰地灵，与历来重视教育有关。桑园书斋、双魁书院、仙蒲书院、张氏文昌阁等族塾义学的兴办为磻溪培育大量英才。唐宋以来，磻溪书礼相传，名人辈出。桑园翁懋、翁易、翁廷相、翁旦、翁茂榔等入《福宁府志》（志上误籍“霞浦”）。林汝泱高中右榜状元，是科举时代福鼎唯一的武状元。林仲节登江浙行省癸亥科乡试解元，学台批语：“福建若无林仲节，满船空载月明归。”第二年，林仲节高中左榜二甲，是元朝福宁州唯一的进士。据1998年版《宁德地区志》记载，科举时代福鼎仕外五品以上官员总共6个，而磻溪就有林汝泱和林仲节2个。林光祖、林桂发、林宋卫亦问榜进士。北洋书香，父子拔贡，“十八秀才”同出一门。杜子新、杜子肃、杜应麟等在明代相继登科入仕。清代黄冈蛤蟆座有武魁吴均堂。后坪张氏有太学生17名，郡邑庠生13名，岁贡、例贡4名，武生2名，武举人2名，正八品冠带2名；梅洋王务琨派下有八品2人，登仕佐郎1人，庠生7人……据不完全统计，磻溪各姓氏有功名者达200余人。

清末民初，杜氏文风日炽，杜慕莲和杜楚楠、杜柳坡、杜琨父子4人皆福鼎名士，诗声颇著，尤以杜琨为最。民国以来，磻溪又有文化知名人士林家凤、林大可、林玉溪、林乃曾、林开讲、林宸等。林仲节的《四灵赋》被《四库全书》收录，《永济桥记》流传至今，《重修达奚将军庙之碑》的碑文拓片现存于北京故宫博物院。杜子新留有诗赋《更乌杯为仁会里》《咏仁会诸形胜诗》《又咏仁会里十四景诗》。杜琨著述甚多，有《北游吟草》、《张氏词选校注》四卷、《作诗法讲义》两卷、《平范》一卷，归闽后又编纂《闽东诗钞》十余卷、《三余山馆诗话》一卷、《霍童倡和诗》一卷，纂辑《文字音韵学》一卷，其他杂著未成者《说文札记》《读史随笔》等有若干卷流传于世。

磻溪曾有过许多名医，如林怀席、林季仁、杜楚楠、杜筱辉、周克梁、周克沼、周克彭、周起篆、周钦、周起级、杜复培等。他们以家传秘方为群众治疗各种疑难杂症，为百姓安康做出了重要贡献。

磻溪戏曲艺术多姿多彩。紫岭林氏早在明正德年间就成立一戏班。20 世纪 60 年代，赤溪村成立闽剧团。20 世纪 80 年代，金谷村成立业余京剧团，目前仍有部分演员活跃在舞台上。说书艺人王得租“云游”霞浦、福鼎、柘荣各地，以说书播撒快乐，群众叫好之声不绝。其他如布袋戏、提线木偶戏等民间艺术都曾在磻溪盛极一时。

改革开放以来，大批磻溪商业人才走向大城市，引领家乡经济发展。后坪张氏在广东经营汽车配件，形成了专业市场。林型彪、周庆贺、周德荣等在广州芳村开拓茶叶市场，王忠华、翁开振等人在山东济南、烟台等地开拓茶叶市场，使磻溪的茶叶在南方与北方立足，为福鼎白茶在广东与山东市场开拓奠定了坚实的基础。

四、青山碧水，生态优良

磻溪镇气候宜人，属中亚热带季风气候，四季分明，冬无严寒，夏无酷暑，光热、雨量充足，具有较明显的山地立体气候，年均气温为 16.4℃。域内群山起伏，森林茂密，重峦叠嶂，青山碧水，被誉为“太姥山麓的一颗绿色明珠”。

优良的生态环境使磻溪具有丰富的旅游、茶叶竹木、淡水养殖、水利矿藏等资源。域内拥有风光旖旎的九鲤溪，气势磅礴的溪口瀑布，美丽婉约的桑翠湖，以及万亩竹海、千亩草场、天洲溪、瀑布群等景点。九鲤溪位于国家级风景名胜区太姥山西麓，是构筑太姥山“山、海、川、岛”旅游框架的重要组成部分。乘坐竹筏，途经九曲十二滩，既可领略优美迷人的自然风光，又可体验水上漂流的紧张刺激。桑翠湖是一个山水环抱的人工湖，可垂钓湖边，可漫步湖畔，可泛舟湖上，鸟鸣悦耳动听，山水相映成趣，令人流连忘返。天洲溪全长 7.8 千米，溪岸宽阔，有亘古不枯的日月潭，气势磅礴的七层际瀑布，有叶飞将军的养伤洞……

磻溪镇拥有水域面积 1 万亩，水质优良，淡水养殖潜力大，优势明显。赤溪村的小溪经权威机构检测，水质的理化性能达到优质水平，养殖环境得天独厚。

全镇水利资源总量达2.8亿立方米，建有市级桑园电站及镇村办电站16座。

磻溪森林覆盖率在福鼎居首，名贵树木与几百年的参天大树应有尽有，国营后坪林场与九峰山林场的树木绵延不绝，站在高处，远眺磻溪，处处皆森林。这里拥有林地面积24万亩，天然绿毛竹面积5.8万亩，贮藏量1400万根，年可砍伐200万根。

桑园水库广袤的水域使磻溪形成独特的小气候，微酸性土壤与丰富的腐殖质为茶树生长提供优质条件。随着福鼎白茶的走俏，磻溪的茶业发展促进了磻溪的繁荣。

磻溪镇生产茶叶历史悠久。1279年，黄冈周氏先祖从浙江丽水迁居黄冈，优选山间多种野生茶树栽于农地阡陌。周氏十五世周三虞于1674年截太姥山岩茶枝，带回培育茶苗，以种茶为生。清代，茶叶为磻溪人的主产业，湖林"周鼎兴"茶品牌荣获巴拿巴金奖。民国年间，吴观楷先生创办的双春隆茶行在福鼎名列前茅。

中华人民共和国成立后，周汉粉（奋）的茶园高产优质事迹引起重视，国家、省、地区派专家进驻黄冈大湾头研究茶树品种、加工工艺、土壤气候等。1958年，黄冈村被评为"全国茶叶生产先进单位"。1959年，全国茶业现场交流会在磻溪镇黄冈村召开。1963年，国营茶厂湖林茶叶初制厂落户湖林村，收购湖林村及周边村大量茶叶。

2007年，福鼎市政府打造福鼎白茶公共品牌，磻溪的白茶产业进入发展的快车道。广福、誉达、大沁、闽翁、立达、晒鼎香、康来颜、大湾头、四季盛、万世留香、一叶九鼎、万母茶业等白茶品牌耳熟能详。品品香、绿雪芽等驰名品牌都在磻溪建立茶叶联合体，原材料就来自磻溪。传统的制茶工艺在磻溪发扬光大，茶叶已经成为磻溪茶农的主要收入，成为乡村振兴的主要抓手。

五、农林强镇，发展迅速

磻溪镇正围绕"环太姥山生态文明旅游名镇"的建设目标，按照"抓稳定、保运转、促民生、创特色、求发展"的工作要求，坚持"潜力在山、希望在林、优势在水"的发展理念，实施"生态立镇、旅游兴镇、农林强镇"的经济发展战略，依托资源优势和产业布局，致力打造以集镇所在地磻溪村为中心的生态文化小城镇建设区，以湖林新农村建设示范村为中心的上半片茶、竹、木加工区，以赤溪村、杜家村为中心的生态旅游观光区的"三角"区位经济发展模式。

魅力磻溪，在其优良生态条件，亦在其丰厚人文历史。2011年之后，九鲤溪景区峡谷不断发现中华桃花水母。中华桃花水母对水质要求很高，被称为水中“大熊猫”，可见水质之好。大洋山森林公园获批“省级森林公园”，金谷、湖林、油坑、黄冈、仙蒲、磻溪6个村被评为“省级生态村”，车岭获评“中国最美生态旅游村落”，杜家村上榜“福建省最美休闲乡村”，仙蒲村被列入第一批中国传统村落名录……磻溪的生态之优良越来越被发掘。2021年，农业农村部公布第一批100个“三品一标”基地，磻溪镇福鼎白茶“三品一标”基地入选。

中国扶贫第一村——赤溪村被授予“全国旅游扶贫试点”“中国乡村旅游模范村”“中国最美休闲乡村”等称号。赤溪，成为磻溪乃至福鼎、宁德脱贫攻坚进程的缩影，是展示扶贫攻坚的一个敞亮的窗口，是扶贫开发“宁德模式”的典范。2015年1月29日，赤溪村扶贫工作成效得到习近平总书记批示肯定。2016年2月19日，习近平总书记通过人民网与赤溪村民连线对话。

赤溪在前进，磻溪在发展，这方宝地的未来一定更加美好。

（本文作者为福建省质量技术监督局干部学校原校长）

目　录

山川故里

宗族聚落

人物春秋

往事钩沉

文教卫生

茶韵悠悠

民俗风情

附录：

山川故里

磻溪的福鼎之最

郑晋生

面积最大　磻溪镇现有镇域面积222.3平方千米，占全市的七分之一，是福鼎市面积最大的乡镇，下辖18个行政村。有诗为证：“福鼎最大是磻溪，面积占有七分一。地处福鼎西南域，山清水秀人着迷。磻溪镇辖十八村，一湖一海五个洋。两坑两溪金炉冈，还有后坪仙家广。”

山峰最高　磻溪镇千米以上高山有鸡母尖、目海尖、青龙山、大尖顶、牛桐坡、葫芦门冈头、流米仔等7座，堪称“福鼎屋脊”。其中最高峰鸡母尖海拔1217.3米，在后坪龟洋村普明寺后，为福鼎市最高山峰。

森林覆盖率最高　磻溪镇森林覆盖率达88%以上，绿化率达96%以上，堪称福鼎市的“绿肺”。2012年初，磻溪镇被福建省环保厅评为“省级生态镇”，金谷、湖林、油坑、黄冈、仙蒲、磻溪6个村被评为“省级生态村”。

首次发现桃花水母　2011年8月6日，福鼎太姥山麓九鲤溪景区峡谷中首次发现大量疑似桃花水母的生物。8月8日，福建师范大学生命科学院副院长陈寅山教授观看照片和视频后进行实地考察，基本确定是桃花水母。桃花水母在全世界只有11种，除日本伊氏、英国索川外，其余9种都在中国。桃花水母已存在几亿年甚至几十亿年，是地球上最原始、最低等的无脊椎腔肠动物，被称为“水生物的活化石”，极具学术价值。桃花水母对生存环境有着极高的要求，水质不能有任何污染，其活体极为罕见，属于世界保护级别最高的“极危生物”，比大熊猫还珍贵。

桃花水母（磻溪镇文化站 供图）

毛竹最多　　硋溪镇拥有5.8万亩天然绿毛竹，占全市毛竹面积的59%，毛竹储藏量1400万根，每年可砍伐200万根，为福鼎市第一。青坑的有些毛竹甚至可以做水桶，人们称之为“桶竹”。20世纪50年代末，福鼎县文化馆举办农副产品展览会，青坑桶竹入选，3个小伙子抬着1根毛竹整整走了一天才到城关。

最大的水电站——桑园水电站　　福鼎桑园电站建于1995年，投入资金2.5亿元，装机容量3.75万千瓦，年发电量1.08亿千瓦时。电站大坝拦截九鲤溪上游，形成桑园水库，水库淹没土地4422.21亩，淹没2个行政村和13个自然村，致使搬迁房屋55407平方米，移民532户、2133人。坝址以上控制流域面积142平方千米，多年平均径流量1.85亿立方米，多年平均流量5.86立方米/秒，水库面积2.72平方千米，水库总库容7350万立方米，调节库容量5230万立方米。

最大的林场——后坪林场　　国营后坪林场于1973年3月15日经省级部门批准正式创办，属省办地管正科级单位。有工人编制110名，干部10名，设有后坪林业公安派出所。现地涉福鼎市硋溪镇的湖林、桑海、后坪、仙蒲、南广、大洋、吴阳7个村，有林业用地52967亩。现有林木面积30217亩，总蓄积量58923立方米。

后坪林场（硋溪镇文化站 供图）

通车公路里程最长　　硋溪镇现有通村水泥路约114千米，全镇分仙蒲、吴阳、油坑、湖林、赤溪5条线路，并开通往返福鼎市区班车，其中仙蒲、吴阳、油坑3条线路每天各开两班车，湖林、赤溪2条线路每隔30分钟至40分钟开一班。此外，朝阳村每天开两班至白琳的班车（后取消）。

最大的古墓——桑园翁氏祖墓　　桑园翁氏祖墓是福鼎市已知规模最大的古墓，建于明嘉靖十七年（1538）三月，长约42米，宽约27米，占地总面积约1700平方米。墓的风格独特，为“高”字形，五层梯进落，结构简约，明快大气，在福鼎域内罕见。

最长的古驿道　　福建北驿道福鼎段有75千米，途经硋溪、白琳、点头、桐山、贯岭5个镇，在硋溪段的古道最长，有20千米。在20千米古道上，设有杜家、蒋阳、三十六弯、五蒲岭4个关隘、3个铺递，均为福鼎最多。宋时蒋阳还设有巡检司，明清时设有腰站。

宁德市唯一的武状元　林汝浹，字伯深，号则庵，劝儒乡望海里九都（今磻溪）人。南宋嘉定四年（1211），他高中辛未科右榜状元，授合门舍人，是科举时代宁德市唯一的武状元。

元朝福宁州唯一的进士　福宁州元朝唯一的进士林仲节，字景和，劝儒乡望海里九都（今磻溪）人。元英宗至治三年（1323），登江浙行省癸亥科乡试解元。第二年，林仲节进京应试，高中左榜二甲。

第一个女子造林队　福鼎第一个女子造林队为磻溪公社金谷五峰山女子造林队。1973 年，3 个上山下乡女青年与 15 位本地女青年组成磻溪公社金谷五峰山女子造林队，7 年共造林 11558 亩，开荒 3570 亩，绿化了周围 30 多里的荒山。她们白天生产劳动，晚上及休闲时间学文化、学军事，参加县民兵大比武获第二名，省军区、福州军区、宁德军分区领导多次到该队检查指导工作。1979 年，五峰山女子造林队被评为宁德地区绿化先进集体、福建省三八红旗集体、全国新长征突击队，队长耿兰花获“全国三八红旗手”称号。

第一个省级森林公园——磻溪镇大洋山森林公园　磻溪镇大洋山森林公园是目前福鼎市唯一一个省级森林公园，森林覆盖率达 90.4%，拥有常绿阔叶林、常绿针阔混交林、常绿针叶林、灌丛 4 个植被类型，有樟树林、枫香、毛竹、柳杉林等 30 多个植物群落，有维管束植物共 79 科、542 种，有 170 多年的红豆杉，有距今约 1.8 亿年的中生代低等植物刺杉椤，还有国家二级保护植物金毛狗蕨等多种名木古树。森林里还分布着包括云豹、鸳鸯、黑麂等 490 多种国家级重点保护野生动物。

全国茶叶生产现场会在磻溪召开　1959 年 3 月，全国茶叶生产现场会召开，磻溪为分会场。其时，来自全国 16 个产茶省的 100 余名茶叶代表参观了黄冈、大湾头、湖林等茶叶主产区，这是福鼎第一次而且是唯一一次作为全国茶叶生产现场会参观现场。

最先发现南宋古窑址　据福建省考古队 1982 年 8 月调查发现，南广古窑址面积达 2.5 平方千米，有积层多处，厚 0.8—1.2 米，是福鼎县首次发现的南宋窑址。出土有彩青釉执壶、碗、碟和部分窑具，具有很高的文物价值。1989 年 4 月，南宋古窑址被公布为县级首批重点文物保护单位。

中国扶贫第一村　1984 年 6 月 24 日，《人民日报》在头版刊登王绍据的文章（读者来信）《穷山村希望实行特殊政策治穷致富》。该文反映了当时赤溪行政村下山溪自然村的贫困现状，不久引起党中央、国务院对贫困地区的高度重视，全国规模的扶贫工作由此拉开大幕。1994 年 7 月，宁德地委实施“造福工程”，在赤溪村兴建长安新村，集中安置下山溪村民。1995 年 5 月，下山溪村共 22 户、88 位村民迁居长安新村。2009 年 4 月 30 日，国务院扶贫开发领导小组办公室以“国开发〔2009〕57 号文件”通知福鼎市赤溪造福工程图片晋京参加中华人民共和国成立 60 周年大型成就展，因而有了“中国扶贫第一村”称号。

名木古树最多　据福鼎市林业局 2003 年普查，磻溪镇名木古树现存数为福鼎市最多。区域内有挂牌登记在册的古树名木 318 株：香樟 12 株、红豆杉 29 株、枫香 94 株、罗汉松 11 株、苦槠 8 株、竹柏 7 株、文母树 69 株、柳杉 13 株、罗木石楠 35 株、乌柏 3 株、香阳木 1 株、南岭栲 1 株、甜槠 15 株、木荷 3 株、榉树 1 株、南木 4 株、重阳木 2 株、圆柏 2 株、闽粤栲 2 株、朴树 2 株、水仙石栎 1 株、杜英 3 株，另有花梨木、香榧、银杏、石栎等。其中，仙蒲村庄边自然村一株红豆杉最大树径为 3.8 米，树高约 30 米，树冠 25 米，树龄至少 600 岁，为磻溪目前最大、最老的名木古树。

磻溪山川地理概览

钟而赞　黄鼎立　周文聪　朱世桂　陈卓津

地貌

磻溪域内重峦叠嶂，林木丰茂，山清水秀，气候宜人，被誉为“太姥山下的一颗绿色明珠”。镇域群山耸峙，千米以上高山有 7 座，素有“福鼎屋脊”之称。其中，鸡母尖主峰高 1217.3 米，为福鼎最高峰。域内沟壑纵横，水系发达，水力资源丰富，从北到南，由西到东，构成纵横交错的水网，福鼎最大水电站桑园水电站即坐落本镇。属亚热带季风气候，四季分明，冬无严寒，夏无酷暑，光热、雨量充足，山地立体气候明显，年均气温为 16.4℃。山地多为黄壤，宜茶宜林地多，茶叶、竹木资源丰富，是福鼎市林业生产主要基地。

镇域以山地、丘陵为主，总体海拔在 600—1200 米。西部高峰林立，湖林、油坑、赤溪一带以低山类地貌为主，绝对高度为 500—800 米，坡度大于 30 度。主要岩性为含玻屑或晶屑熔结的凝灰岩、凝灰质岩、砂砾岩和花岗岩等。地貌发育具有岭谷平行的特点，山谷多呈“U”形。山区土壤为黄红壤、红壤，土层较厚，有机质含量较高，植被丰富，但农耕地面积并不大，绝大部分土地适宜发展林业、畜牧业。沿屿、章峰、里墕、青坑、海洋、仙蒲一带岩石时隐时现，沟谷两旁坡势陡峻，土层浅薄，难以开发利用。磻溪西北部片区与相邻的管阳镇呈“U”形的盆谷分布区连绵在一起，谷地较宽，土层深厚，适宜发展粮食和其他经济作物种植。

山

鸡母尖　主峰高 1217.3 米，乃福鼎最高峰，在磻溪后坪龟洋村普明寺后。

目海尖（**望海峰**）　在福鼎、霞浦、柘荣三县市交界处，主峰高 1192.4 米，南属霞浦县，北属柘荣县，东系福鼎仙蒲村辖地。

青龙山　山巅凹下，其状如鼎，又名“鼎鼎山”。主峰高 1141.3 米，位于南广与后坪两村之间。

九膊山　现名“九冈顶”，在磻溪村西，山有九山冈，绵亘数十里。

五叶莲峰　在黄冈村南，高千仞，五峰叠翠，形若芙蓉，西北有鸡心冈、九龙漈。

旗峰冈　在黄冈村西北，峰峦层叠，形如展旗。

狮子山　在黄冈村东，状如伏狮，前有巨石如毬，俗称“狮子戏毬”。

东山　在礌溪村紫岭东，与九膊山并峙。

马山　在青坑村。

凤鸣山　在大洋村凤迹洋。

龙顶山　在大洋村仙后，东为马鞍丫，北为章家岭，岭之巅有石牛。

八仙山　在仙蒲村。

凤升洋山　在杜家村乌杯。

象往山　在后坪村，磴道盘旋，巍然秀拔，高出群山。

长崎顶　在南广村墩头东，山势耸拔，北为马鞍山。

五蒲岭　在金谷村，高峻凌霄，下为三十六弯。

蛟龙山　在湖林村，高峻险绝，屏障交重，旁为三篓岭。

大尖顶　主峰高 1047.4 米，在仙蒲村。

牛桐坡　主峰高 1128.8 米，在仙蒲村。

葫芦门冈头　主峰高 1114.4 米，在仙蒲村。

流米仔　主峰高 1074.9 米，在仙蒲村。

川

礌溪　源出九膊山，东经车岭汇于叶莒溪，又东至百步溪于翁潭入海。

东涧溪　水出五蒲、金盘、后门垅、尖峰山，经井下、花门楼汇流于礌溪坑尾双溪口，流经白琳百步溪翁潭入海。

梨园溪　水出龟洋，绕青龙山，汇青龙溪达桑园水库。

仙蒲溪　水出目海尖，流经仙蒲，汇于后坪、梅洋涧水，流向桑园水库。

蛟龙溪　源于柘荣长崎东面之水，流经南广、蛟龙，流向桑园水库。

樟柏洋溪　自炉屯达排洋、益溪、溪口、赤溪，东南至杨家溪入海。

九里潭　长 4.5 千米，至赤溪、梨溪汇入杨家溪。

溪口溪　源出五蒲彭坑，经长坑溪绕五峰山南流，汇南岭溪于溪口入乌杯。

青坑溪　江大洋、吴阳之涧水合流于岩下，至朝阳、溪口流向乌杯。

小溪　源自仙蒲流米仔，江福溪、马兰溪、天洲溪、下山溪四流，至赤溪流入杨家溪。

气候

磻溪为高海拔地区，气温较低，年平均气温14℃—15℃，历年日平均气温大等于10℃。山区无霜期228天，初霜期为11月中旬，终霜期在4月下旬。

磻溪年降水量达2000毫米以上。由于受季风气候影响，镇域降水有明显的季节性，从10月至次年的2月为全年的干旱季节，降水量只占年降水量的18.2%。雨量大部分集中在3—9月，占全年总降水量81.8%，其中，3—4月为春雨季节，5—6月为梅雨季节，7—9月为台风盛行季节，多阵雨和雷阵雨。

磻溪镇为深山区，降雨量多，蒸发量小，水量充沛，因地势起伏而形成独特的水文地貌特征。年平均相对湿度达83%，但在一年的不同季节中有明显差别，其中以梅雨季的5、6两月最高，能达86%，秋冬的10至次年1月和次年一月最低，为79%。

土壤

残积母质主要分布于山顶和山坡中、上部，为林地、旱地和渗育型水稻土分布区。

坡积母质是岩石风化物经地质年代重力作用堆积成的母质，分布于山坡中、下部，为渗育型水稻土的主要母质类型，是磻溪镇主要的母质类型。

中性岩黄红壤土主要分布在英安岩、石英正长斑岩风化物的低、中山区，磻溪及相邻的管阳镇均有分布。质地为轻质中壤，土色灰黄，土层较厚，植被保存较好。土壤有机质含量高，系营造用材林的理想土壤。

黄壤土主要分布在海拔700—800米以上的半山区。该区域山高雾重，气温较低，土壤处于高山湿润的亚热带森林灌丛植被下，其富铁铝化作用较弱，因游离氧化铁受到水化作用，土色发黄。又因气温低，腐殖质积累较丰富。但由于淋溶作用较强，矿质养分贫乏。

山区土壤脱硅富铁铝化程度高，受植被类型和降水地形的影响，大量的盐基离子被带走，土壤为酸性土，pH在4.5—5.5左右。

水资源

磻溪镇域水资源丰富，拥有山清水秀的九鲤溪、气势磅礴的溪口瀑布、风光旖旎的桑园水库桑翠湖、人鱼同乐的磻溪鲤鱼溪等因水而成的景观。其中，以九鲤溪最为著名。

九鲤溪位于世界地质公园、国家重点风景名胜区太姥山西侧山脚下，是构筑太姥山“山、海、川、岛”旅游框架的重要组成部分。九鲤溪是游客的首选生态旅游胜地。游览九鲤溪可乘坐古朴竹筏，途经九曲十二滩，既可领略优美、迷人的自然风光，又可体验水上漂流的紧张刺激。

桑翠湖是一个人工湖，水环山，山抱水，相互掩映，恍若一个天外的湖泊。游人或垂钓于湖边，或漫步林间，或泛舟湖上，伴着悦耳的小鸟鸣声，领略着与山水相伴的乐趣，流连忘返。

植被

磻溪镇原生地带性植被以常绿阔叶树种组成的阔叶林为主，20 世纪 80 年代之前长期受人为活动破坏，已逐步演替为次生乔木、灌丛和人工植被。改革开放 40 多年来，随着人民生活水平改善，对森林植被的破坏性开采越来越少。目前，磻溪镇森林覆盖率已达 88%以上，绿化率达 96%以上，堪称福鼎市的“绿肺”。

磻溪植被类型以杉木、柳杉、马尾松、毛竹、樟树、油桐、油茶、茶叶、木麻黄等常绿阔叶树种、灌木为主，物种丰富多样，群落结构稳定，生态功能良好。2012 年初，磻溪镇被福建省环保厅评为“省级生态镇”，金谷、湖林、油坑、黄冈、仙蒲、磻溪 6 个村被评为“省级生态村”。

产业

磻溪镇具有丰富的茶叶竹木、淡水养殖、水利矿藏、旅游等资源。磻溪镇的传统产业以农业和手工业为主，农业主要有茶业、竹木业等。

茶产业是磻溪重要支柱产业，全镇涉茶农业人员占总人口的一半以上，农民收入的 80%来源于茶叶。全镇 87%以上的劳动力直接或间接受益于茶产业，2021 年茶业全产业链产值达 9.7 亿元。

“高山云雾出好茶”，磻溪镇总体海拔在 600—1200 米之间，生态环境优美。高山上气温较低，湿度大，温湿度在无形中调节着白茶体内的生物代谢（促 N 代谢而抑 C 代谢）。昼夜温差大，有利于白茶生长和养分的积累，形成高甜回甘的品质。再加上酸性土壤、深山云雾缭绕、多散射光等独特的微环境，使磻溪成为优质茶叶的理想家园。

磻溪人文历史和建置沿革述略

钟而赞　翁启文

福鼎域内新石器时代人类生活遗址达34处，呈四散分布，由此可以推断，早在新石器时代这里就有古人类居住。秦汉时期，域内主要是瓯越、闽越族人，大致在汉武帝平南越、闽越、东越之时，开始有汉人入境。汉末始，由于北方战乱，中原人口大量迁入福建。乌杯、杜家、赤溪一带的杜姓在族谱中明确记载："稽自有晋从龙渡江以来，传之先人盖三、四迁而抵宁九都杜家洋，再迁仁会里拓基肇迹。"

唐末，磻溪又迎来一拨新移民。一批是因避黄巢之乱南下的。据翁江、桑园翁姓族谱记载，其肇基始祖翁宏济即于唐僖宗时因黄巢之乱弃官南下，暂居于长溪县一岸边（今白琳翁潭），尔后又迁桑园。另一批是随王潮、王审知兄弟南下的武装移民。据湖林村《周氏家谱》记载："唐朝末年，黄巢起义，藩镇割据，社会动荡……吾祖庾公从王氏授官节度使，与父太师公居福州。周举元为周氏本宗支入闽始祖。"所叙之事为，唐中和元年（881），周举元携子周庾随王潮、王审知兄弟加入寿州王绪的义军，随军转战，经安徽、湖北、江西、广东辗转进入福建，攻取汀州、漳州，次年占据泉州。王潮、王审知率部攻占福州后，王审知得梁太祖朱温之封为闽王，割据一方，周庾被王审知任命为节度使，其父周举元为太师，均定居于福州，后代又迁居福鼎磻溪。相关的记载还可见于桑海村青龙《郑氏宗谱》等姓氏的家谱。

宋代开始，磻溪人口规模持续扩张，经济和社会发展步入一个新的时期。这时期磻溪人口增长主要来自两个方面：一是当地人丁繁衍，二是外来人口继续迁入。赵宋开国至灭亡，300多年间和平居多，从而为人口的自然增长和流动创造了良好的条件。如磻溪林氏始祖林遇，于北宋太平兴国三年（978）由浙江昆阳（今平阳）迁入磻溪。南北宋之交，因靖康之难，大量中原人口南迁，其中也有一部分迁入磻溪，如南广李氏、仙蒲林氏、磻溪吕氏、炉屯陈氏、兰溪（青坑）吴氏、后坪张氏等宗族均大致于这一时期迁入磻溪。

这一时期磻溪经济社会有了长足的发展，有几个标志性的事件：一是南广村宋窑的开办，二是蒋阳巡检司的设立，三是一批古官道和相关设施的建设。

宋代是古代商贸经济最发达的时代，磻溪南广窑开办于宋代，它的开办是磻溪人口增长和手工业、商贸经济发展的反映。蒋阳巡检司设立于宋熙宁五年（1072），其职能主要负责“盘诘奸细，查问逃亡，缉捕案犯，关防骗伪”。蒋阳古道的开通或许可以追溯到汉武帝入闽剿灭闽越国之际，但作为军、民共用的交通要道则是在唐宋以后，明代还曾在该官道上设立五蒲岭、三十六弯、蒋阳、杜家等多处关隘，杜家、蒋阳、五蒲岭都设有铺递。巡检司与官道、关隘等设施的建设，意味着区域内人员往来、经济活动频繁而复杂，并引起政府的重视，设立专门机构给予管治。

有资料记载，历史上蒋阳、五蒲岭两个村庄人烟稠密，商贾云集，形成繁荣的商业街市。茶楼、酒肆、钱庄应有尽有，商铺多到百八十间，各类货品林林总总，客商、乡民熙熙攘攘，俨然一方闹市。

自元、明设福宁州，磻溪始为明确行政区划单位，属福宁州劝儒乡望海里九都。清乾隆四年（1739）福鼎置县，磻溪自此为福鼎乡都，其建置沿革如下：

清朝乾隆四年析霞浦劝儒乡之望海、育仁、遥香、廉江四里置福鼎县。置县时，区域编街、社、坊、都，全县共有6街、27社、1坊、20都。磻溪在福鼎置县前为劝儒乡望海里九都，置县后为十二、十三都，部分为十四都。

十二都（治南70里起15村）：黄冈洋、桑园、溢溪、菁坑、庄边、仙蒲、水茭洋、芹洋、吴洋山、发洋、牛栏头、梅洋、澳底、仙后、考洋。

十三都（治西10里起15村）：五蒲、乌杯、漆溪、蒋阳、竹林、磻溪、九鲤、车岭、紫岭、茶洋、金谷洋、溪口、镇福洋、归德洋、南洋。

十四都：南广、后坪。

清末筹办自治，废都里为区，福鼎全县被划编为19个区，磻溪区为其中之一。

1912年，沿清末建制，仍设磻溪区。

土地革命时期，曾于1934年4月成立上西区苏维埃政府，主席为张位丕。下辖后坪、梅洋、澳底、炉屯、梨园、岭头、龟洋、南广、湖林、石山、青龙、桑园等16个苏维埃村政府。

1934年秋，编保甲自治，十户为甲，十甲为保，十保为联保。全县20个区被缩编为5个区，下设42联保、478保。白琳、点头、翠郊、磻溪并为第四区。

1940年8月改联保为乡镇。全县设13乡、11镇，共24个乡镇，磻溪镇域析分为蒋吴乡和磻溪镇。磻溪镇下辖九曲、磻溪、凤洋、黄冈、湖林、澳里、桑园、柯洋、炉屯、车岭、坪后、仙蒲上、仙蒲下、后坪、海洋15保，蒋吴乡下辖蒋阳、朝家阳、溪心、小溪、吴羊山上、吴羊山下、青坑、茶阳、后门垅、五蒲、后坑12保。

1944年10月改制，甲以12—30户编成，保以10—25甲编成，乡以8—15保编成，镇以12—26保编成。全县计编10个乡、5个镇，磻溪为乡。琳江镇的金刚等4

个保与蒋吴乡合并，改称琳阳乡；湖园等 3 保并入磻溪乡；炉屯等 3 保并入点头镇。

1947 年全县划 24 个乡镇，磻溪为其中之一，分设 15 个辖保：磻曲、紫岭、炉屯、油坑、朝阳、蒋阳、后章、杜家、漆溪、吴阳、仙蒲、南广、桑园、湖林、黄冈。金谷属白琳镇。

1949 年 6 月，福鼎解放初期全县划为四区一镇，磻溪乡归点头区辖。

1950 年 6 月，福鼎进行行政区划整编，磻溪归属白琳区辖。

1952 年 5 月设磻溪区，辖磻溪、黄冈、金谷、炉屯、蒋阳、杜家、赤溪、吴阳、大洋、仙蒲、南广、桑园、湖林 13 个乡。

1956 年 4 月，精简机构，撤磻溪区，归白琳区管辖。

1958 年 8 月，全县撤区和乡镇。全县建立 22 个人民公社，在原第六区内分别成立磻溪、桑园、赤溪 3 个人民公社。磻溪辖磻溪、黄冈、湖林、油坑、炉屯，桑园辖大洋、吴阳、菁坑、仙蒲、后坪，赤溪辖赤溪、蒋阳、杜家、金谷。

1959 年 4 月，磻溪、桑园、赤溪三个小公社并为大公社，并成立人民公社联合委员会。

1961 年 6 月，全县社改区，磻溪公社改为磻溪区公所，辖磻溪、赤溪、桑园、大洋、金谷、仙蒲、湖林、蒋阳、后坪、炉屯等 10 个公社管委会。

1963 年 4 月，人民公社管委会改为乡人民政府。

1968 年 6 月，成立磻溪人民公社革命委员会。

1983 年 11 月，改磻溪人民公社为磻溪区公所，辖磻溪、黄冈、金谷、蒋阳、杜家、赤溪、吴阳、大洋、青坑、仙蒲、后坪、海洋、桑园、湖林、油坑、炉屯。

1987 年 7 月，改磻溪区公所为磻溪乡人民政府，辖磻溪、黄冈、金谷、蒋阳、杜家、赤溪、吴阳、大洋、青坑、仙蒲、后坪、海洋、桑园、湖林、油坑、炉屯、排阳、朝阳、南广 19 个村委会。

1992 年 10 月撤乡建镇，改磻溪乡人民政府为磻溪镇人民政府，辖 19 个村委会。

1993 年，因建桑园水库，撤海洋、桑园两个行政村，并之为桑海村。

1996 年，磻溪镇面积 222. 3 平方千米，人口 3. 1 万人，辖 18 个行政村，分别为：磻溪、后坪、仙蒲、大洋、湖林、桑海、黄冈、炉屯、金谷、油坑、青坑、蒋阳、吴洋、赤溪、杜家、排洋、朝阳、南广。

磻溪地名考

黄鼎立

九曲里　原名“西宅”，是林姓始祖林遇肇基拓业之地。其八世孙林汝浃中武状元，告老还乡后，在街头顶鲤鱼溪旁修了一条4米宽的直通西宅故里的通道，通道两边有2米高的围墙，路面由鹅卵石铺成。整条通道共有9曲，且有直角转弯，最后通到西宅里，从那时起便称“西宅”为“九曲里”，沿袭至今。

紫岭　别称“楮岭”“杜岭”，清乾隆四年（1739）福鼎置县时称之为“紫岭”，清嘉庆二十年（1820）磻溪《林氏宗谱》亦载为“紫岭”，1984年6月出版的《福鼎县地名录》仍称“紫岭”。明代因紫岭有很多楮树，人们便称“紫岭”为“楮岭”，明万历《福宁州记》就载为“九都楮岭”。1949年后社村干部把“楮”字改为“杜”字，于是又有了“杜岭”之说。

排洋　原名“茶阳”，为福鼎县十三都所辖。根据国务院《关于地名命名、更名的暂行规定》（1979年12月15日）第二章第八条“一个县内生产大队名称不重名”规定，管阳茶阳大队历史比磻溪茶阳大队历史悠久，故保留管洋茶阳名称，将磻溪茶阳改为“排洋”（因村前的洋面像一张排而得名）。

赤溪　宋代称“小杜家”，元代称“七都溪”，清中叶称“漆溪”。明万历《福宁州志》、清乾隆《福宁府志》和嘉庆、民国《福鼎县志》均称“漆溪”。赤溪坑里弄最早由杜家后裔迁入，故称“小杜家”。因村前溪流入七都溪，故村人以溪命地名曰“七都溪”。又因迁入赤溪时村前门口洋有7座小土墩，古人称“七星洋”，喻“七兴八旺”，故而把“七都溪”改为“柒溪”，为使后人记住“七星之地”，先人在赤溪坑里弄杜氏祠堂门安了7个星石。赤溪种有大量漆桐（漆桐是生漆的主要原料），到处建有油坊，生产生漆，并与仙蒲纸张、吴阳毛竹一起作为福州纸伞的主要原料，目前油坊旧址尚存于赤溪村内。于是人们又用“漆”代替了“柒”，成了“漆溪”。“柒溪”与“漆溪”通用，后柒溪坪与旗杆两个组并成“柒旗队”，人们想到了“红旗”与“赤”之联系，当地方言“柒”与“赤”又谐音，于是便出现了“赤旗队”，“赤溪”之名由此而来。

小溪　旧称“塘溪”，据民国《沈氏宗谱》载，沈仁智于清康熙初年由永定塘

溪迁至浙江瓯泰，再徙迁福鼎小溪，因不忘根祖，便把此地取名为“塘溪”。民国时，族人把“漆溪”称为“大溪”，把“塘溪”称为“小溪”，1947 年福鼎县区域划分一览表称“小溪”。

乌杯　旧名“安仁里”，据《杜氏谱牒》记载，杜洋杜氏分支迁至安仁里。明万历《福宁州志》作“乌杯”。传说九鲤村有一条黑色鲤鱼飞到安仁里，黑为乌色，“飞”与“杯”福鼎方言同音，故称“乌杯”。

后坪　《张氏谱牒》载为“阜坪”，福鼎置县时称“埠平”，民国时改“后坪”，沿袭至今。有到过后坪村的人感觉到后坪不平，但当地老人说，后坪后面岗后的龟洋很平。根据“一个县内生产大队名称不重名”的规定，因磻溪后坪大队比店下后坪大队历史悠久，故保留磻溪后坪大队名称，店下后坪大队则改为“三佛塔大队”。

青坑　旧名“蓝溪”，据蓝溪《吴氏宗谱》记载，吴氏先祖吴福于南宋景定三年（1262）自霞浦梧峰迁入蓝溪。明万历《福宁州志》载为“青坑”，至今沿用。

湖林　古名“湖林头”，其地多是水竹湖，草木丛生，四山之水，环聚于此，故名“湖林头”，俗称“牛栏头”。福鼎置县时称“牛栏头”，民国称“湖林头”，1949 年后称“湖林”至今。现有一大部分上了年纪的老人仍称湖林为“牛栏头”，年轻人一般称“湖林”，“湖林头”已没有人称呼。

金谷　旧称“东古洋”“铜鼓洋”，清嘉庆九年（1804）金谷《耿氏宗谱》载为“金谷洋”，明万历《福宁州志》载为“东古洋”，清、民国称“金谷洋”，1949 年后称“金谷”。传说金盘寺原在金谷扁担头地方，后搬至金盘，喻从金谷盘来，当时有人说：“金搬走了，只剩下铜鼓了。”于是一些上了年纪的人把“金谷洋”称为“铜鼓洋”。其实，方言“东古洋”与“铜鼓洋”谐音，是人们叫快叫偏了。

深湖头　旧称“瓦厂头”，据清嘉庆九年（1804）《耿氏宗谱》记载，耿姓先祖在深湖头设瓦厂，于是取名“瓦厂头”。后开发成良田，人们下田插秧，泥水没到胸部，故更名“深湖头”。“文革”时期改为“九队”，“文革”后恢复“深湖头”名称。

南广　明万历《福宁州志》称“南网”，福鼎置县时称“福鼎县十四都南网”，民国时期称“南广”，沿用至今。

黄冈　旧称“王家洋”，清乾隆《福宁府志》、嘉庆《福鼎县志》均称“黄冈洋”，或因黄冈地势较高，地处山岗，人们皆习惯在“冈”头上加“山”，写作“黄岗”，政府公文多作“黄冈”，但 1984 年《福鼎县地名录》作“黄冈”，为规范写法。

大湾头　旧称“大塘头”，民国时期大塘头为磻溪乡黄冈保，1949 年后称“大湾头”。

朝阳　旧称“赵家垟”，清嘉庆《温氏族谱》载为“赵家垟”。据说赵家垟原是赵姓人居住，后迁走。民国称“朝家洋”。1980年它从蒋阳大队析出，成立“朝阳大队”，方称“朝阳”，沿用至今。

海洋　旧称“发洋”，旧称“蒋家岭”。据2003版《福鼎县志》载，磻溪海洋章家岭（蓝氏先祖于清顺治十七年（1660）从浙江泰顺鳌岭迁入福宁州九都“发洋蒋家岭”。民国改称“海洋章家岭”。早晨站在榧岔头上往下望，溪雾笼罩整个村庄，像海洋一样，便取名“海洋”。1994年桑园水库建成后，“海洋”之名随着村庄被水淹没而消失。

外洋　旧称“倪洋”，民国称“鹅洋”，1949年后称“外洋”。澳里《翁氏宗谱》记载为“倪洋”，1947年《福鼎县区域划分一览表》载为“鹅洋”。1949年后，因桑园村有“里洋”，故把“鹅洋”改为“外洋”。桑园水库建成后，外洋被水淹没，地名消失。

樟柏洋　磻溪《林氏宗谱》载为“归德洋”，福鼎置县时亦载为“归德洋”，民国时改称“樟柏洋”，至今沿用。

吴阳　旧称“元山”“吴阳山”。据吴阳《吴氏宗谱》记载，吴阳吴姓先祖为青坑吴氏始祖福公的长子，于元朝迁居吴阳山，因青坑始祖从长溪梧峰迁来，梧峰的后门山俗呼“吴阳山”。因是元朝时开发的山，故称“元山”。清嘉庆《福鼎县志》、清乾隆《福鼎县志》、民国《福鼎县志》均称“吴阳山”，后更名为“吴阳”。现今上了年纪的人有的称“元山”，有的称“吴阳山”。

仙头仔　旧称“仙头境”，曾称“山头仔”。福鼎置县时称“十二三都仙头境”，民国黄冈《周氏谱牒》亦载为“仙头境”，今普度过关等活动唱门书时仍称“仙头境”。民国时期，有人看到当地人民生活穷困，认为此地不是仙人居住过的地方，而是山头旮旯，便称之为“山头仔”。1984年6月，福鼎县地名办公室公布地名录，更“山头仔”之名为“仙头仔”，并要求各行各业和人民群众使用时均以此为准。

磻溪八景

朱挺光

磻溪地处太姥西麓，层峦夹峙，一水中分，池跃锦鳞，松巢白鹭，太姥矗其东，曲涧绕其庐，后列屏障之翠，前朝端秀之峰，地形如船。襟南带北，山重水复。物产丰稔，竹木成林。采于山，美可茹。钓于水，鲜可食，兼城市而有之，洵堪托足。取名磻溪，意在追迹古人，其以隐为达，寓意良深。

在地理上，磻溪为本县东南山区要镇，货物多由此集散。地连霞浦、柘荣边陲，公路蜿蜒，交通便利。闻名世界之“白琳工夫茶”，丰产于此。此地亦多设厂经营，客商云集。磻溪为济南郡林姓聚居之乡，科举时代出有武状元1人，进士4人，举子及秀才不少，近代又出大学生20余人，成立中小学各1所，培养人才日多。风光绚丽，人才辈出，留下不少诗章。

磻溪八景，前人早已吟有诗章，只因人事代谢，原诗散佚，经由当地人士林开讲、林振诸先生提供材料，仅余当地文人林怀席先生补吟8章，抄录于后。

九曲寻春

一双履齿印泥香，镇日寻幽不觉忙。

穿遍园林经九曲，梅花数点泄春光。

相传状元林汝浃曾在今之九曲底盖一座简朴别墅，两旁围墙夹道九曲而进，以年湮代久，栋屋倾圮，仅余残垣败壁。

双溪步月

东西涧水汇双溪，恰与长天一色齐。

如许月明三五夜，踏归蟾魄落山低。

村内有东西两涧，源远流长，至漫水桥汇合。双溪锁口，水势回旋。沿溪有大小石群，星罗棋布，百态千姿。微风激浪，水石相搏，如撞钟鼓，铿锵有声，隆隆作响。峦影溪光，引人入胜。

苍松归鹭

往还白鹭似情深，早向江天晚入林。

高隐松巢偏自得，及时应作冲天禽。

水松白鹭，原为磻溪所特有。西涧植有水松数十株，叶类柏树，干同苍松，大者可3人合抱，枝叶茂盛，有如华盖。白鹭数以万计，巢于松上，梨花万朵，一色茫然。每日清晨空树而出，飞向海山觅食，天晚归林，嘈杂之声不绝于耳。后水松砍尽，白鹭无枝可栖，初犹息在山头岩石上，往复盘翔。经旬不散，终于群飞而去，不知所之。天然奇景，一旦烟消云散，令人惆怅不已。近年来乡人逐渐补植水松，大已盈握，他日成林，白鹭有知，必当重返故地，可望恢复旧观也。

碧沼观鱼

鲤潜池沼变何期，久欲飞腾意转迟。

且看桃花三月浪，一声雷雨化龙时。

西涧之滨，有宽约3米、长约20余米之狭长鱼池，饲养鲤鱼数以千计，已有数百年之历史。乡人爱鱼成风，绝不捕杀。鱼亦不避观众，见人影而群聚一处，投以饼饵，争相逐食。

岩悬纱帽（磻溪镇文化站 供图）

岩悬纱帽

谁把乌纱岩上悬，飘摇风雨尚依然。

急流溅石花簪帽，疑是蓬莱谪降仙。

一岩屹立溪中，上端作纱帽状，远望绝俏。急流冲石，水花飞溅。

潭濯纬丝（磻溪镇文化站 供图）

潭濯纬丝

静对寒潭百感生，纬丝濯处系人情。

而今绿水悠悠去，流到千秋也有声。

潭在溪心，秋水澄清一色。深 20 余米，流水至此，回旋往返，四流激石，飞溅成丝。

井分日月

日月精华两涧开，影沉井底觉纤埃。
一经掬水源头活，仿佛丽珠吐出来。

日月两井，两岸相对，因此名之。两井同为饮用。相传林、李两姓，在两岸各凿一井。后因李姓迁居南广，一井遂废。林氏一井，至今尚存，汲用不断。

井分日月（磻溪镇文化站 供图）

池署凤鸾

双魁院对凤鸾池，培育人才费设施。
胜迹依然留此日，鸣声哕哕动遐思。

林汝泱状元及第后，重建双魁书院，凿凤鸾池，旨在培育后昆，造就人才，寓意匪浅。

顾吾邑大族，如果阳朱姓、西坑孔姓、管阳张姓，虽皆聚族居住，而杰出人物则寥寥无几，至县城集镇，虽人才济济，但又非同出一族之人。唯磻溪一地一姓人才荟萃，更出武状元一人，为磻溪之骄傲。复以地处名山之麓，风景幽美，更无出其右者。故余谓“磻溪为太姥山麓之明珠”，当不过誉也。唯愿明珠日益灿烂，为磻溪更添异彩，成为太姥山之另一洞天。

磻溪舆图与地名考证

黄鼎立　金　中

磻溪镇位于福鼎市西南部，“海上仙都”太姥山西麓，与霞（浦）柘（荣）两县交界，是福鼎市地域面积最大的乡镇，下辖磻溪、黄冈、金谷、蒋阳、杜家、赤溪、吴阳、大洋、青坑、仙蒲、后坪、桑海、湖林、油坑、炉屯、排阳、朝阳、南广18个行政村，共计294个自然村，人口近3万。

磻溪区位地理及地名由来，有清代磻溪先贤留下文字及手绘地图。

林秀出和《磻溪地图记》

《磻溪地图记》是清代康乾年间磻溪乡贤林秀出所作，记述林姓肇基、地理概况、地名由来及地域范围等情况。

林秀出，字元敬，号深亭，原名学山，清雍正甲寅考入福宁州学第5名，乾隆元年（1736）升府学生员，至壬申科考取一等奉文补升增广生员，至乙亥考取一等并于丙子奉文补福宁府廪膳生员。其所作《磻溪地图记》一文如下：

吾观上自国都市镇，下迄曲隅里居，莫不依山枕水以为胜者。顾岐阳东山以山记名，汝贲江汉以水为号，而龟蒙凫绎则又以形象呼之者，毗故各有所取尔。吾磻溪何取乎奥？自太平兴国之初，吾始祖五府君由昆阳渡水越山，斩荆辟草，度其深原，爰契我龟，而奠安于兹，有太姥峙其东，曲涧绕其庐，后列嶂屏之翠，前朝端秀之峰。于是喟然叹曰：盘石之安，其在斯乎！遂考其盘桓之乐，因名之曰磻溪。生长于斯，聚族于斯，爰定舆图，东至五蒲，西抵牛栏头，南则联炉屯黄金锭讫溢溪，北则随流直至长歧坑，其中若紫岭、东峰、大赖、坑下、樟柏洋、茶洋等处，皆吾林之分支派别，而托足马者也，爰为之赋曰：山层层而耸秀，水潺潺而旋□，磻溪甲族，山高水长。

磻溪地名由来

磻溪地名的来由有多个版本，辑录如下：

因溪得名说 北宋太平兴国二年（977），磻溪林氏肇基始祖林遇自浙江昆阳徙居磻溪西宅拓基立业。林姓先祖把从湖林、弄坑流经漫水桥的一段溪流称为“西涧溪”，把从五蒲、金盘、坑头、岭头流向漫水桥的一段溪流称为“东涧溪”，当年并无磻溪称谓。林姓先祖移山填溪，把西涧溪盘直，从此便有“盘溪”之说。改直后溪门是原溪门的一半宽，于是又有人称之为“半溪”，明万历《福宁州志》便作“半溪”记载。“盘”“半”“磻”谐音，便有“磻溪”。清嘉庆《福鼎县志》载：“磻溪，源出九膊山，东经车岭，汇于叶莒溪，又东至百步溪翁潭入海。”从20世纪五六十年代开始，随着磻溪人民会场、村委会、供销社、文化站及村民民房建造，人们在挖地基时发现这些地方土质疏松，下面都是烂泥、深水湖，从挖出的泥沙与石子来看，1000多年前的西涧溪可能流过这些地方。

敬祖崇贤说 商纣王时大臣比干忠君爱国，倡导“民本清议，士志于道”，被誉为“亘古第一忠臣”，是天下林姓共敬的太始祖。传说姜太公助周灭纣后，奉元始天尊法旨精神，追封比干为“文曲星君”，更为林姓后人敬重。《封神演义》中的“比干剖心忠谏，姜尚磻溪垂钓”，虽为传说，却反映了比干、姜太公在林姓后人心中的崇高地位。清乾隆年间族里文人雅士把“盘溪”“半溪”改为“磻溪”，并上报县、府，意在追从古人，隐身磻溪，安居乐业。但经查证，早在南宋期间就有磻溪。宋咸淳年间，林桂发在重修磻溪《林氏宗谱》时，作序文称“遇公是为吾磻溪之始祖”。明监察御史章杲书《磻溪林氏族谱序》称：“磻溪林氏，望出济南，系传汤孙。”但当时地方史志未有“磻溪”记载，直至清乾隆《福宁府志》才有“磻溪”记载。

“盘石之安”说 源于清代林秀出的《磻溪地图记》：“有太姥崎其东，曲涧绕其庐，后列嶂屏之翠，前朝端秀之峰。于是喟然叹曰：盘石之安，其在斯乎，逐考其盘桓之乐，因名之曰磻溪。”

中国扶贫第一村赤溪

周文聪　周瑞晓　金　农

拉开全国扶贫工作的大幕

20 世纪 80 年代，“赤溪”是贫穷的代名词。

1984 年，福鼎县委新闻科长王绍据听说位于太姥山麓的磻溪镇赤溪行政村有个叫下山溪的畲族自然村，“挂”在海拔 1000 多米的山上，种粮没田，买盐没钱，决定去看看。

时年 37 岁的王绍据徒步走了约 25 千米的崎岖山路，满脚泥泞地来到下山溪。这里曾是革命老区基点村，全村共 18 户、81 人。这里穷得令人难以置信，几座破烂不堪的茅草房散落在山旮旯里，村民个个面黄肌瘦，吃的是地瓜丝拌野菜，穿的是破衣裳，孩子光着脚板没鞋穿，甚至还有婆媳两人仅有一条裤子轮流遮体的窘况……

采访结束，王绍据连夜赶写出《穷山村希望实行特殊政策治穷致富》，文中“至今生活仍很艰苦”这样的提法在当时是有风险的。时改革开放刚见成效，当时的舆论主题为“山乡巨变”，王绍据投稿时，一位编辑就劝道：“你不怕有人说你给大好形势抹黑吗?”王绍据把文章寄给《人民日报》，后来听说《人民日报》发了内参，中央领导专门做了批示。内参传真件到中共福建省委办公厅，省长马兴元用颤抖的手写下这么一段话：“解放 35 年了，想不到老区群众还吃不饱、穿不暖，我愧对这些父老乡亲!”

下山溪村民原先居住的茅草屋
（磻溪镇文化站 供图）

6 月 24 日，《人民日报》在头版刊登王绍据的文章，并配发评论员文章《关怀贫困地区》，之后不久，党中央、国务院联合下发《关于开展全国扶贫工作的通知》，后来又制订了《国家“八七”扶贫攻坚计划》，全国规模的扶贫工作拉开大幕。

王绍据自己也没想到，他的这次采访，不经意间成为全国扶贫攻坚工作的前奏。他说，当时各级政府已经意识到扶贫的急迫性，他的那篇读者来信，正好赶上了好时候。他说："如果说我有什么贡献，就是那篇文章写得比其他人早了一点。"

整村迁移至长安新街

扶贫之初，形势还是不错的。王绍据说："《人民日报》登了下山溪的情况后，全国有 22 个省、市、自治区的读者，纷纷写信到福鼎县委宣传部，还有青年志愿者到山乡落户建设村庄。"

扶贫工作被列入各级党委、政府的重要议事日程后，首先在下山溪村开展了多种形式的扶持与帮助，然而历经 10 年艰辛努力，收效甚微。这里山高路远，自然条件恶劣：全村没有一丘水田，唯有眉毛式、斗笠型的小块农地；山场虽有，却贫瘠不堪，尽长荆棘；偶尔成熟的水果被山猴摘，种下的庄稼被野猪拱，家养的山羊被恶狼叼……下山溪脱贫希望渺茫，至 1994 年底，全村人均年收入仍然不上 200 元。

"各级政府的扶贫力度也很大。"据当时的村民小组长李先如回忆，当时政府无偿提供杉树苗和羊崽，希望能给村民找到致富路，"我们一开始也很有信心，觉得两三年内，大家就有钱了。谁都低估了下山溪恶劣的自然环境。杉树苗栽下去，一株成材的也没有；山上茅草太硬，山羊的嘴都啃烂了，最后都死光了……"村民刚鼓起来的激情，很快就消退了。

1995 年，福鼎县政府在山下的赤溪村开了现场会，《闽东日报》总编辑王绍据也参加了。"一方水土难养一方人"，这个不得不承认的现实在会上被提出来。既然修路的成本更高，那么只有换条路：举村迁移。会上决定，在赤溪村建"长安新街"，作为下山溪村民的迁入地。经过多方努力，共集资 30 多万元现金用于购买水泥、钢筋和砖瓦，村民只需出木料和小工。当年 5 月，下山溪人乔迁"长安新街"。"那天晚上，我们几个男人都没睡，在街边聊天聊到了天亮。"李先如说，几百年了，他们是搬下山来的第一代。

以赤溪村为例，在下山溪之后，又相继迁入 13 个生产小组，"长安新街"也随之不断延伸，从最初的 22 户到如今的 200 多户，新迁入的大多是跟下山溪一样在深山老林里住了数百年的畲族同胞。

1999 年 5 月 14 日，召开下山溪村搬迁落成纪念会，宁德地委书记陈增光，行署专员汤金华、人大工委主任钟雷兴、地区民政局局长缪耕山、《闽东日报》总编辑王绍据和福鼎市有关领导出席。

打赢脱贫攻坚战

搬下山解决了环境的问题，村民们称之为“挪窝”“换血”。仅“挪窝”“换血”不行，“窝”有根才温暖，“血”活跃才常热。这个“根”就是发展产业，发展经济，产业和经济发展了，才意味着实现了“造血”的目的。

在各级党委、政府和有关部门的帮扶和指导下，赤溪村因地制宜大力发展特色产业。2011 年，赤溪村被福建省委、省政府确定为省级整村推进扶贫开发重点村，由省民族与宗教事务厅开展为期三年赤溪村的挂钩帮扶工作；2012 年，被列入福建省少数民族特色村寨保护与发展试点。在上级党委、政府的各种帮扶政策和优惠措施下，赤溪村积极争取人、财、物、技术、信息等方面的支持，迎来了经济社会高速发展的黄金时机。村党支部于 2011 年适时提出建设“全国扶贫明星村”目标，分两个“三年计划”推进：第一个“三年计划”（2011—2013），实现总产值和人均纯收入比 2010 年末翻一番的目标；第二个“三年计划”（2014—2016），实现总产值和人均纯收入比 2013 年末再翻一番的目标。

2012 年是赤溪村经济社会发展最快、效益最明显的时期。该村立足当地实际，走出一条“生态立村、旅游富村”的脱贫致富路，依托白茶产业和生态旅游资源优势，初步形成了以茶叶、乡村旅游为核心的产业格局，探索出一条适合赤溪村的发展之路。赤溪村先后被确定为“全国少数民族特色村寨试点村”“全国首批乡村旅游扶贫观测点”“中国旅游扶贫试点村”“中国乡村旅游模范村”“中国最美休闲乡村”。2016 年，赤溪村党总支获评“全国先进基层党组织”。2017 年，赤溪村名列中国名村影响力排行榜前 300 名（264 位），被评为“第七届全国服务农民、服务基层文化建设先进集体”，被确定为“省级旅游特色村”并成功入选中国名村排行榜，被列为“中国少数民族特色村寨”。此外，九鲤景区入选中国体育旅游精品景区。2018 年，赤溪村被民政部确定为“创建全国农村社区治理示范村”，被财政部确定为“全国农村综合性改革试点”，旨在打造全国乡村振兴的模范村。

30 多年来，赤溪村干部群众发扬“艰苦奋斗、顽强拼搏、滴水穿石、久久为功”的精神，在各级党委、政府和社会有关人士的关心帮扶下，让赤溪村历经 10 年“输血”就地扶贫、10 年“换血”搬迁扶贫、10 年“造血”产业扶贫，彻底改变了贫困面貌，实现华丽转身。1984—2020 年，赤溪村农民人均可支配收入从 166 元增长到 30127 元；通过投资入股、资源变资产、村企合作，村财收入从负债 10 多万元到增收 215 万元。

2015 年 1 月 29 日，习近平总书记对赤溪村扶贫工作作出重要批示；2016 年 2 月 19 日，习近平总书记又与赤溪村干部群众在线视频交流并寄语祝福。2017 年 2 月，中央政治局委员、中央党的建设工作领导小组副组长张春贤到赤溪指导党建促扶贫工作。习近平总书记的谆谆教诲、殷切期盼，和其他党政领导的领导、指导，极大地鼓舞、振奋了赤溪村干部群众。

“中国扶贫第一村”名称由来

2008 年 1 月 15 日清早，春寒料峭。赤溪村长安新村的畲、汉两族村民们，在鞭炮声中把镌刻着“全国扶贫第一村”的红字石碑竖立到村头。村主任李信全说：“立这块碑是村民们自发的愿望，为的是让子孙们永远记住党和政府的恩情，记住改革开放给我们带来第二次解放、翻身，记住我们曾经是全国最早一批被扶贫的对象，教育后代跟着共产党走，朝着‘第一村’的宏伟目标，加快实现小康。”

2009 年 4 月 30 日，国务院扶贫开发领导小组办公室以“国开发〔2009〕57 号”文件通知福鼎市，选送表现“中国扶贫一村”造福工程的图片晋京参加中华人民共和国成立 60 周年大型成就展。

赤溪，可谓全国扶贫工作和“精准扶贫”的发源地。

“中国扶贫第一村”石碑（刘兆武 供图）

中国历史文化名村仙蒲

林成峰　钟而赞

仙蒲村，位于磻溪镇域西南端，距离镇区25千米，居福鼎市西南角，处福鼎市、霞浦县、柘荣县交界之地，辖仙蒲里、庄边、洪柏樟、南岭等自然村。2008年获评宁德市历史文化名村，2010年获评福建省历史文化名村，2012年获评中国传统村落，2014年获评中国历史文化名村。

村域属山地丘陵地貌，海拔在420米以上，四面崇山夹峙。北出为连通集镇的水泥公路，西南仰赖攀山古道，与霞浦、柘荣交界。仙蒲溪发源于目海尖、流米仔等山脉，汇流山涧，跌宕南来，入村后穿村而过，又缓缓蜿蜒贯穿北去。南口为水头，北口为水尾，两者之间山谷称为里洋，即仙蒲林氏世代聚居之地。

林氏族人于北宋时期自赤岸迁入仙蒲开基拓业。按仙蒲《林氏族谱》所记，南宋乾道八年（1172），林氏先祖林京一携族人自仙蒲东洋迁里洋，此前，已在东洋传三世，同时期本地还有叶姓人家散居。

仙蒲林氏为唐僖宗时进士、金州刺史林嵩的后裔。林氏祖先于1000多年前从福建莆田、仙游迁到长溪赤（今霞蒲）岸，再迁仙蒲，为了不让后辈忘记祖先从哪里来，便各取仙游、莆田（原写作“蒲田”）第一个字组合成村名，“仙蒲”由此得名。

仙蒲路远地偏，却庇护了族群。林氏一族在仙蒲经过百余年的繁衍，成为方圆数十里内的望族，耕读传家。清乾隆《福宁府志》、1998年版《福建教育志》、2003年版《福鼎县志》都记载，元代时仙蒲已设有林家义学，延师教授宗族子弟（现林氏宗祠旁存有义学遗址）。元至治三年（1323），仙蒲林家子弟林仲节赴浙江参加科考，高中解元，为当时福建考生中唯一入选者；第二年即泰定元年（1324），又中甲子张益榜进士。清乾隆《福宁府志》引明万历《福宁州志》载：“（林仲节进士及第后）授州判。以酒后恃才，降句容司税，升华亭尹，迁知吴江州。有《四灵赋》《永济桥记》《达奚将军庙碑记》等文传世。”元末时局动荡，东南群雄并起，战乱频仍，林仲节辞官返乡，专心于教育后人。死后葬于家乡，其墓地遗址至今尚存。

林仲节出仕为官，宦游他乡，同胞弟林仲茂放弃学业，自觉承负起主持家业、赡养双亲的责任。族谱载：“（林仲茂）性至孝，少与月廉公（林仲节）同学，稍长见其父母勤劳，遂弃举子业而综理家政，及月廉公登仕版，公则教事双亲，经营物产。”之后，林氏分成天、地两房，逐渐繁盛。清康熙初年天房、地房各编族谱，至乾隆四十三年（1778），合族共编族谱，同修宗祠大厅。清中后期，林氏宗族的地房后裔众多，先是分枝大、小两房，后小房又分为六房。

明清两代，仙蒲林氏以种稻植竹造纸为业，而未忘儒学之风，以业儒而知名者代有其人。这从林家族谱及现存的官府赠的匾额可见一斑：清咸丰七年（1857），钦命国子监祭酒、提督福建省学政吴保泰，为贡生林春辉立匾“贡元”；咸丰十年（1860），钦命国子监祭酒、提督福建省学政吴保泰，为贡生林维新立匾“选魁”，并立旗杆；同治四年（1865），钦命福建学政、翰林院侍读，为例授县丞衔林国辉德配翁夫人同跻六秩赠匾“眉案双辉”；1931 年，福建省政府主席杨树庄为其同学林绍基暨配张氏夫人五旬双寿赠匾“鸣光偕老”。

“贡元”匾

“选魁”匾

现仙蒲村的数十座古民居可见该村繁华一时的历史旧影。相对幽僻的地理位置，使优美的村落人文环境及众多优秀古建筑得以完整保存，成为闽东北山地型传统古村落的典型代表。村中现存古建筑有数十座之多，包括宗祠、民居、宫庙等，保存完好的有外洋林氏民居、外头林氏民居、中头林氏民居、内头林氏民居、桥头林氏民居、大厝里林氏民居、花门楼林氏民居以及林氏宗祠等。这些建筑始建于宋代，元、清两朝均有增建。林氏宗祠最早建于宋嘉泰元年（1201），其奠基石碑尚存。18 世纪中后期，仙蒲村相继落成了一系列大厝和宫庙等建筑，并由此奠定 200 年来仙蒲之村落格局。

“嘉泰元年”石碑

仙蒲古民居坐落于溪流两岸，其建筑典型者为望族合院住宅，或三合院式，或四合院式，且南北两侧厢房对称严谨。结构式样基本采用重檐歇山顶、穿斗式木构架。民居两侧均有阁楼式翘檐，面阔多在 8—11 间，进深多在 7—12 柱，气质大方。民居庭前都设四角庭院，大门进入后是条石夹锭的通道，直到前面的大厅。通道砌石阶二至三级，以青石打造的石鼓分布通道两侧。庭院埕坪铺以青石子，光亮而整洁；有的是夯平泥地，平实整饬。四周以条石为框架，落落大方。屋檐围成一方天宇，镶嵌其中的是远黛青山和悠悠白云。厅堂是古民居最为精彩之处，梁、窗架、雀替均雕刻精美图案，种类繁多，如鹿、麒麟、狮、蝙蝠等瑞兽，菊、牡丹等花卉，瓷瓶、柱镜等物件，精雕细镂，栩栩如生，代表特定历史时期的木雕手工技艺。供案和牌匾见证了族人的人文脉络。林氏古民居保留有十几方清代以来的牌匾，弥足珍贵，如咸丰元年（1851）的“望重乡评”，道光二十年（1840）的“古道是敦”，同治九年（1870）的“稀龄望重”，光绪七年（1881）的“西序耆英”，光绪三十年（1904）的“岌铭颂德”及前文提到“选魁”“贡元”等。

由于地处三县交界，第二次国内革命战争期间，崇山峻岭之间的仙蒲村成为闽东地下党、游击队的活动区域之一。1934—1937 年，中共霞鼎县委在磻溪后坪建立霞鼎二区交通总站，其中一条秘密交通路线即为“后坪—仙蒲—马兰溪—大坪—吴洋—赤溪—硖门瑞云”。1935 年，叶飞率领闽东红四团、游击队在仙蒲村东的梗岔头伏击国民党浙江保安旅，取得反“围剿”后的首次重大战果，极大鼓舞了革命群众的信心。有不少仙蒲村人参与革命，其中 11 人壮烈牺牲，被追认为革命烈士。

仙蒲村绿溪清水，群山环抱，林海拥翠，好似一个免费的天然氧吧。这里的居民普遍长寿，人均寿命在 80 岁以上，90 岁以上的村民占老年人口的 10%，还有数位百岁老人。

明清时期，仙蒲村兴起了一项新产业，村民开始利用域内丰富的毛竹资源制造粗纸，通过古道销往霞浦。仙蒲的粗纸制造业到民国时期发展至高峰，几乎家家造纸。中华人民共和国成立前后相当长一段时间内，仙蒲村仍以造纸为主要经济来源。1956 年全面推行合作化运动时，还办有仙蒲卫生纸民办造纸合作社。

与福鼎的其他许多村落一样，仙蒲村与白茶也有很深厚的渊源。仙蒲村种植白茶的历史可追溯至 200 年前，最初只是零星种植。凭借得天独厚的环境，仙蒲出产的茶叶品质优良。1957 年，福鼎国营茶厂成立，与仙蒲村达成了长期合作关系。20 世纪 60 年代，仙蒲村的造纸业已经没落，造纸合作社迁到外村，并于 1987 年停止造纸，开始大面积种植茶叶，白茶种植逐渐成为村民的主要收入来源。

优良的人居环境，旖旎的田园风光，传统的造纸产业，为数众多、保存完好的古建筑以及流传至今的林氏正月初五和三月三祭祖习俗，共同构成了“中国历史文化名村”仙蒲丰厚的文化内涵，使仙蒲成为“人间仙居”。

桑海村的历史巨变

翁晓明

海洋、桑园原是磻溪镇的两个行政村，两村渊源深厚，且有诸多相似之处。

桑园翁氏于唐朝时由浙江迁徙而来，先至翁江，后迁桑园。传说翁氏祖先迁居时有高人指点“猢狲带路，遇桑则住”，因此将定居地命名为“桑园”。

海洋村因其神奇天然景观而得名。每天早晨 5 点至 9 点，站在楩岔头上看海洋村，一片白茫茫的晨雾笼罩着整个海洋村的山陵壑谷，犹如寂静的海洋，因此得名为“海洋”。

海洋与桑园毗邻，只一山之隔，从桑园向西走上前坑五里亭，再向上走至楩岔头，就能同时看到两村之全貌。两村位于磻溪镇的地理中心，其西南 13 千米处便是磻溪集镇，东南是革命老区、少数民族聚居的章家岭自然村，西面有通往霞浦的古道。

桑园水库（吴维泉 摄）

两村的中心村都是四面环山的小盆地，中间土地平坦，多为田地及四通八达的石板路。村中有清澈的溪流蜿蜒而过，溪中盛产名贵的鳙鱼，溪的两岸怪石嶙峋，风景宜人。

海洋村有两条溪流，一条自仙蒲流至海洋村，另一条源自后坪青龙山，经后坪、梨园、青龙流至海洋村，两溪流汇合于海洋溪尾，形成峭壁深潭的独特景观。悬崖峻峭的白虎垱山上建有白云寺，至今流传着古老的民谣：“白虎垱的钟，牛栏头的风。”意思是说，只要寺中的钟一响，整个海洋村的居民都能听到；牛栏头即湖林，湖林地势高，没有旁山阻挡，风特别大，12 月时特别冷。

桑园也有两条溪流，村东小溪和村西大溪，两溪流汇合于桑园溪尾。村西大溪源自与柘荣交界处的青龙等山，经柘荣上溪口、湖林蛟龙潭流至桑园，流域面积广，流量大。途中流经近100齿长的桑园碇步石桥（桑园大石桥是连接上半区8个行政村和通往霞浦的重要古道）。

桑园山峦秀丽，绿水环抱，自古以来就被视为“人杰地灵”之地。桑园翁氏先祖翁十四唐末官授银青光禄大夫（诰命将士郎），统领军队守隘长溪白琳寨达36年，其故事家喻户晓，传诵至今。

海洋自清末以来，就有“乡村小香港”之称。其18个姓氏，有一半以上来自浙江的瑞安、平阳、敖江、苍南、泰顺等地，他们来海洋加工竹具，最终定居海洋。从1957年开始，海洋就创办国营竹具加工厂，其中80%的职工都是浙江人，闽浙文化在此对接、交流。独特的迁居史，造就了海洋浓厚的商业气息。民国时期，海洋街就开有饭店、驿馆、理发店、豆腐店、猪肉店、裁缝店、南货店、农副产品销售店等。1949年后，又增加百货商店、农村信用联社代办点、车站等，还成立国营海洋竹具加工厂、供销合作社和中小学。20世纪六七十年代，海洋村有4个生产队，分布在盆地四周，盖有双层的瓦房，两边开满店铺。

1970年6月，600多名城关待业青年响应号召，到大洋山开发万亩林场。他们所有生活必需品和物资从福鼎运往外洋终点站，然后经桑园和海洋两地的转运站转运，再由人工肩挑至大洋山各林场站点。此外，农药、化肥及吴阳、大洋、青坑、仙蒲4个行政村共6000多人的生活物资必须经过桑园和海洋两地，再加上当时海洋竹木工艺加工厂的员工众多，所有这些因素，促成了海洋村史无前例的热闹和繁华。当时有个顺口溜“福鼎坐车到外洋，外洋徒步到海洋。海洋坐船到南洋，南洋走路去大洋”，揭示了当年的交通状况和那时人们的精神状态，也暗示着当时海洋村“小香港”的成因。

海洋有一座明代古建筑——马东宫，是典型的江南四合院。宫分上下两厅，上厅神龛塑有神像，以供村民祈福和祭祀，下厅建有戏台，供逢年过节演社戏和过往戏班演出。1949年后，村委会办公地点及供销百货商场设于两旁走马廊，下厅戏台作为会场主席台。海洋竹器厂在20世纪60年代曾组织女民兵进行队列训练，以下厅戏台为训练场，后参加宁德军分区表演荣获二等奖。

1992年5月，福鼎县政府决定修建桑园水库，对桑园和海洋两个行政村进行移民。从此，桑园翁氏千年故居和具有“小香港”之称的海洋村于1994年12月大坝建成后，沉于深不可测的“汪洋大海”，两个古老而神奇的村庄成为历史。

海洋村与桑园村合并之后成了桑海村，“桑海”之名，似是海洋与桑园的合并，又似揭示了两村沧海桑田般的变化。

印象中的黄冈村

庄纯穗

我1971年在黄冈村小学任教。教室几易校址，最早在旧周氏祠堂；后搬到旧老厝上首路边，土墙夯的校舍，有3间教室，单边二层楼上4间宿舍（村干部占用1间）；再搬到岭头坪知青点对面原集体养猪场改成的校舍。教室不断变化，我们一家坚持以校为家，我在山区任教15年，直至1986年调至磻溪学区。

顾名思义，“黄冈”为黄色山冈。有人说，黄冈的大山梁是从柘荣县长岐分支出的龙脉，“黄冈水两边流，不聚客”。黄冈北坡、南坡分别与翠郊、车岭相望；西边下山沟为弄坑村，爬上高坡可至十三坪茶场，海拔高度与湖林村相近，站立大湾头村，周边各行政村尽收眼底。

黄冈村民大多姓周，2019年周氏后人在旧老厝原址重建周氏大宗祠。黄冈行政村下属十多个自然村，如旧老厝（村部所在地）、打铁垢、旗洋里、洋里墓、尾湾、天冈、横厝、新厝基、坑下、蛤蟆座、大湾头、上坑坪、凤洋、里弄坑、外弄坑等。

黄冈是福鼎著名茶区，种茶历史悠久。全村有三面大山沟，山冈上全是黄土地，最宜种茶。黄冈各自然村都分布在各座小山包边，依山而建。除里外弄坑两小村外，其余自然村十分缺水，村里水田很少，适宜种茶。

从农业合作化开始，生产队集体劳动计工分红，黄冈村茶场就是集体经营，茶场属于村部经济。当时旧老厝村部一片木质楼房，村部办公室与茶叶初制厂、戏院、医疗站集中连在一起。茶叶采摘旺季，初制厂通宵达旦，马达轰隆、灯火通明。茶叶需通过日光杀青（村部前有近千平方米晒茶场地）、萎凋和半手工、半机械揉捻，再用烧柴片和炭力烘干，后来有了电力焙干。茶叶是村民主要收入，也是村财政主要收入。

茶叶的支撑让黄冈经济在当时的磻溪镇首屈一指。1959年全国茶叶现场交流会在黄冈村召开，这是福鼎县第一次也是唯一一次召开全国茶叶生产现场会。

1967年“上山下乡”运动，安排到黄冈的知青人数较多，他们大都是桐山城里的知青，还有部分省下放干部。开始是分配到各生产队，后集中到知青点茶场，岭头亭、凤阳、尾湾有大片集体茶园，均通过开荒平整种植而成。当时有岭头亭和尾湾宫两个知青点，主要是管理茶园，采茶都是雇外乡镇女工。黄冈应该是全县最早实行免耕的高产茶园，最早施用有机肥，场里主要是施油饼、茶饼之类，不单纯施用化肥。

黄冈人杰地灵。当年黄冈村干部是周宗贞、周恒料、周宗海和周宗道等，后来，黄冈在镇和县脱产干部逐年增多，如周宗贞、周宗竹、周宗雨、周宗烈、林承红、周恒玉、周恒菊等，有的在市委、市政府工作。知青们在黄冈表现十分突出，涌现许多生产标兵、文艺骨干等，曾经组织文艺晚会，在村部大会场演出，得到群众好评。1980 年后，知青陆续回城，大多担任各部门骨干，如曾呈斌、刘小、三好、全诚等人，有个知青还娶了当地姑娘。

黄冈产茶，经商茶人也多。我认识的周庆贺是福建誉达茶业有限公司总经理，他的茶园基地就是当年黄冈村集体茶园，也就是岭头坪的知青茶园。当年学校也在茶场附近小山丘上，校舍由集体养猪场改成，猪圈作教室。教师宿舍则由茶场民工住所腾出。1972 年，黄冈有完小一所，尾湾、新厝基、蛤蟆座、上坑坪、里弄坑、外弄坑等还有几所初小校。磻溪镇文化底蕴深厚，公办教师最多的是湖林，其次是黄冈。

黄冈本村的孩子，可在村中读完小学，再到磻溪中学上初中，再到福鼎三中读高中，有优秀学生考入各类大学，我印象深刻的有周瑞谷、周宗梭，于 1980 年考入厦门大学。这两个学生当年考进厦门大学轰动了磻溪，甚至整个福鼎。

湖林述略

池永光

湖林古名“湖林头”，其地多是水竹湖，草木丛生，四山之水环聚于此，故名。俗称“牛栏头”，盖土音相同而字不同也。

湖林村辖下澳里、贝头、蛟龙、响路、后坑、后岭、古井、柯洋等31个自然村，现有836户、3387人，有周、翁、黄、池、林、张、江、谢、陈、马、王、施、雷、兰、钟、李等16个姓氏。

湖林村地处磻溪镇的中心位置，是镇域西部片区8个行政村（仙蒲、后坪、南广、桑海、吴阳、大洋、青坑、油坑）群众通往集镇、福鼎市区的中转站，也是片区内的商贸中心，街市历史久远。

湖林学校始建于1927年，1972年创办初中，1998年初中部被正式命名为湖林初级中学，与小学分离。2002年7月经福鼎市人民政府批准，原湖林小学和湖林初中合并成福鼎市湖林学校，成为九年一贯制学校。

湖林地势柔缓，气候温和，雨量充沛，资源丰富，适宜发展水果、茶叶、树木、毛竹等经济作物。湖林产茶历史悠久，茶叶质量上乘。1915年，首届巴拿马太平洋万国博览会在美国洛杉矶举行，湖林“周鼎兴”茶号选送参评的福鼎白茶精品“白毫银针”斩获金奖。

1949年以前，村民以农为生，每天起早贪黑，吃不饱，穿不暖，有的连地瓜米都吃不上，只好到霞浦等地逃荒要饭。那时大户人家家里下饭的菜也只有带柳（一种小带鱼，多腌吃）和咸菜。晚上人们点着竹片照明，大部分妇女还得在昏暗的光下“拧苎”，长年累月，累坏了眼睛。冬天夜晚只能盖破棕衣，睡不好。还要提心吊胆防抓壮丁，生活十分痛苦。

1949年后，在党的领导下，湖林村大力发展茶业，推广压苗、插苗等技术，家家户户都开荒种茶。先办茶业初制厂，1958年办国营茶厂。1970年在蛟龙建起了250千瓦水电站，从此结束了竹片、油灯照明的昏暗历史。继后林型彪创办广福林茶厂，生产加工白茶、红茶、绿茶、花茶、乌龙茶等，通过了QS质量安全以及ISO9001、

HACCP 质量体系认证，是福建省的龙头企业。近年来湖林茶产业不断发展壮大，形成了产供销一条龙生产格局，全村茶叶种植面积达 6340 亩，创办有 5 家茶叶加工企业，并在广州、北京等地设有营销网点。茶业成为湖林村的支柱产业和促进农民增收的主导产业。

茶业、竹木业发展后，村民的生活水平大大提高。现部分农民从务农转为打工，还有村民走出村子搞起石板材等生意。1991 年，村里开发长街——永川街，共有 150 榴房子，每榴都盖四五层，门面贴上瓷砖，每榴门前都种上清香扑鼻的桂花树。2007 年又开发一条新街与永川街成斗盖形，新街尽头盖起农贸市场，楼上就是村委会办公地点。新街有 70 榴新房，每榴门前都种上罗柴，逢年过节罗柴上会系上红灯，既壮观又美丽。

现全村实现五通（通水泥公路、电、电话、有线电视、自来水），建有农民公园、老人活动中心等休闲娱乐场所，成为民风淳朴、文明、和谐的绿色新农村。

福鼎最大的水库桑园水库

叶礼瑞

桑园水库拦河坝位于磻溪镇桑园村下游3千米处，坝址以上控制流域面积142平方千米，多年平均径流量1.85亿立方米，多年平均流量5.86立方米/秒，水库总库容7350万立方米，调节库容量5230万立方米，属多年调节水库。防洪保护面积1.1万亩。

桑园水库以发电为主，兼有灌溉、防洪和供水等综合效能，水库枢纽由拦河大坝、引水隧洞、发电厂房和升压站四大主体工程组成。拦河大坝为三心双曲变厚砌石拱坝，坝顶高程306.7米，最大坝高84.2米，是福建省目前最高的砌石拱坝引水隧洞，总长6011米，洞径3.8米；调压井（双室式）高95.1米，压力管道斜坡长395米，底宽6.5米，压力钢管全长576.5米，其中主管长366米，管径2.2米；电站发电厂房为地面式，占地7000平方米，装机容量为3万千瓦，保证电力8789千瓦，多年平均发电量1.08亿千瓦时，110千伏输出线路长30.87千米。

桑园水库（陈昌平 摄）

桑园水库淹没土地 4422. 21 亩（其中耕地 1173. 58 亩），迁移房屋 55407 平方米，搬迁安置有桑园、海洋两个行政村的桑园里、里洋、下宅、外洋、海洋、溪美南洋下及东坑、章家岭等 8 个自然村共 386 户、1723 人（含暂住人口动员回原籍的 54 人）。库区移民安置工作从 1992 年 5 月开始至 1994 年 12 月结束。在搞好移民住宅建设，完善水、电、路、学校等公共配套设施建设基础上，将上述移民户分别集体安置于店下镇杨歧（垦区）215 户、1000 人，安置于秦屿镇（今太姥山镇，后同）水井头（农场）123 户、504 人，安置于磻溪镇上前岭 65 户、133 人。并分别增设桑杨、秦海、桑海 3 个移民户建制村，分别归属店下（1993 年龙安从店下析置，桑杨村现属龙安开发区）、秦屿、磻溪 3 个镇管辖。此外，零星安置 10 户、33 人，妥善处理暂住人口回原籍 54 人。移民安置经费总额达 3830 万元。

水库工程于 1992 年 6 月正式开工。拦河坝工程于 1995 年 4 月 24 日通过 270 米高程以下堵孔前验收，5 月 26 日拦河坝导流底孔封堵一次成功，正式开始蓄水。6 月 16 日第一台机组投产发电，另两台机组相继于 9 月 16 日和 12 月 16 日投产发电。至此，工程实际投资 16800 万元，投入劳力 207. 86 万个工日，使用水泥 26199 吨、钢材 1959 吨、木材 2500 立方米，完成土石方 40. 76 万立方米（其中石方 30. 06 万立方米），浇灌混凝土 4 万立方米。

桑园翠湖景区面积 2. 72 平方千米，系桑园水库电站大坝拦截九鲤溪上游形成。湖水衔绕群山，湖中形成 5 个小岛，岛上林木葱绿，湖面平旷如镜，湖光山色相映成趣，富有恬静、清幽的山水田园风光情调，备受游人的青睐，是休闲、避暑、垂钓的好去处。

离湖约 2 千米外的楩岔，两山之间有条狭窄山岭，岭上耸立着一株古老的枫树。1935 年，叶飞率红军在此埋伏，歼灭了前来“围剿”的国民党新十师加强连，成就了革命佳话。

革命老区基点村庄边

王启敬

庄边村位于福鼎市西南部，离福鼎城关45千米，与霞浦、柘荣两县交界，是磻溪镇辖下一个民风淳朴、风景优美、书风浓厚、历史悠久的自然村。

庄边村幽居于高山峻岭之中，坐落于一字山的半山腰上，全村有王、郑、张3个姓氏，共400多人，以王氏为众。庄边王氏渊源久远，源于霞浦赤岸。相传元末明初，明开国功臣、柘荣人袁天禄与其参谋林天成（霞浦赤岸人）结怨，袁天禄下令屠其九族，赤岸村林、王两族闻信纷纷外逃，俗称“赤岸桥头分九族”。其中有一家王氏逃到柘荣与霞浦交界的深山老林中，居住在庄边村对面的仙蒲南岭。清初，有一房王氏子孙看到庄边地形优美，向西有笔架峰朝堂，向东有半月山浮江，因此在庄边开山建祠。

庄边村今貌

庄边是福鼎市的老区基点村。民国时，为了反抗国民党的反动统治，受红色思潮的影响，庄边人投身革命事业，为革命做出巨大的贡献和牺牲。当时所有村民都曾为红军捐款、捐粮，妇女为红军制作军装、军鞋，很多人参加兵工厂生产土枪、土炮，还有许多人直接参加革命部队——红四团，王广鉴、池主尾、王绍清等还为革命献出宝贵的生命。霞鼎县委书记许旺为躲避敌人追捕，曾在庄边村与梨园村交界的一条小溪沟里躲藏过，庄边人为他送饭。由于积极支持革命事业，庄边人遭到国民党军队镇压。1934 年，庄边村被国民党民团烧得片瓦无存，一切化为灰烬。庄边村现有的砖木结构房屋是 1949 年后政府为村民兴建的。

庄边村主要的经济收入来源是毛竹与茶叶。山上除了如云的毛竹林与成片的白茶园，还有荫蔽幽深的原始森林。原始森林中古树名木比比皆是，尤以千年树龄的红豆杉最为珍贵，其中两棵红豆杉直径 1 米多，高 20 多米。每到 12 月，这些红豆杉便会结出一串串红彤彤的红豆果，外红里艳，宛如南国的相思豆。庄边人将这两棵红豆杉奉为神树。

庄边村西北的灵山台有一座建于清初的寺院，叫灵台寺。站在灵台寺山门远眺，远处山峦起伏，翠峰如簇，与东面的太姥山遥相呼应；近处桑翠湖水平如镜，风景优美。

磻溪交通发展概述

周文聪　饶岩河

旧时期交通

磻溪镇位于福鼎市西南部，东邻秦屿镇，北与白琳镇毗连，西北连柘荣的乍洋、东源两乡，西南与霞浦柏洋、牙城、水门三乡镇接壤。

唐末至宋、元、明、清、民国时期，磻溪各姓氏先祖陆续从中原、浙江、闽西、闽南、长溪等地迁入磻溪各村。由于地处偏僻，磻溪先人历来十分重视对路网的建设，视道路为生存与发展的必须，故旧时磻溪路网纵横交错，交通发达。磻溪旧时交通主要有2条古道、1条水道。

福建北驿道　这条古道经过磻溪的界牌洋、杜家、溪心、蒋阳、半岭、五蒲岭6个村庄，计20千米，道宽2—4米。宋、元、明、清时期，磻溪先人以古驿道上的蒋阳村为中心，修通了3条支道：蒋阳经溪口、茶洋至磻溪，共约13千米，1.5—2米宽，由石块铺成，谓之“准驿道”；蒋阳经溪口、蛤蟆岭头、乌杯至赤溪，共约13千米，1—1.5米宽，由石块铺成；蒋阳经南岭溪、太姥洋至秦屿，共20千米，1—1.5米宽，由石块铺成。后又以五蒲岭为中心修通3条支道：五蒲岭经后门垅、樟柏洋、炉屯至牛栏头，共10千米，1—1.5米宽，石路；五蒲岭经长坑里、梅花田、才堡至秦屿，共20千米，1—1.5米宽，石路；五蒲岭经井下至磻溪，共5千米，1—1.5米宽，石路。

磻溪经牛栏头、桑园、岭头、仙蒲至霞浦洋里古道　在这条古道上，人们也修了3条支道：牛栏头—蛟龙—南广—后坪—鸳鸯头，长20千米；桑园—海洋—章家岭—大洋—吴阳—赤溪，长约17.5千米；磻溪—黄冈—高山—长岐，长15千米。以上道宽均为1—1.5米。

水道七都溪　七都溪是旧时磻溪通往霞浦的水上要道，全长18千米。大洋、吴阳、青坑、赤溪、杜家、蒋阳等村的柴、竹、炭都是由乌杯、九鲤、赤溪用竹排运至牙城，再经牙城运往浙江及福建各地出售；而嵛山、三沙、牙城水产品及村民生活用品，都是用竹排逆水运回赤溪、九鲤、乌杯等地。中华人民共和国成立初期公路未通时，上述村的公粮基本上靠竹排经七都溪运往牙城。

交通大变革

1956 年，桐城岩前至磻溪桑园的岩桑线动工建设，1957 年修通至点头，1958 年 7 月修通至白琳，年底修通至磻溪，1959 年 12 月底岩桑线全线竣工。1960 年 1 月 1 日，磻溪公社举行通车典礼。

为迎接 1959 年 3 月全国茶业现场会在黄冈召开，1958 年 12 月底，磻溪公社抽调全社男女劳动力日夜赶修磻溪至黄冈 3 千米公路，并于 1959 年 2 月修通，黄冈成为福鼎市第一个非主干道通公路的行政村。

1972 年，金谷大队修通金谷至瓦窑坪 3 千米公路，油坑大队修通油坑至湖林 6 千米乡道，炉屯大队修通炉屯至古坪头路口 2 千米乡道。

1973 年蒋阳大队修通蒋阳至金谷 6 千米公路。

1973 年 3 月，磻溪至福鼎城区公路客运开通。

1975 年，由群众集资，有关部门拨款，建成梨园公路桥。

1975 年 5 月，县交通局修建秦屿茶塘至磻溪仙蒲 973 县道。

1976 年 1 月，桑园前岭至后坪林场 3.4 千米林业专用公路建成。

1977 年，瓦窑坪至蒋阳 9 千米乡道由县交通局接管加宽。

1978 年，磻溪供销社从省供销社土产处筹得投资款 25 万元，建造从海洋到仙蒲运毛竹的 10 千米简易公路。

1990 年，县交通局修通蒋阳至赤溪 17.3 千米公路。

1991 年 9 月，九鲤公路桥动工，于 1992 年 6 月竣工。

1992 年 2 月，朝阳至溪口公路动工，于 1996 年 6 月竣工，长 3.54 千米。

1994 年，修通湖林至大坝 6.55 千米公路。

1997 年，修通大坝至青坑 4.2 千米公路、大洋至吴阳 6.6 千米公路、后门垅至五蒲莲花寺 5 千米公路、亭头至五蒲 5 千米公路。

1997 年，磻溪至赤溪公路改铺沥青路面。

跨越式发展

2002 年后，磻溪镇交通迎来跨越式发展，“村村通”工程使磻溪镇域境内的水泥路网建设更加完善，至 2011 年底，通车水泥公路达 100 千米，全镇开设赤溪、湖林、仙蒲、油坑、吴阳 5 条班车线路，其中仙蒲、油坑、吴阳每天各对开 2 班，湖林、赤溪每隔 30—40 分钟开 1 班，此外，朝阳每天有开往白琳班车 2 班（后取消）。

公路硬化具体里程为：上盘至磻溪 5.88 千米，磻溪至仙蒲 20 千米，磻溪至赤溪 20 千米，湖林至大坝 6.6 千米，大坝至大洋 9.2 千米，大洋至吴阳 6.6 千米，大坝至青坑 4.2 千米，后坑至油坑 2.9 千米，桑海至南广 8 千米，南广至后坪 5.5 千米，桑海至蛟龙 4.5 千米，古坪头至炉屯 2 千米，溪口至朝阳 3.7 千米，磻溪至黄冈 3 千米，瓦窑坪至排洋 3 千米，蒋阳至金峰寺 9.5 千米，蒋阳至南岭溪 3 千米，金谷至金盘寺 3 千米。

磻溪镇村村硬化公路总投资 3000 万元，全长 100 多千米。2005—2007 年，磻溪镇连续三年被福鼎市人民政府评为“农村路网工程建设先进单位”。

高质量发展

2012 年以来，磻溪镇交通建设持续改善，进入高质量发展阶段。尤其直通高速公路的杨赤公路的建成通车，为磻溪打开了通往外界的另一条大通道，大大缩短了磻溪与外界的空间距离，同时也为“中国扶贫第一村——赤溪”和磻溪镇乡村旅游等产业的振兴提供了交通支持。

2012 年投资 3000 多万元的“白（琳）磻（溪）线”三级公路建成通车，“白磻线”是磻溪最主要的出境通道，在杨赤公路建成之前，它是唯一的出境公路，它的建成进一步缓解了制约磻溪发展的交通瓶颈。

2013 年杨（家溪）赤（溪）公路动工建设，2014 年福鼎段 2.61 千米建成，2015 年全线竣工正式通车。杨赤公路是福建省普通国省干线公路网布局规划中纵一线的重要支线，也是太姥山、杨家溪、九鲤溪景区通往干线的重要通道。公路起于霞浦县牙城镇斗门（接纵一线），经杨家溪，终于赤溪村。

与此同时，随着乡村振兴战略和“四好农村路”建设的推进，一批乡村道路的提升改造工程相继上马、竣工：太姥山—杜家—霞浦龙亭公路动工建设，湖林—仙蒲公路完成拓宽改造；杜龙路及磻溪—山湖冈—湖林茶旅路建成通车，湖林蛟龙至仙蒲 14.7 千米道路完成拓宽改造；新建、拓宽黄冈、仙蒲、金谷等通自然村公路 31.1 千米；龙亭—磻溪—仙蒲公路提升为县道；完成集镇道路硬化及配套工程；自然村公路硬化 59 千米；公路养护和安全防护工程、水毁道路修复、旧桥危桥的改造等工程全面铺开……

磻溪民风淳朴，磻溪人“艰苦创业，无私奉献”，修桥铺路等公益事业，或慷慨捐资，或投工投劳，必倾力相助。由于磻溪人民及各届政府的重视，磻溪的交通路网四通八达。如今，磻溪镇通车公路里程为福鼎市最长。

宗族聚落

磻溪畲族

雷成才

磻溪畲族有雷、蓝、钟三姓，有3000多人，主要分布在磻溪村的外山僻、柘楼仔、岭头山、上木坪、能家蒲、老人坵、坑头，湖林的贝头、半山、坵竹头，杜家的孔兰尾，赤溪的南柄、下山溪（后移民赤溪），桑海的樟家岭，朝阳的上洋仔，排洋的后岗头、下盾山坪，吴阳的小对，炉屯的黄土岗，蒋阳的何盾等9个行政村的17个自然村中，其中排洋、赤溪、朝阳为少数民族行政村。

民国以前，磻溪畲族一直居住在极偏远的山坳之中，交通闭塞，生活贫困，多数畲族居民靠狩猎和采集山野中的植物、药材来增加收入，维持生活。上无片瓦、下无寸地，借大姓土地而居，租他姓田园而耕，日出而作，日落而息，养家糊口，度日如年，既无产业，更无地位和文化。

磻溪岭头山，位于磻溪之东北，与井下、花门楼毗邻。岭头山山场原系紫岭林氏天房子孙之业，后送给蓝氏做居住落脚地。蓝氏在此繁衍生息，于山林猎取飞禽走兽，并依靠周围有限的土地种植薯芋蔬菜，过着艰辛的生活。20世纪50年代初，岭头山一村共20多户，只有一座单层瓦房（两榴一中厅），其余全部是茅草寮和稻草房。家家户户吃了上顿没下顿，挨饿是常有的事，就连逢年过节也吃不上一顿饱饭。有的人家全家只有一床补了又补的补丁被子，其中五六户甚至没有被子，都是睡稻草堆，晚上睡时，两脚直伸进去，剩下一个头在外面透风。夫妻同穿一条裤，谁要出门，这条裤子就给谁穿，另外一人只好待在家中，还有的借邻居的衣裤来穿。据当地老人回忆，当时有一个叫蓝阿为的人，终年都很少穿衣服，日晒雨淋，皮肤黑里透红，非常健壮，十二月下雪天也只穿一两件破衣服。

在磻溪畲家里一直流传有这么一个故事。半夜，一个小偷想偷点东西填肚子，走到一个村的篱笆边，听到里面两个人在说话。两人冷得睡不着，一个一直在打喷嚏，另一个于是说："你不够暖，我把被子抓一把给你吧！"那个却说："不要了，我打个喷嚏，被子要跑到鼻孔里去了。"（指的是谷壳被吸到鼻孔里）滑稽故事的背后，满是畲族同胞生活的悲苦，听来令人唏嘘。

中华人民共和国成立后，穷苦农民当家作主，党和政府对少数民族实行优惠政策，磻溪畲族同胞积极务工、务农、经商、从军、从政，面貌发生了翻天覆地的变化。

排洋下墩蓝氏，清道光年间自浙江桥墩莒溪迁入，历 7 世，衍有百余人。20 世纪 60 年代，蓝香庭、蓝香球二兄弟被培养成国家干部，蓝香庭曾任店下公社书记、县政协副主席等职，蓝香球曾任磻溪镇武装部部长、公社副书记、县民委副主任等职。二人子女更是青出于蓝而胜于蓝。如今，村里畲族同胞生活条件大为改善，大部分都搬迁白琳、点头、福鼎等地购房或构建新居。桑海村蓝家勇为章家岭蓝氏后裔，改革开放后在江西樟树市办“蓝恒达塑料原料加工提炼厂”，在厦门建四星级宾馆，在内蒙古开矿山，身家数亿，成为磻溪乃至福鼎巨富。

两种社会，两种命运，畲族同胞在新社会、新时代里大展宏图。

磻溪各姓氏迁居史略

磻溪镇现有 3 万多人，50 多个姓氏，汉、畲、回 3 个民族，通桐山话、畲族话、闽南话和汀州话。据宗谱记载，早在唐僖宗时，就有磻溪先人在这里生息繁衍。历经千年岁月，各姓氏在磻溪这方土地上创造了独特的文化。

翁氏

桑园村翁氏，属盐官郡。肇基祖翁宏济，字巨川，妣刘氏，初居唐光州（今河南信阳），仕唐懿宗朝，敕赐朝请大夫金部员外郎，刘氏封夫人，后被奸佞所谗，改任常州无锡县令。唐僖宗时，因黄巢之乱，弃官南下，暂居于长溪县内一水岸边（今白琳翁潭），尔后迁桑园。

叶氏

仙蒲叶氏，北宋建隆元年（960）由霞浦渔洋迁入。

炉屯叶氏，清顺治年间由浙江泰顺迁居横路下店仔。

林氏

磻溪林氏，属济南郡，先祖林遇于北宋太平兴国三年（978）自浙江昆洋（今平阳县）迁居磻溪，子孙分迁磻溪、樟柏洋、炉屯、金谷、井下、花门头、紫岭、车岭、坪后、梨洋、古坪和点头、管阳、店下、白琳等地。

仙蒲林氏，宋乾道八年（1172）由霞浦赤岸迁入，先祖林京一。

牛埕林氏，居南广，清乾隆年间由浙江平阳港边（今苍南蕉蒲岭）迁入。

李氏

南广李氏，肇基先祖李百七。李百六、李百七、李百八兄弟三人俱由浙江处州府璧芝墩，寄寓福州南台，后迁古田杉洋，继迁至长溪赤岸后分迁。北宋太平兴国二年（977），李百七迁秦川之西罗浮岭北洋里。百余年后，后裔继迁三叫天（孙竹坑）、下窑、上岗、南网（现南广村旁边）。

蒋阳李氏，于清宣统年间迁入。

溪南李氏，于清嘉庆年间自南溪迁入。

吕氏

磻溪吕氏，属河东郡，于南宋时自广东迁福建汀州。吕成习只身迁磻溪，为肇基先祖。后分荣、华、富、贵、乐、发六房。后裔现居福鼎城区、点头、白琳和磻溪吕厝、瓦窑坪、暗井等地。

杜氏

杜家杜氏，肇基祖杜宣教于宋元丰年间迁居杜家里，筑室于石龟之巅，后分支迁乌杯、九鲤、赤溪，现分居于薛澳、旱田、白琳三筻、点头等地。

陈氏

杜家北岭后陈氏，先祖陈仲生先迁居浙江苍南、藻溪、盛陶，后人于清康熙年间迁磻溪杜家八岭后。

上盘陈氏，由管阳溪头迁入。

炉屯陈氏，宋大观元年（1107）由长溪上武曲（今寿宁武曲）迁入，肇基祖陈十。

岭头陈氏，先祖陈国永于1729年由溪心北山迁入。

大洋始陈氏，肇基祖陈六，于乾隆年间从霞浦东关迁入。

炉屯洋头陈氏，清顺治年间由河南淮阳迁入。

排洋陈氏，明万历年间从管阳溪头迁入。

溪口陈氏，明末从浙江永嘉迁入。

吴氏

兰溪（青坑）吴氏，属延陵郡，肇基祖吴福，南宋景定三年（1262）迁兰溪（青坑）。至三世吴文伯生五子，立仁、义、礼、智、信五房。

金谷乌西洋吴氏，属渤海郡，从福建永春廿九都卓埔东园，后入温州平阳县廿八都中宕村（今灵溪宕丰村），又移居福鼎花门楼，再移居金谷乌西洋。

郑氏

桑海村青龙郑氏，从河南固始县入泉州沿辖下，迁徙福宁州崇儒肇基数代后，于南宋德祐元年（1275）迁居梨园与青龙。

叶家山郑氏，明末郑茂传从泉州永春迁福鼎桐山新街头，至清康熙时郑帮孝从桐山迁叶家山。

后岗里郑氏，由大洋福溪迁入。

张氏

后坪村张氏，肇基祖张礼和，原居浙江括苍，徙福州乌石山，于南宋天庆元年（1259）偕同四兄张礼晋迁柘洋张源（今柘荣东源），后于南宋德祐二年（1276）再迁至阜坪（后坪）。

上洋仔张氏，清乾隆年间由浙江平阳迁入。

周氏

黄冈周氏，属汝南郡，肇基祖周瑶（端八），1279 年自浙江处州府括苍之黄村迁入黄冈，现分居黄冈、仙头境、弄坑和白琳下上盘、翠郊等地。

湖林周氏，清康熙中叶由周宁迁居湖林。

王氏

庄边王氏，唐代宗时由霞浦赤岸迁浙江永嘉，又迁吧车头，再迁庄边，迁入先祖王高良，现分居益溪、蛟龙等地。

梅洋王氏，洪武元年（1368）由霞浦赤岸迁寿宁王龙山，再迁磻溪梅洋，先祖王铭德，现分居炉屯、车坪、九斗等地。

赤溪王氏，明成化年间由霞浦赤岸迁东溪头，再迁青坑东坪，又迁赤溪东坪里，先祖王邦忠。

吴阳王氏，清乾隆十四年（1749）由龙岩永定县迁入，先祖王世雄。

古坪头、能家浦（坡）王氏，开闽时迁福宁州三十一都黄岐，明万历年间先祖王爱山迁磻溪古坪头、能家坡。

蒋阳鲤岗王氏，由漳州漳浦县迁浙江平阳，清嘉庆年间再迁鲤岗。

仙蒲南岭王氏，系赤岸派，王子朝居祭坑数年迁南岭，又迁惠安县，至洪熙元年（1425）迁居南岭，为先祖。

耿氏

金谷耿氏，明永乐二年（1404）耿德一自建宁府中游街迁居金谷。

雷氏

苏木坪和岭头山雷氏，雷世绵之子雷大法于明时自福宁州迁入平邑大岭内，再迁入前岐凤菁寮，至明末清初迁入磻溪。

上洋仔雷氏，清咸丰年（1851）从浙江苍南迁入。

湖林澳里雷氏，清乾隆年间由霞浦县盐田镇洋边红日山迁。

犁头垢雷氏，清康熙三年（1664）雷廷富由苍南县青街黄家坑迁入。

湖林九龙里雷氏，清光绪年间雷瑞营由牛埕下迁入湖林九龙里。

黄土岗雷氏，清末民初自浙江平阳迁入。

后岗头雷氏，清康熙元年（1662）自浙江苍南北港迁入。

山坪雷氏，自浙江泰顺码头迁入。

朝阳村澳尾雷氏，雷阿四于清咸丰年间迁入。

池氏

湖林后岭池氏，始迁祖池冀龙、池灿龙昆仲，明崇祯四年（1631）从福安龙溪迁入。

蓝氏

桑海村南园（今南门尾里垮）蓝氏，清乾隆初年迁入，肇基祖蓝国清。

冬家山、岭头山、老人垢蓝氏，大约在清末迁入。

章家岭蓝氏，先祖蓝一增，清顺治十七年（1660）由泰顺仕阳鳌岭迁入。

排洋下盾蓝氏，清乾隆年间自平阳迁入。

桑海后溪、杜家南柄蓝氏，清宣统年间迁入后岗头。

沈氏

小溪沈氏，清康熙元年（1662）由福建永定到浙江，居于瓯泰邑均山之胜地，沈仁智徙迁鼎邑秀洋及小溪，现分居霞浦、桐山、白琳、点头等地。

曾氏

油坑曾氏，曾文凤次子曾德巡、三子曾德信于清康熙十五年（1676）自永春南溪迁入。

牛埕曾氏，清末由泰顺吴代迁入。

邱氏

邱氏，清康熙二十一年（1682）邱昆生自汀州迁居岩下大坪、木里岚、东坪等地。

罗氏

桑海村岭头罗氏，肇基祖罗与明，原籍福州永福县，长子、次子、五子、六子随他迁鼎邑二都王臣龟山内，清康熙年间迁至磻溪岭头。

温氏

朝家洋温氏，清康熙五十三年（1714）由汀州上杭迁入，先祖温勤伟。

上章温氏，清嘉庆年间自贯岭分水关迁入。

马姓

蒋阳、金谷马姓，清康熙五十四年（1715）马腾山、马腾玉、马腾捷等三人由汀州上杭迁福宁州九都磻溪三十六弯南山溪。

郭氏

油坑郭氏，源于山西太原，后裔分迁河南、南京等地，后又分迁浙江杭州八角井、丽水龙泉安仁里。明洪武元年（1368），郭礼自丽水龙泉安仁里徙迁至寿宁章坑，约居 10 年又迁入大安乡彩坑。其八世孙郭良成再迁福鼎市磻溪镇油坑村，为肇基祖，时为康熙五十四年（1715）。

何氏

蔡家山何氏，清康熙六十一年（1722）自瑞安三家村后洞山迁入。

洪氏

洪氏，清康熙年间由浙江桥墩迁入。

谢氏

谢氏，清康熙年间由汀州迁磻溪湖林。

褚氏

赤溪褚氏，先祖褚芳荐，原籍泉州南安县码头镇，1725 年在杨家溪娶妻生子，后转迁秦屿敦头，再迁赤溪。

蔡氏

金谷后门垅蔡氏，属济阳郡，清乾隆三十九年（1774）由浙江平阳北港闹村迁入，先祖蔡国泰。

刘氏

江尾山刘氏，清乾隆年间从福建永春迁磻溪江尾山。

湖林岩柘里刘氏，1795 年由柘荣上城迁入，先祖刘大兴。

江氏

湖林蛟龙江氏，清乾隆年间从上杭三坪迁入，先祖江三。

缪氏

缪氏，清乾隆年间由浙江灵溪凤池迁入五蒲岭。

魏氏

魏氏，自清乾隆年间由浙江迁入磻溪紫岭东洋。

杨氏

蒋阳溪南杨氏，清嘉庆年间迁入。

黄冈杨氏，约于清末民初迁入。

季氏

蒋阳溪南季氏，清嘉庆年间自点头后井迁入。

钟氏

后畲坑钟氏，清嘉庆年间从浙江平阳迁入上洋仔、后畲坑、桑海后溪。

甘氏

黄金地甘氏，属渤海郡，清乾隆年间迁福鼎店下甘家岐，后于嘉庆四年（1799）迁黄金地。

黄氏

苏家山、后坑黄氏，清道光年间自宁德石塘迁入。

赤溪排头村黄氏，黄廷菊于清乾隆年间由宁德霍童石桥迁入。

杜家坑料黄氏，南安紫云派开基祖黄经第三十四世孙黄永豪于清乾隆年间由南安吕洋迁入。

颜氏

董岗颜氏，清道光年间自管阳迁入磻溪黄冈尤家山。

金氏

金氏，清同治年间由柘荣县金家洋迁入磻溪，先祖金日镜。

饶氏

湖林蛟龙饶氏，清光绪年间从邵武迁入石山，再迁蛟龙。

姚氏

炉屯店仔姚氏，属吴兴郡，清光绪十七年（1891）自南镇迁入。

冯氏

蒋阳溪南冯氏，清末自浙江北港闹村迁入。

程氏

黄冈程氏，清末从福安阳尾迁点头程基里，再迁翠郊牛埕下，先祖程伯符迁黄冈凤阳。

钟氏

何厝钟氏，从前岐佳阳迁入。

岳氏

蒋阳溪口岳氏，于清末迁入。

袁氏

袁氏，清末由柘荣石山迁入磻溪大洋房宅。

应氏

应氏，清末由浙江平阳迁入磻溪坪后。

汪氏

磻溪汪氏，清末民初自管阳茶阳迁入。

纪氏

黄冈纪氏，约于清末民初迁入。

卓氏

磻溪卓氏，民国初年自管阳鲤鱼溪迁入。

苏氏

苏氏，民国初期自南溪迁入磻溪井下。

束氏

蒋阳溪口束氏，民国时期自柘荣石山迁入。

孔氏

黄冈孔氏，从管阳西坑迁入。

桑园翁氏

翁启支

桑园翁氏是迁居磻溪历史最悠久的一个姓氏。

桑园翁姓先祖翁宏济，字巨川，妣刘氏，生三子：长元俊，次仲达，三季英。本属盐官司郡氏族，初居唐光州（今河南信阳）。据《翁氏族谱》记载，翁宏济仕唐懿宗朝，敕赐朝请大夫金部员外郎，刘氏封夫人。后被奸佞所谗，改任常州无锡县令，任内丧妣。唐黄巢之乱，长安沦陷，唐僖宗弃驾西蜀，翁宏济携三子及曹人卓文义、吏人黄炳元等四姓弃官南下，水陆兼程，舟至长溪县一水岸边，见此地依山傍海为宜居之地，遂居于此，取名“翁潭”。其间一夜，翁宏济梦神人指点，“巢盗即灭，汝若逢猴则往，逢桑则住”。某日，翁宏济忽见一白猴从山而出，随溪而入，且数日不离，好生蹊跷，即命人逐其踪，探其穴。不日，随猴至一深山开阔处，见其地原野宽广，清澈双溪环抱其周，周边坡上修竹苍翠，桑树一片，斯猴深入林中踪逝。翁宏济顿悟，遂举家迁于此，筑其居，耕其农，名之曰“桑园”。

翁氏迁居桑园，下传42代。五代、北宋时，桑园翁氏大部外迁，宋后各朝亦频繁外迁，现在福鼎域内翁氏族人有2500多人。

1934年6月28日，桑园村因遭受回禄之灾，全村300余间建于明清的古民居付之一炬。1936年，桑园翁氏在废墟上重建家园。1992年5月，为充分利用桑园村天然地理条件和水力资源，发展经济，造福人民，福鼎县人民政府决定在桑园兴建大型水库。为此，桑园翁氏村民共191户、878人分别被迁至福鼎县龙安开发区杨岐和秦屿镇水井头两地重建新村安置，新村分别冠名为“桑杨村”和“秦海村”。

1995年5月26日，桑园水库开始蓄水，相传有朱熹题字的“长春井”及有福鼎八大古代碇步之一的桑园碇步等诸多古迹悉皆淹于库底，取而代之的是人工湖。湖中耸立5个小岛，岛上林木葱绿，湖面平旷如镜，湖光山色相映成趣，是休闲、避暑、垂钓的绝佳去处。

桑园翁氏后裔识大体顾大局，舍小家为大家，为地方建设、经济发展做出了无私而重大的贡献。

澳里翁氏

翁启卫

澳里翁氏源出桑园翁氏。

桑园翁氏肇基祖翁十八，讳宏济，字巨川，妻刘氏，生三子，长子元俊，次子仲达，三子季英。

翁季英，字文彬，娶康氏，生二子，长曰明，次曰昭。至第四世，昭之子翁御，字庆夫，娶白沙仙居陈氏，生三子，长曰浡，次曰海，三曰洽。长子浡迁居澳底半山，后又迁澳底（今澳里），为开基先祖。

翁浡生稔、尹公、大全。长子稔为庠生，行十四郎，娶张氏、彭氏，生子曰着、玠、倍晟、应。三子翁倍晟娶郑氏，生子曰尝、满、勉、质、达、祐、旺。翁倍晟殁后葬牛栏头墓亭前，公妣二人被奉为当境地主福神，宫立澳里田坪墩，后迁澳里会龙宫，与曾祖翁十四御塑神像同祀。会龙宫有500余年历史，后被列为福鼎市级文物。

澳里位于湖林之西，山峦环抱，林竹苍翠，其地界东至后岭地主宫，西至蛟龙溪，南至后溪直上马家桥过上浆后坑铁炉洋，北至仙人池柯柴岗牛屎岭直下鱼库溪。

村中翁氏宗祠，建有上下两厅，中间天井，左右两庑连接上下厅。上厅正厅立祖先龛，正龛为翁宏济、翁十四、翁浡和翁倍晟神位，左右四龛为天、地、玄、黄四房先祖神位。下厅建有戏台，台面屋檐下建有八角藻井。两庑设立走马廊，上下两层可供行走和下座看戏之用。每逢年过节及重大族事，翁氏子孙必聚集于此，举行盛大的祭祀和庆典。

磻溪林氏

钟而赞

林氏始祖林遇于北宋太平兴国三年（978）从浙江昆阳迁至磻溪，见此地青山秀水，清幽僻静，独呈磐石之安，得享隐居之乐，决定在此安家立业。又每以溪边垂钓，常以姜太公自况，名其地曰“磻溪”。

林氏先人筚路蓝缕开基肇业，使得这一块蛮荒之地渐得开发。大约180年后，林氏一姓蔚为望族，土地开发取得丰厚回报，一方经济逐渐繁荣，并向周边地区辐射，同时吸引外来人口迁入，“稼丰廪足，市镇繁荣，人口日增”（《林氏族谱》），磻溪一乡之集的地位得以确立。

仓廪足而兴文教，林氏族人大致在1158年前后延请名师开设学馆教育宗族子弟。南宋隆兴元年（1163），磻溪林氏出了第一个进士——林光祖。自此以后，磻溪林氏一族人才辈出。仅南宋一朝，就有林汝浃于南宋嘉定四年（1211）高中武状元，后有林桂发于南宋淳祐七年（1247）进士及第。

林光祖是磻溪林氏七世祖，先后任莆田县尉、尤溪县令和桂阳佥判。作为林氏科举及第第一人，林光祖对家族子弟的教育尤为重视，专门在大洞庵设置学堂。这种重读传统被后代传承。他的后辈、武状元林汝侠又创办了“双魁书院”，倡立文武兼修的教育理念，以勇于夺魁激励子孙后人，此即书院名“双魁”之寓意。

林汝浃（1178—?），字伯深，号则庵。自幼穷苦而勤奋好学，聪颖过人，喜爱研读四书五经，凡是诸子百家之作他都潜心学习。他自小跟随父亲林樗习武。南宋嘉定四年（1211），林汝浃力挫群雄，夺得右榜武状元。初任合门舍人，执掌皇帝朝会、宴享时赞相礼仪，后官武功大夫、琼州安抚使、郴州安抚使、辰州明道等职。为官24载，官职不大，但忠君爱国，清廉自守，节俭自处，节操无亏。

南宋端平二年（1235），林汝浃告老还乡，宋理宗皇帝为奖赏这位为官清廉、敢于谏言的武状元，特赏赐万两白银修建状元坊和状元府。林汝浃生平节俭，将大部分银两投入双魁书院的建设中。书院建成后，林汝浃出任双魁书院首任山长，后其子林健翁继任山长，广收学生，聘请名师教育子孙。自此之后，簪缨继世，诗礼传家，忠孝为则，代出能人。

双魁书院创办于宋，历经元、明、清，直至民国，期间磻溪林氏子弟科名相继，名流辈出，清光绪年间还以“上三代公孙拔贡、下两代父子拔贡”传为一方佳话，其中的“父子拔贡”指林于九和他的儿子林兰仙，分别是清光绪癸酉（1873）科和乙酉（1885）科拔贡。磻溪林氏的“北洋书香”（北洋为林氏所居之地旧称）也远近闻名，慕名者众。

林氏的耕读之风历数百年而不衰。清末，林家最后一位秀才林大可，因科举入仕途，先后任福清县教谕、训导、县知事等，废科举后又进福建省法政专科学校修学，毕业后任双魁书院及福建省师范讲习所教席，为培养师资，竭尽心力。后返乡，益重教育，邀请当地士绅陈筱猷、周宝冕等商议，将当时十二、十三都“十班”公租60担作为基金，翌年创办磻溪小学，为桑梓培育人才。

林氏一族历来有勇武之风和忠义之传。二世祖林透，字巨震，行九，人称林九公。宋末山东寇乱，朝廷派御史林鋐督兵讨贼，林透随军征战，以骁勇称，匹马冲入贼阵，所向披靡，因功敕封为“山东上将英烈侯”。今山东、浙江、福建等地民间设林九公神位，奉祀不绝。林汝泱孙辈林栋，字景硕，南宋明经，自小就读于双魁书院。宋开庆初年，外敌入侵，国家动荡不安。林栋满怀一腔忠义报国之心，誓要保家卫国。彼时，文天祥被委任为赣州知州，林栋追随文天祥，出任文丞相府督干，御敌抗元。南宋景炎二年（1277），元兵副帅李恒率骑兵驰救江西危急，文天祥苦心经营的江西抗元局面急转直下，进攻赣州的张汀、赵时赏部和进攻吉州的邹凤部均被元兵击溃。元兵穷追不舍，在石岭和空坑（今赣县空垌山）的战役中，宋军大败，林栋不幸被俘，元军许其以高官厚禄，诱其投靠元军，林栋严词拒绝，拒不屈服，饱受严刑拷打，同吴文炳、萧敬夫、萧焘夫等抗元名将在江西隆兴以身殉国。

磻溪林氏一族重教家风随子孙繁衍分派广为传扬。清嘉庆年间，分迁车岭的林氏后人林远扬，饱读四书五经，好学善文，为了让务农族人能熟练识别常用文字，编纂《四言杂字》和《六言杂字》，成为流传数百年林氏子孙的启蒙读本。

直至今天，磻溪林氏子孙依然以各自方式传承着耕读家风和家国情怀。林大可之子林辰，躬耕讲坛数十载，桃李满天下，且在古典文学方面颇有造诣，创作诗词作品300余首，曾写下“为国树人勤不辍，竭忠诚，肝胆消冰雪。心向党，情弥切”的诗句，著有《教坛漫步集》《坦庐吟集》等。毕业于清华大学的林开宝，借助清华的科研优势，带领校友在家乡开辟了200多亩的“清华白茶园”，帮助当地茶农打造生态有机茶园，开创一条茶文化传播、白茶产业振兴之路，为家乡的白茶事业贡献力量。

紫岭林氏

林丹球

北宋太平兴国三年（978），林氏先祖林遇自浙江昆阳（今平阳县）迁礵溪，历5世，林盛之曾孙林桂迁紫岭，为紫岭先祖。林桂后裔人丁兴旺，繁衍多支，十二世时子孙分迁泰顺泗溪和店下梨洋。十五世林文斌生子宏演、宏海、宏瀚，分天、地、人三房。林宏瀚迁赤岭（后称车岭），为车岭先祖，建有车岭祖厅和水尾宫，并置田后畲。

紫岭千年石拱桥（礵溪镇文化站 供图）

紫岭离礵溪约1千米，有礵溪溪和花门楼溪汇流于双溪口，形成九字形，至坑兜过东洋尾直流龙井潭。紫岭面朝尖峰山，背峙龙岗，其村三面环山，中间田园，祖厅位于头面厝，后山有二池，傍矗千年枫树，村中有一井千年不涸，旁边有一浣纱盘石，与井同寿。原祖厅建有鱼池，一大三小，长 10 丈余，宽 6 丈余，小者傍大者北东南三方，后垦为田，1983 年复还其大池，2007 年被填做厂房，失去一大景观。

祖厅位于西宅，坐西朝东，分上下两厅，中间天井，两边走廊，天井四面交井，上厅立有神龛（左）和祖龛（右），下厅建有戏台，门外为门楼亭。祖厅兴建至今已 900 年，几经重建，原为天地两房祭祀祖宗和商议族事所在地。2003 年，磻溪林氏联谱，坑兜宗祠祖宗牌位奉进紫岭祖厅，被作为十六世起祖宗支祠。

十八层花台遗址（磻溪镇文化站 供图）

祖厅东北建有祖先宫，位于过山水尾。泗洲佛位于水尾树林路里，横匾书“丕显哉”三字，直联书曰“佛国三千银世界，仙家七十玉楼台”，纸炉联曰“能知付丙者，便是识丁人”。

紫岭天房子孙居总厅两旁、水井面、尾厝、坪后，地房子孙居中江厝、过山厝、降坪厝、坪后，改革开放后陆续迁坑兜、路沿厝及白琳、点头、桐山等地。

自紫岭天地人三房及梨洋古坪 2003 年修谱统计，正丁达 1500 余人，磻溪、樟柏洋、炉屯、牛埕岗和点头桑店计 2400 余人，共计 4000 余人。紫岭祖宗曾经有过辉煌，至今祖厅后门还保存两层石雕，据说当时后门有 18 层花台，由此可见其富贵。

湖林周氏

周朝泉

闽东寿宁名士郭彭年先生于民国初年为湖林《周氏族谱》所撰《迁居鼎邑湖林头引》一文称："湖林头古号水竹湖。其地多竹，四山之水环聚一区，故名水竹湖。周族系出河南汝南，先祖于唐代随王审知入闽。世代繁衍，至清康熙中叶，其支脉由福安迁来此地。相其阴阳，度其土田，遂卜居焉。斯时也，田野未辟，山泽荒芜。周氏先公兆增翦荆棘为周行，辟荒芜为平畴。数传而后繁衍昌炽，遂成望族。"

周氏先祖为什么从福安迁到当时相对偏僻的山区艰难拓荒呢？后研读清史方知，明清之交，长达半个世纪的战乱使社会经济遭到严重破坏，大量田地抛荒无人耕种。为发展经济，巩固政权，清顺治年间朝廷一再下令允许农民开垦"无主荒田"，所垦土地由"州县官给以印信执照"，"永准为业"。康熙亲政以后更是大力奖励垦荒，减免赋税，并实行"更名田"（将明代藩王庄田免价给佃户耕种，"永为世业"，号为"更名田"）。至乾隆中叶，全国边疆、山区、海岛荒地得到大规模垦辟，全国耕地面积达到9.248亿亩，粮食年产量达2320亿斤，是宋代的5倍。农耕时代田地是立家之本，惠农政策使得许多边远地区得以开发。由此可知，周氏先祖因政策的引导，为开垦属于自己的土地，替子孙后代拓展生存和发展空间，于1694年迁至此地开基立业。

周氏先辈历经多年胼手胝足、艰苦拓荒，把荒野辟成良田，把洋心、碓下洋、清湖里三个盆地打造成粮仓。而房屋则按本族各个支脉分散盖在山边坡地，不占农田，又可防范不测之火灾蔓延，还可以各自从树木葱茏的后门山引泉水饮用，可见其用心良苦，规划高明。

在湖林安居乐业以后，周氏祖先致力耕读传家，办村塾，延请良师办学。其中福鼎名士清朝拔贡陈少游（炉屯人）就曾被周氏族人聘为教席。清嘉庆至光绪年间，有6位先辈乡试榜上有名。清末新学初兴，族人捐资办新型学校。民国以来村里人才辈出。1949年以后，政府重视教育，湖林学校历任校长、教师都对湖林教育投入极大的心血与努力，几十年来，湖林教育事业发展迅速。如今湖林已办成颇具规模的既有小学又有初中的九年一贯制学校，由于教风学风俱佳，多年获得市里表彰。

让后代得益匪浅的还有当年周氏先辈利用太姥山茶树培育繁殖的大白茶。如今大白茶已在湖林村四周大大小小的山岗上种植，漫山遍野。由于湖林及周围山岗海拔较高，常年多雾，土质偏酸性，尤其适合茶树生长，因此所产茶叶品质上乘，销路日益拓宽。清朝和民国年间，享誉海内外的中国名茶白琳工夫的主要原料产地之一就有湖林。湖林周氏先辈经营的“周鼎兴”茶行，产品远销欧洲。不仅如此，20 世纪 50 年代，福鼎国营茶厂还专门在湖林设立分厂。如今，种茶制茶已成了村里的支柱产业，此地出产的“白毫银针”茶，堪称“茶中极品”，备受茶业专家的推崇和青睐。

赤溪褚氏

褚长秦

赤溪村古称漆溪，地处鼎霞交界处，虽属福鼎管辖，但与霞浦存有千丝万缕的联系，赤溪褚氏一族的发展亦不例外。1725 年，18 岁的赤溪褚氏肇基祖褚芳荐，只身由泉州南安县码头镇渡船至霞浦杨家溪寻找兄长，后遭变故，在杨家溪娶妻生子并定居数年，再转迁秦屿屯头，最后定居赤溪，至今已繁衍 12 世。

褚芳荐定居赤溪后，以经营杂货店起家，因“睦邻和里，排难解纷”，在乡里颇有名望，“鼎主送匾，亲朋敬，都乡之人称羡曰善哉”（《褚氏宗谱 · 芳荐公行述》）。褚芳荐以善行济世、耕读传家，褚氏后人唯遵祖训，鉴往规今，孕育良好家风，后昆贤达辈出。第四世褚允焜为清咸丰年间贡生，第五世褚国升、褚国慈为国子监学生。尤其是第四世褚允焜，不仅通诗书，且善经商，经营茶叶生意至福州、泉州一带。

发达后的褚允焜于清道光年间在祖屋边建起一座占地面积约 1000 平方米的大合院，可惜的是，20 世纪 80 年代为居住需要，后世子孙把这座大合院拆除改建为砖木结构的榴房。2005 年，褚氏赤溪支派与桐山支派又拆除榴房，在原大合院旧址上合建水泥结构的褚氏宗祠。

据《褚氏宗谱 · 谱序》载：“同治丁卯（1867）余（褚允焜）与霞邑杨君春荣、陈君宗番、同邑谢君鸿监辈重建杨家溪桥，越辛未年（1871）而报竣，口碑载道，谓斯桥建于故明天顺四年（1460）而坏于乾隆辛未（1751）之洪水，堑之以渡人多病焉，然亦百十余载无人薄利济之。”

褚允焜不仅善于经营家业，更乐于做公益事业。他以“勤俭致小康”，却“生平持己待人……闻义勇为”，年近古稀还“踊跃争先，凡往外捐题，悉皆徒步，石工必躬自督之”，带头重建被洪水毁坏的杨家溪桥，“溪近港，经始时当秋末，海风射，人作寒，翁亦不为意”，不辞辛劳，后工程历时 4 年竣工。

褚允焜于咸丰九年（1859）受朝廷褒奖立旗杆于屋前，现花岗岩旗杆夹石依然完好矗立，成为赤溪村为数不多的古迹之一。

褚氏先祖不仅善行济世、彰明较著，其崇文重教的家风也延续至今。自褚芳荐起，代有书生学究、白衣秀士，他们在造福桑梓的同时，不断记修谱事，溯源延脉，促使褚氏一族源头清楚，源流清晰，泽裕后昆。得益于宗谱完整的记载，赤溪褚氏虽迁出祖籍地近 300 年，回祖籍地泉州南安县码头镇仍然可找到本房先祖的坟墓。2006 年南安县褚氏族人就是依据赤溪《褚氏宗谱》的记载，才找到距今 700 年的先祖九世祖褚宗耀及妣袁氏的遗骸，并举行隆重的葬礼，尊褚宗耀为福建褚氏肇基祖。除此之外，赤溪《褚氏宗谱》还完整地记载了福建褚氏自 700 年前第九世祖以来各支派发展以及分布情况。2006 年福建褚氏兴修联谱，依据赤溪褚氏古谱手抄本才理清了福建各地褚氏源出及次序关系。

如今，赤溪褚氏已发展约 90 人，族人共承祖训，传承家风，回报社会。

后坪张氏

张灵酒

后坪村，曾名“阜坪村”，有“小江南”之美誉，传统建筑面积约2万平方米，整个村落建筑风格独特，依山就势分布于村东西两面山坡上，错落有致，水泥公路横贯南北。村中溪流缓缓而过，村内有羊肠小道，曲径通幽，村外有漫山白茶，郁郁葱葱，右豁口处有沟壑纵横，峡谷瀑布飞流直下。后坪村山清水秀，终年云蒸霞蔚，其溪流、浅滩、深潭、奇峰、怪石……令游览者目不暇接，流连忘返。

秀丽的山川，灵动的碧水，孕育了张氏望族。据《张氏宗谱》记载，后坪村张氏先祖球礼和，字邦平，号怡山，生于南宋宝庆三年（1227）。南宋淳祐、宝祐年间，居浙江苍括，官浙江温州参尉，时遭世乱，退隐林泉，迁福州乌石山周边，觉战乱未平，复于开庆元年（1259）偕同四兄张礼晋迁柘洋张源（今柘荣县东源），逾十八载再徙阜坪村（今后坪），时为德祐二年（1276）。而张礼晋则于管阳碧峰肇基。

明洪武年间，张氏建宗祠，尔后几经重修、扩建，乃成今日之规模。今祠宇总面积1100多平方米，坐西朝东，建有硬山式砖木结构5间，三进两天井。

一进为重檐歇山顶砖混建筑，面阔5间，进深1间，四周筑有围墙，门楼上方建有华表，门楼正中“张氏宗祠”4个大字，厅门两边墙壁赋联一对：“铭祖训施忠孝芳菲留百世，教子孙勤耕读富贵继千年。”一进右边立一阴刻石碑，碑文镌刻着张诗画（诗华）屡立战功的不朽事迹。顺着鹅卵石镶嵌的中间便道可顺利通向二进。

二进为单檐歇山顶木构建筑，正屋建有八角戏台，5开间，明间五架抬梁带前后双步，两厢位置为二层走廊，上层主要在唱大戏时供演员梳妆、休息等用，下层为通道，戏台两侧开有大门，观众可由走廊通往上埕大殿或进入看戏，戏台中央为可容纳近2000人的回廊及天井。

三进为单檐穿斗式木构建筑，属祠堂正厅，拾级而上，首先映入眼帘的是前柱一副楹联：“忠厚承先绵世泽，荣华裕后振家声。”正厅上悬挂“孝友堂”匾额，左右柱楹联撰曰：“人重本源一念馨香随秀稷，天施雨露两谐和气茁芝兰。”

自迁入后坪后，张氏先祖敦宗睦族，书礼传家，勤俭奋进，培育人才。自元以来，张氏人文丕振，事业兴旺，簪缨继世，代出英贤，曾有太学生17名，郡邑庠生13名，岁贡2名，例贡2名，武生2名，武举人2名，正八品冠带5名，其他耆民耆宾等贤达四五十名。张维铨为清朝正五品官员，张国玺受中军府守卫备之职、奇树武略左骑尉，张诗穆为民国时点头镇长，张诗画为老红军、正师级干部……

岩飞瀑布

张氏族人努力发展生产，建造美好家园。改革开放以来，后坪张氏累计培养大中专毕业生逾百人，分赴各行业建功立业。

附：

阜坪十景

张显祖（乾隆辛巳科庠生）

山川风气在人取象，动人逸兴以志其美，斯不负天地之生成者也，阜坪峰怪石奇触目皆是，何从前未品题之者，岂缘山海变迁文献失传乎？抑亦景色之遭逢或待也！今偕同人游骋于山巅水涯之际，搜而出之，因象定名目为十景以作歌咏，岂敢谓清声雅调绘出化工，亦从见天地奇观不容终秘，自今以后倘有骚人墨客如题步韵，我何幸抛砖而能引玉也！

石龙跃涧

如龙知不困山腰，漫道龙门不可超。
涧水细流分万派，层层跃出上青霄。

洄澜石印

录字朱文刻有年，质诚祥发见平川。
杨侯纵使翻层浪，砥柱东流自不然。

天池映月

如镜如钩印水中，盈亏消息四时同。
池含碧水连天涌，见说中藏有化龙。

长湖育鲤

龙门百辈不须争，暂养金鳞变化能。
添得长湖千尺浪，不依桐树自飞腾。

狮子抛球

名传白泽貌加蓬，毛借山花自不同。
为问长庚谁着处，球翻风雨吼长空。

美人挽髻

妖娆怪屿恍西施，髻挽巫山执画眉。
一自张郎归去后，更随相约雨云期。

石梯接汉

峻极长梯石制成，飞云天半见分明。
从兹羽化登将去，得与嫦娥作比邻。

岩飞瀑布

碧水含珠跳石几，相看不厌竟忘期。
分明节序移时候，错认南天白雪飞。

文笔插峰

草性多从寸管新，文峰高肖最宜人。
挥毫泼墨翻星斗，始信江郎梦有神。

石室藏书

得是当年有秘传，潜藏书卷待人贤。
何时玉斧开姨石，识透先天与后天。

黄冈周氏

周瑞晓

黄冈丰水宫（磻溪镇文化站 供图）

黄冈原名王家洋，其地界东至车岭溪，西临白琳高山，南至仙头境，北到叶莒溪，有旧老厝、打铁丘、歧洋里、新厝基、凤阳、大湾头、湖池、弄坑、蛤蟆座、仙头境等14个自然村，其人口绝大部分都为周瑶后裔。

宋时，周仁放为衢州江山县尹，子裕仕武略郎，自河南开封祥符宦游江山，恋其山色，终迁居浙江处州括苍丽水下河之黄村。宋末兵乱，周瑶，字端八，携弟端九随众避乱南逃，经浙江青田到鼎邑，弟端九迁泰顺举江口，端八迁肇黄冈，是为黄冈周氏先祖。迁黄冈后，周氏先祖积极开疆拓土，坡地开园种茶，泽谷磐田插稻，开始了“夜开沟水绕稻田，晓叱耕牛垦埨土”的农耕生活。周氏迁居黄冈，带来了江南先进的农业技术和茶叶文化。

黄冈川岳钟毓，藩篱苍翠，潭头尾、东丫岚、曲坑里古木参天。周氏族禁公山——五子山，族人看护甚严，今林木葱茏，不乏奇珍。如桥头罗汉松，经林业部门鉴定已有500年树龄，苍翠挺拔。

黄冈先祖生官宦世家，遇朝代更迭，乱世南逃，有意远离纷争，归隐田园。栖居于斯，繁衍生息，立训不科考，不求官，勤耕作，图自在，希望子子孙孙过上“借牛耕地晚，卖茶纳钱迟”的生活。虽然立志归隐田园，周氏先祖仍自设私塾，教化子孙，传承文化，秉承先祖家风。黄冈周氏传二十七世，虽鲜有达官显贵，然不乏志士乡贤。周德友、周乾鉴、周乾京等举饮宾、耆宾；周三虞举耆宾，太守李呈秀奖以“德重乡评”匾，更因引种白毛茶，被奉为“白毛茶始祖”；周启秀为乾隆时太学生；

周纯溪荣授县丞职衔；周廷煌、周廷勳荣授贡生；周文田精通岐黄、五行之术；周敬超授庠生；周英、周祝声省立学校毕业。近现代更培养出大中专毕业生百余人，1949年后培养党政机关、企事业单位干部二三十人。

附：黄冈八景诗

旗峰冈

旗峰苍秀壮郊关，映照双林翠竹湾。
冈上坛禅神显赫，巍然岳降富华山。

纬丝潭

纵目前溪峭石岩，丝丝流水绕烟岚。
当年曾试千寻纬，聊拟济川月印潭。

玉泉井

氤氲闲气地交天，涌出源泉玉井潜。
水镜光浮清澈底，汝南湛炽共香甜。

金字山

峰如金字插高冈，拱照森罗钟秀长。
点缀吾云飘竹籁，昂霄回应显文昌。

九龙潹

山龙分处九龙吟，潹焕珠光射碧岑。
不用禹门雷动化，清江域朴遍甘霖。

五叶莲

石壁层崖拥彩云，如莲五叶绚天文。
此间仙子今何在，只采流芳锦字文。

狮子毬

瞻彼岩岩狮子丘，吼天揭地赶团毬。
溪环玉带盘旋处，长对石桥万古留。

丰水宫

丰水宫前涧水清，地灵神显赞幽明。
乘时祀典千秋在，香喷莲台篆利贞。

统赋八景

旗峰耸翠聚黄冈，杰出潭渊一纬长。
盛世文明金字秀，润人活泼玉带香。
九龙派衍千山脉，五叶枝分百世昌。
更有狮球昭胜概，忻看丰水现祯祥。

金谷耿氏

耿友国　耿友芝

金谷耿氏先祖耿德一于明朝永乐二年（1404）从建宁府中游街离籍行商，经福宁府官道五蒲岭至东古洋，见东古洋山环水绕，土润泉甘，便在此处安家创业，并报福宁州报备登记改“东古洋”为“金谷洋”，被州里授予旗户称号（即纳粮纳税大户）。耿德一至暮年旋归中游街故里，会宗族而遂殁，墓葬中游街岭后，而祖婆王氏则葬金谷洋瓦厝坪，故今金谷耿氏祖墓中只葬有祖婆。德一三世孙耿门擒曾留下这么一段传奇佳话。

据清嘉庆《耿氏谱牒》记载：“公生而颖异，公之母孕公十月，入寝室不及，手擒于门而生，遂以‘门擒’名之，他人不知也。及弥月，设汤饼之会，宾朋来贺。适有地理师问‘门擒’之名至堂间，席间众人皆不知，而公之母自帘中应声曰：‘门擒即是吾儿！’地理师自是因以金猫伏鼠之地畀公。异哉！才生一月而百年后事地师为之先计。窃叹公有奇福，其母有洪量也。”

耿门擒之父依地理师言，兴建金猫伏鼠墓，墓中寿域，择吉剪门擒毛发少许并衣服一套置于墓中。及耿门擒壮也，构大厦，置良田，为一乡冠，其遗留至今者，有耿顺旗户屯田四箩九斗，山场数十号，地段另列，俾子孙轮流祭墓值公事，世守而弗替焉。此后，金谷耿氏人丁兴旺，财源广进，富甲一方。

耿门擒墓（磻溪镇文化站 供图）

“上喻之事，诚也巧乎，虽曰福由人造。然呱呱乳子何透之有？苟非其祖耿德一，父耿善长，广种福田，缘何得福地乎？”据谱载，耿门擒父子同建金盘、万松二寺，喜舍田，广招僧众看守香灯，并于多处捐资修桥铺路，做了大量公益，德泽后人。

金谷耿氏至今已 600 余年，繁衍有 24 世，现有人口 1200 余人，人才辈出，有众多大中专毕业生及国家干部。

南广李氏

李百六、李百七、李百八兄弟三人原居浙江处州府壁芝墩，因避乱寄寓福州南台，后迁古田杉洋，继迁长溪赤岸，此后又分迁鼎邑三地，李百六迁居高山，李百八迁居龙田，李百七迁秦川之西罗浮岭。继而李百七又迁孙竹坑上岚，至后代李齐三迁居南广，以陶瓷制造为业，同时开发山场，从事稼穑，迄今千年有余。

北宋太平兴国初年，李百七偶遇磻溪林氏先祖，二人结伴同行，同寻住地，一路上以兄弟相称。李百七识地理，寻至磻溪，觉此处是桃源之地，二人于是同迁居于此。林氏祖居溪之南（西宅），李氏祖居溪之北（北洋），南北两岸开日月二井，林用日井，李用月井。

时经百余年，李氏祖再寻南广“天鹅孵蛋”吉地迁徙之。林氏祖以三角埕之地（今磻溪镇政府所在地）作为贺礼赠李氏，并相约于每年九月初九，即林二世祖英烈侯林九公纪诞之日，相聚会宴，祈福同庆。

李氏祖先自北方带来先进的制陶技术，迁居南广后，多以陶瓷制造为业，南广现有两处宋代古窑址。

南广地界广袤，东至青龙山后，西至梧桐漈，北至蛟龙，南至大溪山。溪山聚秀，可耕可伐，可制陶，亦可狩猎。李氏安居南广，乐业尚朴，子孙多善淑君子。

日月二井（刘兆武 摄）

南广祖祠总厅之基业宅地吉穴称“天鹅孵蛋”，其地后山岗高，留绿茂林，借以拥护之力。外侧南雾山、新窑山、大岗头，三窍穹天，重重包围。再外围有梅洋一字山、岭头、庄边、仙蒲、小埔等诸山十重包围。左侧危峰忽矗，高出云表，名曰“一顶峰”，上祀杨府圣王。右侧虎砂，由上岚坠落后洋岗垢仔后。前有大溪山，由埠坪曲出。南方有三四十里开阔地，故名“南广”也！

关于南广祖祠的诗有两首，摘录如下：

其一

却羡天鹅志气高，自愧雉伏老岩河。
养成毛羽丰满日，江海奋翔任娑婆。

其二

历尽乾坤一窟营，栖身那怕此乐倾。
来时振翼凌霄去，遗蜕千秋亦有名。

（本文由南广李氏董事会供稿）

炉屯陈氏

钟而赞

炉屯村，旧称龙塘，其地形四面环丘，宛如一口大池塘。“塘”中有水田500亩，称龙塘洋。龙塘溪自西向东穿洋而过，灌溉塘洋，旱涝保收。沿洋四周散落着大小村落，西面山脚下，龙塘溪西端，是洋头里自然村，居住着50多户、200多人的陈氏族人。

炉屯陈氏于明永乐二年（1404）迁入，始祖为陈永善。因元末荒乱，陈永善带着家眷族属从江西铅山迁至寿宁三峰，之后在今天的闽东浙南两地辗转迁徙，先从寿宁转徙温州乐清白沙，明洪武五年（1372）再转回福宁州南峰山，住了10年又迁至秦屿（今太姥山镇）北峰山。而后应征入伍成为军户，在防御寇乱中立下军功。明永乐二年（1404），安置龙塘（炉屯）屯垦。

明代实行军籍世袭制，直到陈永善第十世孙陈士弼，明清换代，陈家的军户身份才不再承继。陈家在两三百年的发展中始终遵循尊祖敬宗、敦亲睦族、以邻为善、德教为重的家风，在周边各村各族各姓中树立名望，赢得良好口碑。而此时陈家人也有了转身份、去军籍、寻求在科举等方面取得荣耀的自觉愿望。根据《陈氏族谱》，清康熙三十八年（1699），陈士弼六十大寿，时任翰林院修撰、提督两浙学院和《福建通志》《康熙志》主纂的郑开极为之撰写寿序文，可见清初陈家已成功实现了从“阀阅传家”到“耕读传家”的转变，成为一方士绅。

陈士弼以后，陈家历代有人受到官府和社会的敬重。炉屯陈家第十二世陈正彬，报授乡饮耆宾（即以地方贤达的身份参加官府举办的宴会），由时任福宁州知州洪昌国授以“奕世高风”的匾额。清乾隆四十八年（1783）陈正彬六十大寿，进士游光缵前来拜寿并撰写寿序文。自陈正彬以下，十三世陈鸿智、十四世陈右安、十六世陈钦荣均以地方名望报授乡饮耆宾，获授“端方足式”“纯厚可风”等匾额。

陈家自始迁祖陈永善迁居炉屯初，便开启耕读之风，历经400多年，终于在清中期出了第一个国子监生，第十四世陈右挺于清嘉庆十五年（1810）入学国子监。在国子监修学期间，陈右挺表现出色，获国子监官员高耀、彭蕴章等人表彰，并获授“成均望重”“美德延禧”等匾额。自陈右挺始，陈家文教之风越发浓厚，陈右挺的儿子、孙子中多人考取了秀才（庠生）。这种传统一直延续到清末，生于光绪年间的陈振绩是陈家最后一个秀才。清末，地方自治，磻溪成立区自治会，陈振绩作为一方贤达，被推选为自治会议员，不久又被推选为福鼎县议事会议员。陈振绩积极参与地方事务，建言献策，任劳任怨，颇受好评。其先后在县立第一小学（福鼎市实验小学前身）、省立福宁第三中学（福安一中与霞浦一中前身）任职十余年，为国家和家乡培育英才。

在炉屯陈家历代人物谱中，还有一位身经百战、出生入死的革命战士，他叫陈家铻。他于青年时期投身红军，历经抗日战争、解放战争和抗美援朝战争，荣立一等功1次、二等功2次，退伍返乡时有十数枚军功章。

炉屯陈氏自陈永善开基至今620年，形成了10则祖训和60字家训，并为陈家世代恪守、传承。兹录如下：

祖训

一、孝父母

人子之身，本乎父母。未离怀抱，三年劳苦。殷斯勤斯，维恃维怙。孝道有亏，百行难补。乌鸟反哺，羔羊跪乳。勉尔后生，忤逆何取。

二、和兄弟

孔怀兄弟，一本所生。手足至谊，羽翼深情。兄当爱弟，弟宜敬兄。埙篪并奏，和乐有声。姜家被广，田氏荆荣。勉尔后生，小忿勿争。

三、别夫妇

男女居室，人之大伦。附远厚别，礼经所申。男女有别，父子相亲。无别无义，禽兽为邻。举案齐眉，敬待如宾。勉尔后生，倡随有真。

四、序长幼

乡当长幼，义在和平。年长以倍，父事非轻。十年以后，兄事有情。饮食须让，言语必诚。坐立居下，步履徐行。勉尔后生，莫涉骄盈。

五、睦宗族

譬诸水木，宗族宜敦。千枝万派，同一本源。何远何近，谁尊谁卑？相亲相爱，推德推恩。公毅九世，江州义门。勉尔后生，古风可存。

六、严内外

凡为居室，内外必辨。深宫固门，严肃非浅。授受不亲，乞假胥免。敬善守礼，踰阈绝鲜。男不入内，女不外践。勉尔后生，避奸为善。

七、训子孙

子率不谨，父教不先。放辟邪侈，起于英年。严禁非为，子孙延贤。诗书执礼，孝悌力田。少成天性，习惯自然。勉尔后生，毋稍忽焉。

八、勤执业

天生四民，业各有常。士谋道艺，农望收藏。作为在工，贸易惟商。心安固守，力勤精详。立身有本，用世亦良。勉尔后生，毋怠毋荒。

九、明义利

天地之间，物各有主。非吾所有，一毫莫取。见利思义，圣贤训估。盗跖贪污，伯夷清苦。浊富一时，廉名千古。勉尔后生，净淘肝腑。

十、慎宫守

幸登士籍，须慎官箴。清慎与动，三字思沉。勤谨和缓，四言虑深。爱民卫国，惠泽在心。孟尝还珠，杨震却金。勉尔后生，贪墨谁钦。

家训

敬祖宗　睦宗族　敦孝悌　端伦常　友昆仲　和夫妇　尚勤俭　教子孙　省自身

戒唆讼　慎嫁娶　忌毒染　谨丧祭　远酗酒　勉诵读　重交游　出异教　勿非为

金溪杜氏

金　中

磻溪杜姓主要分布在赤溪、杜家等村。杜氏原为中原望族、官族，于西晋末年的大动乱中随“衣冠南渡”的人潮从洛阳先迁至苏州，再辗转入闽。明万历十九年（1591）杜氏修谱，其序载：

稽自有晋从龙渡江以来，传之先人盖三、四迁而抵宁九都杜家洋，再迁仁会里拓基肇迹，逮今亦不知其几十世、几千年……考细查东峰公旧谱序，传流宣教公于宋代元丰年间，筑室于杜洋石龟之岭，复移乌杯，世久人莫之识。

清乾隆十二年丁卯（1747）杜氏重修宗谱，其序载：

今福宁府福鼎县十二、十三都，原福宁州九都也，唐时为长溪县，谚云“未有长溪，先有杜家”，金溪杜氏由来尚矣！

据此可知，金溪杜氏先祖在东晋晋元帝渡江之际，随着第一次北方人口大规模南迁时自北方南渡，再迁而抵福鼎杜家洋肇基，后裔杜宣教于宋代元丰年间迁居乌杯（明代杜子新更其名为“仁会里”），再迁九鲤、漆溪，至今已逾千年。

金溪杜氏追考其先祖“或为显官柱石朝堂，或持武节而雄镇藩方，或为朝议大夫，或御葬，或姻眷为王家驸马者”，可见南渡之前或东晋刚立国之时杜氏是显宦之家。迁居金溪（赤溪）流域以来，其挟晋唐中原士族遗风，筚路蓝缕，披荆斩棘，渔樵耕读，课业子孙，代有人才，尤其是明代以后，杜氏一族人才辈出。

据乾隆《福宁府志》载，明天顺年间杜实推为贡生；明成化十五年（1479）杜子肃赴京为太学生；明弘治五年（1492）、十一年（1498）杜应麟、杜子新相继中式秋闱（乡试，通过考试为举人），杜子新获第八名，获授浙江杭州府富阳县教谕，后又迁任江苏吴江县教谕，升任吴江府教授、登仕郎，转任广西浔江府平南县文林郎。20年中，杜子肃父子兄弟登科入仕，被视为“福宁之盛事”。杜子新因“博学能文，课士外无与焉，有赂以求直者屏之，士服其操”，事迹被载入《福宁府志》。

清代，杜氏一门贡生、太学生、庠生、耆宾、乡耆、耆寿层出不穷；清末民初，杜氏文风日炽，杜慕莲及杜楚楠、杜柳坡、杜琨父子四人皆福鼎名士，诗声颇著，尤以杜琨为最。杜琨早年就读于北平私立中国大学，师从尚秉和、吴检斋、马岵庭、高阆仙、柯昌泗等著名学者，与黄寿祺友善，历任察哈尔省立张家口师范学校国文教学兼察哈尔省政府教育厅秘书等职，在燕蓟声名远播，惜英年早逝。

杜子新致仕后自号东峰子，怡情山水，著书立说，编纂家谱，今赤溪《杜氏宗谱》留有诸多杜子新诗文作品，辑其《更乌杯为仁会里》如下：

更乌杯为仁会里

（明）杜子新

南塘叟问于东峰子曰：“予观子之祖居极其完固，可以拟城南杜固之场乎?”

东峰子曰：当时长安谚曰“城南韦杜，去天尺五”，韦固杜鄠，未全以山水之固土木之丽，其近长安侍君之荣，其佑文章辅君之阙，韦杜之名日盛，韦杜之居日固。城南独美，奚可烁火并日月光乎？迦其乌杯，东曰巽木，西曰兑金，南曰离荧，北曰坎隅，四星罗曜分明，双涧环绕清辉，山之明而不枯，水之秀而不滞，溪垠岩嶂，以障川之直流；岫顶树繁，以补岗之巉嵌，此其地具之利也。田有洫泉，其旱以备；岭有松萝，其爨以周。泱泱浚潭如鳊如鲤，赪尾紫鳞，其餐可供，此其资生之利也。地利既有赖，资生又有本，其固可近于城南，其人不及于杜固远矣。是何古今之不同也？殊不知习俗以塞其闻见，货利以渎其志趣。作于前者非殊俗之美行，述于后者无特出之奇才。是以无过人之才智，无亢宗之宏模，之子之孙碌碌如常，生于斯，斯其养且驯也，长于斯，斯其习且就也，前后无闻人，故世无翘楚。吾为是为子孙筹，不曰“乌杯”而曰“仁会”。仁会、乌杯声相近而误通者也，夫仁会为仁者之所会，以变不美之俗为仁者之风。孔子曰：“里仁为美。”择不处仁，焉得知今？则里仁为会，会不于仁，岂其贤。俾其衣冠济济，非仁无为而不亵此衣冠于里也。交友以信，非仁人不与游，而侧媚小人弗杂于里也。言语恂恂，非仁不谈，而不杂言哗诞于里也。朝作暮辍，诵诗读书，使心性开明于仁，群君琢磨于里也。知爱其亲，相习于孝，其孝子增秀于仁里也。知敬其长，相习于弟，其恺悌并毓于仁里也。知尊其君，相习于忠，其忠臣兴起于仁里也。能此七者于里，无不仁，而非仁无会于其里。其去里仁为美，特尺五天矣，岂曰城南韦杜乎？

南塘叟闻而喜之，遂更乌杯为仁会里，革乌杯之无所取义，而归仁会之有，修教于后世者也，故因而铭之曰：

天生先哲勖厥衰，仁义含宏孝且忠。
衣冠饬迪礼谦崇，黼黻乡闾播薰风。
惟吾先祖才高雄，开址拓疆来浉东。
种德玉田超鸿蒙，大宋年基植大功。
历元气化渐晦蒙，高会大父觌飞龙。
大明当照四海通，脉脉源源秀郁隆。
蹈袭乌杯教丰彤，曰仁会聚元气钟。
继登经义习芹宫，父子兄弟亦和同。
考父抚励尤冲冲，发伆祠堂纪始终。
陈陈云仍仰遐踪，捧抱寸心无替恭。
嗣守仁会美无穷。

青龙郑氏

冯文喜

过磻溪往西南方向行进，远望山脉延绵，一座山峰耸秀，即福鼎最高峰青龙山，山下即青龙村，有郑姓世居于此。青龙郑氏始迁祖郑瑞者，于明永乐年间由梨园迁居此地，堂号“荥阳郡”。谱牒文献透露消息，清代有武举功名。

武艺是传统健身活动，村民庭院至今保留有多块练武石、竹箭等器具。青龙村练武始于清末，出过武秀才，有：郑大镛（生卒年失考），名士鼎，字钦重，号文斋，福鼎武庠生，好娱情游宴骑射，不求闻达，福鼎知县谭抡题赠匾额“任恤可风”，褒奖高尚品行；郑飞翰（生卒年失考），福鼎武庠生，一生淳朴节俭，幼习弓马，应童子试，取进县学第一名“案元”；郑飞鸿（1797—1854），字逵升，号仪亭，福宁府武庠生，为人豪爽慷慨，交友有信，娴熟弓马，进取府学第七名，被聘为教授，教学武生；郑芳兰（生卒年失考），名家珍，福宁府武庠生，少习诗书，年长娴熟骑射，马步弓石，靡不过人。

据村民介绍，青龙村里练武之风盛行，一为防身，二为健身。村中最后一位武艺传承人于20世纪60年代去世，村里练武之习遂中断。青龙村的郑老师说，武秀才房子之前还放置很多竹木箭，后因无人重视被丢弃。

至今，青龙村保留多座规模较完好的古民居群，建于清代，坐西向东，多为一进合院式木构二层建筑，为穿斗式歇山顶。中轴建筑由门楼、天井、正厅、后天井组成。雀替雕刻走兽、花卉等，制作精美。门前置一对旗杆夹，门楼悬嘉庆二十四年（1819）匾额“选魁”，为福建学政吴椿为青龙贡元郑飞腾所立。

小溪沈氏

吴敬亮

赤溪小溪村，地处鼎、霞、柘三县交界，是个十分偏僻的小山村。村里的人都姓沈，沈氏先祖沈仁智在清康熙初年由永定迁入小溪。

据说沈氏先辈饱受战乱之苦，想找一个与世隔绝的地方安家，于是顺着霞浦的渡头逆流而上，穿杨家溪，过赤溪，走东坪里，行不远已是山穷水尽。正犹豫是否再向前走时，忽然柳暗花明，转过一个弯后豁然开朗，在群山环抱、茂林修竹掩映下，一片开阔地呈现在眼前，一条小溪绕着开阔地的边沿缓缓流去。沈氏先辈仿佛来到了人间仙境，便决定在此地安居，繁衍生息。

斗转星移，转眼几百年过去了，小溪村与东坪里村、赤溪村毗邻甚近，尽管小溪人与外界交往频繁，但他们的乡音始终没有改变。不论身处何方，也不论与什么民族杂处，他们始终遵循着离祖不离音的古训。只要小溪人相聚在一起，他们就会用汀州话进行交流。

汀州话与磻溪方言大相径庭，与普通话也很少有相通之处，如“吃午饭”汀州话叫“食昼”，“吃晚饭”叫“食夜”，“洗衣服”叫“洗衫”。

小溪人除了语言与众不同，风俗习惯也有其独特之处。如闹洞房，早先小溪人会把新郎官抓起来放到田坪里，并用一个大木桶盖着，等闹完洞房再把新郎放回来。后来，小溪人不再闹洞房，原来吃“暖房桌”的人员也由亲朋好友改为同宗的三代人，并把吃“暖房桌”的地点设在新房中。改革开放后，小溪人与时俱进，移风易俗，渐渐地与磻溪其他村习俗相差不远。

除了闹洞房之外，小溪人过端午跟磻溪其他地方相比也不一样。磻溪人过端午节是为了避邪，家家户户都要在门的两边挂艾草和菖蒲，还要喝雄黄酒。小溪人还要在门的两边艾草和菖蒲上方横挂红毛葛藤。据说，在很久以前，沈氏祖婆在端午节这天为逃避黄巢乱军，身背年幼的小叔，手拉着自己的小孩往前跑。黄巢军追上她时，以为两个小孩都是她的孩子，准备杀死她们三人，只听背上的小孩大声叫道：“嫂子不要管我，快带小侄儿跑!”沈氏祖婆不但不听，反而扔下孩子，准备背小叔向前跑。

黄巢军看到这一情况觉得十分奇怪，就问她："你为什么扔下自己的孩子却背着小叔跑呢?"祖婆回答说："小孩若丢了，还有可能再生，而小叔没了却断了他这一脉的香火。"黄巢军感其大义，不但没有杀她，还对她说："你是人世间少有的讲大义的女人，我们尊敬你，今后若再遇乱军，只要在门的上方挂上红毛葛藤，乱军就会把你看成自己人，不会再加以骚扰，更不会有生命之忧。"沈氏祖婆依言而为，此后有乱军经过，秋毫无犯。为了纪念端午节所度过的风险，也为了纪念祖婆的大义，沈氏后人每逢端午节都要在门的上方挂上红毛葛藤。

梅洋王氏

王郑松

梅洋属后坪村，位于福鼎与柘荣交界处，海拔650余米，巍峨群山延绵不断。梅洋气候温和，常年云雾缭绕、冬暖夏凉，乃避暑之地。

明洪武元年（1368）霞浦赤岸王氏经寿宁黄龙山迁梅洋，至今已有650余年，传24世，近300人。后裔一支迁往磻溪炉屯九斗；另一支迁往海洋（现桑海村），后水库移民至太姥山镇移民街。梅洋全村均为王姓，民风淳朴，崇尚祖德。

梅洋王氏宗祠始建于洪武年间，原为总厅，清雍正年间失火后重建，于1945年二次毁坏后再建，并于1986年进行过一次修缮。宗祠为双进上下厅格式，中间设天井，下厅设戏台，上下厅总长30米，宽13.6米。因长期风雨冲刷，木质腐朽，屋顶青瓦毁损。2019年，梅洋王氏宗亲成立宗祠建设理事会，组织筹集210万元，在原址重建，采用优质木材、砖、石混合材料，并加盖石门楼，雕梁画栋，颇为壮观。联匾由中国书法家协会会员王新生书写。

梅洋王氏于1947年首次修谱，1965年第二次修谱，1988年第三次修谱，修谱时发现梅洋王氏与寿宁黄龙山王氏同属一支，是为黄龙山迁徙到梅洋，2009年与寿宁黄龙山王氏合谱重修族谱。

梅洋王氏十五世出4位秀才，其中一家五兄弟中有3位秀才。

第二次国内革命战争时期，梅洋王氏为革命事业作出重要贡献。1934年梅洋为中共鼎霞县委秘密交通站，是苏区之一。1934—1936年，鼎霞县委书记许旺常在梅洋从事革命活动，闽东独立师叶飞也到过梅洋，在他们的影响下，梅洋村有6位青年走上革命道路，其中有4位游击队员，2位地下交通员。为此，梅洋先后三次受国民党反动派“围剿”，村内粮食被抢，房屋被烧毁，没几个人敢待在村里，村民四处逃难，流离失所，人口锐减，萧条至极。

中华人民共和国成立后，梅洋被授予老区基点村，牺牲的6名青年被评为革命烈士，政府还重建民房，组织逃难的乡亲回村参加社会主义建设。

1976年，磻溪镇政府根据梅洋山地多的自然条件，以梅洋村山地为基础，建立

7000 多亩的镇集体林场，林场存续至今。

梅洋山高路远，群山环抱，历来交通闭塞，村民外出极为困难。梅洋人整整用了 26 年的时间，先后投工投劳 6000 个工日，集资 200 多万元，从悬崖峭壁中开出一条 4 米宽、4 千米长的水泥路，此后，梅洋才和外界真正展开联系。这条路从 2 米多宽的拖拉机路，到 3 米多宽农小货车路坯，再到今日的水泥路，其中艰辛难以言表。这条路是梅洋人的光荣，也是梅洋的希望。

过去的梅洋主要生产毛竹、木炭和少许茶叶，粮食只能自给，改革开放以后部分村民靠外出打工补充收入，改善生活。近十几年来，在政府的支持和引导下村民纷纷回村，大力发展茶叶种植。梅洋土壤肥沃，土地条件好，生产的茶叶品质优异，随着产业发展、村民收入增加，许多人回村建起新房，村容村貌焕然一新。

朝阳温氏

白　杨

朝阳村，原名朝家洋、赵家洋，位于福鼎市西南部，东南临蒋阳村，西北界青坑村、油坑村。村里水资源丰富，两条小溪流贯穿全村，为九鲤溪上游支流，有诸多旅游景点有待开发。

1990 年 4 月 21 日，朝阳从蒋阳村分村，成立朝阳行政村。村中有畲族雷姓、钟姓约 300 人，1994 年 3 月被批准为畲族行政村。全村共 800 多人，其中温姓人口有 500 多人。

朝阳村温姓先祖是温勤伟，是温星如之次子，兄弟共 6 人。温勤伟于清康熙年间汀州府上杭县胜运里乌龙桥迁居朝阳，育 6 子。安定后，其妻携 4 个儿子返回上杭县，一子迁往朝阳村的后山油坑村龙基坪居住，一子留守朝阳村至今，后辈在村内分布于朝阳里下、洋兰外等地。

温氏祖辈先人以“做箐”（一种染料）为业，附带种植烟叶，当时种植的规模不亚于现在的福鼎白茶。先辈先后建立四斗坵四合院大厝和下洋四合院大厝。现今下洋四合院大厝已遭不同程度损坏，只有四斗坵的一座保存完好，院内大厅手工雕刻精细，栩栩如生。

温氏出现过不少杰出人物。清道光年间，下洋大厝温肇诸因抗三十六弯土匪有功，被授正六品军功军衔武官职务。20 世纪 80 年代初，朝阳学子温立新考入厦门大学计算机系统与科学系控制理论专业，1987 年本科毕业后以第一名的成绩考上航天工业部第二研究院硕士研究生。1990 年研究生毕业后留在航天系统工作，先后担任航天工业部第二研究院第四总体设计部四室工程师，航天工业总公司航天金卡工程有限责任公司技术开发部主任、副总工程师、副总经理。1995 年被破格提拔为高级工程师，先后担任国家金卡工程标准化小组成员、国家金税工程增值税专用发票防伪税控系统副总设计师、国家金关工程海关总署智能卡异地备案报关系统总设计师，并获得 1998 年国家科技进步二等奖。1998 年 7 月调到国家行政学院工作，获正高级工程师职称。先后担任欣正实业发展总公司信息工程部总经理和新能源事业部总经理、新能源业务领导小组组长、副总经理。

朝阳村温氏已形成自己独特的民俗。正月过春节、元宵节，二月十九吃鼠菊粿祭拜观世音，五月过端午节，七月半祭祖，八月半中秋节，九月九吃糯米糍过重阳节，十一月冬至节。一年做三个福，乡里相亲相聚一起。二月叫土地公福，祈求土地送福生活有盼头；五月叫保苗福，祈求农作物丰收，秋天稻谷丰收后第一碗米饭要祭拜上天（俗称“尝新”）；十二月叫尾福，总结交流一年来的生产生活情况，期盼来年更美好。

文物古迹

磻溪镇古文物

宗祠

乌杯五祖宗祠　位于磻溪镇杜家村。根据梁架结构与平面布局判断建于清代，坐西北向东南，一进合院式砖木结构。通面阔 14.7 米，通进深 15.1 米，面积 221.97 平方米，中轴建筑由大门、天井及正厅组成。大门为门楼式，宽 1.7 米；天井宽 7.9 米，长 3.5 米；正厅面阔 5 间共 14.3 米，进深 7 柱共 10.6 米，为抬梁式硬山顶。宗祠内木构架雕刻较为精致。

宫庙

澳里会龙宫　位于磻溪镇湖林村，根据《翁氏族谱》记载始建于北宋，根据正梁铭文记载，现存宫建于清咸丰十一年（1861），坐南朝北，一进合院式砖木结构。通进深 13.7 米，通面阔 8.1 米，面积为 110.97 平方米。中轴建筑由大门、天井及正厅组成。大门为门楼式，上方正中刻有“会龙宫”3 个大字；天井宽 8.7 米，长 5.7 米；正厅面阔 3 间共 7.5 米，进深 5 柱减中柱共 6.6 米，为抬梁式硬山顶。大殿上方的八角藻井无彩绘，雕功一般。会龙宫正梁铭文：“清咸丰十一年（1861）正月初八卯时上梁，公元甲子年（1984）十月初一日修。”会龙宫是为了纪念翁氏祖先翁御而建。据《翁氏族谱》记载：“翁御，唐朝封为闽都统领使，受银青光禄大夫，因王审知据吴，朝廷檄公同谢俨领兵守于白琳寨，年六十二解组而归。”澳里会龙宫对研究当地的民俗文化和历史有一定的价值，2021 年通过福鼎市文物

澳里会龙宫

部门审批，已按上级文物部门要求设计重建。

洋中长生宫　位于礌溪镇金谷村，根据宫正梁记载建于清嘉庆九年（1804），1915年重修。坐北向南，一进合院式砖木结构。通面阔11.8米，通进深9.7米，面积114.46平方米。中轴建筑由偏门、天井及正厅组成。偏门宽1.5米，属门楼式，两旁对联刻字因时间久远，难以辨别；天井宽5.1米，长3.2米；大殿面阔11.4米，进深减中柱为5.7米，为抬梁式硬山顶。大殿供台上写有“芙蓉宝殿”4个大字，中间挂一牌匾上书“神通广大”4个大字。

排洋水尾宫　位于礌溪镇排洋村，据梁架结构与平面布局判断建于清代。坐东南朝西北，砖混结构。通面阔3.4米，通进深3.8米，占地面积112.23平方米。水尾宫依山而建，宫前方有一用石块垒成的墙，现在除了地面是旧的，其余都经过翻修。水尾宫大门宽2.4米，现为铁拉门。宫后有一小宫，是一个古代的墓亭，现被村民作为供奉菩萨的小庙。

樟柏洋济宁宫　位于礌溪镇炉屯村，据梁架结构与平面布局判断建于清代。坐西南朝东北，一进合院式砖木结构。通面阔11.3米，通进深18.8米，面积212.44平方米，中轴建筑由大门、戏台、天井、正厅组成。大门宽1.5米；戏台面阔6.2米，进深5.7米，屋檐上挂一牌匾墨书“临樟有赫”4个大字；正厅面阔3间共11.3米，进深5柱减中柱共7.7米，为抬梁式硬山顶。两侧有厢房。宫内木构件雕刻较一般。

樟柏洋济宁宫

水尾东洋宫　又名白马王宫，位于礌溪镇油坑村，据油坑《王氏宗谱》记载始建于雍正年间，据正梁铭文记载重修于光绪二十年（1894）。坐东朝西，一进合院式砖木结构。通面阔10.3米，通进深19米，面积195.7平方米。中轴建筑由偏门、天井和正殿组成。偏门宽1.3米，门上正中刻“白马王宫”四字，门左右镌刻楹联“聚炉相望籍福泽以惠四方，此户可封伏神威而保万姓”；天井宽4.2米，长4米；正殿面阔5间共9.9米，进深5柱减中柱共5.2米，为抬梁式硬山顶，正梁铭文书“大清光绪二十年岁次甲午十月廿四丁卯日午时上梁大吉　本宫坐甲向庚加寅申分金”。宅内木雕精致，古朴大方。

青坑水尾宫　位于磻溪镇青坑村，据梁架结构与平面布局判断建于清代。坐南朝北，庭院式砖木结构。通面阔 9.3 米，通进深 7.6 米，面积 70.68 平方米，中轴建筑由台阶、雨坪、大门和正殿组成。大门宽 1.6 米，正殿面阔 3 间共 8.2 米，进深 5 柱减中柱共 6.2 米，为抬梁式硬山顶。供台有彩绘图案。

青坑水尾宫

桥头里洋宫　又名桥头吴十四真君宫，位于磻溪镇吴阳村，据宫碑记载建于清道光三十年（1850）。坐东向西，一进合院式砖木结构。通面阔 10.55 米，通进深 21.4 米，面积 225.77 平方米。中轴建筑由大门、戏台、天井及正殿组成。大门宽 1.3 米；戏台面阔 5.9 米，进深 6.4 米；天井宽 5 米，长 4.1 米；正殿面阔 3 间共 10 米，进深 5 柱减中柱共 7.65 米，为抬梁式硬山顶。里洋宫内斗拱、梁柱雕刻飞禽走兽、花卉、人物，古朴大方、生动优美，上铺 3 个八角藻井，中间的八角藻井彩绘有古代戏文图。

书院

双魁书院　位于福鼎市磻溪下北洋，据 2003 年版《福鼎县志》记载于南宋，据梁架结构与平面布局判断目前民居为清代重建。坐北朝南，一进合院式砖木结构。通面阔 10 间 35 米，通进深 27.2 米，总面积 952 平方米。中轴建筑由大门、天井、正厅组成。大门宽 2.2 米，大门正面额书“北斗凝辉”，背面额书“南山拱翠”；天井宽 3.5 米，长 1.5 米；正厅面阔 3 间共 4.75 米，进深 7 柱带前廊后檐共 11.5 米，为穿斗式重檐悬山顶。雕刻较为一般。双魁书院是福鼎最早的书院之一，为福鼎唯一武状元林汝浃所建。

民居

四斗垢温氏古民居　位于磻溪镇朝阳村，据清同治《温氏家谱》载建于清嘉庆年间。坐南朝北，一进合院式砖木结构。通面阔 25.4 米，通进深 23.55 米，面积 598.17 平方米。中轴建筑由大门、门厅、天井、正厅组成。大门为门楼式，宽 1.65

米，门楼正上方刻“溪山积翠”，外墙由青砖和石块砌成；门厅面阔4.6米，进深4.5米；天井宽9.6米，长6.25米；正厅面阔3间共4.6米，进深7柱带前廊共11.25米，两侧各3间厢房，面阔10.4米，进深9.45米。窗架、雀替雕刻有精美的图案，种类繁多，如瑞兽有鹿、麒麟、狮、蝙蝠等，花卉有菊花、牡丹等；装饰画如八仙法器等，精雕细镂，栩栩如生，代表了当时的木雕手工技艺。清光绪《温氏家谱》记载温氏民居为温珠生所建。温珠生（1785—1873），字元让，号逊齐，于咸丰元年（1851）辛亥冬相邻举报儒学，洪知县陈申详学政黄注册恩赐八品冠带，旌以额曰“怀清履洁”。四斗垟温氏古民居对研究当时的民居建筑构造及当地民俗文化的研究有一定的价值。

垟宅钟氏古民居　位于礌溪镇赤溪村垟宅自然村内，据《钟氏家谱》载始建于清初，于1972年重修。坐西朝东，庭院式木构建筑。通面阔11开间共40.1米，通进深7柱共12.7米，面积509.27平方米。中轴建筑由大门、前院、正厅组成。正厅面阔4.45米，进深10.7米，为穿斗式重檐悬山顶；正厅左边有7个厢房，面阔23.6米，进深8.9米；右边有3个厢房，面阔10.05米，进深8.9米。宅内木雕简洁。

乌杯杜氏民居　位于礌溪镇杜家村，据梁架结构与平面布局判断建于清代。坐西朝东，二进合院式砖木结构。通面阔为27.5米，通进深为65.2米，占地面积1793平方米。中轴建筑由大门、前院、门厅、一进天井、一进厅、二进天井、二进厅、后门组成。大门宽3.95米；一进天井宽16.7米，长8.25米；一进厅面阔3间共9.9米，进深5柱共6.8米；二进厅天井宽10米，长5米；二进厅面阔3间共3.95米，进深9柱带前廊后檐12.2米，抬梁式重檐悬山顶；左右两旁各有厢房4间；后院开3门，中间门宽1米，左右两旁小门宽0.9米。杜氏民居建筑规模较大，民居内梁柱雕刻精致、古朴大方、生动优美。

大洋吴氏民居

大洋吴氏民居　大洋吴氏民居位于礌溪镇大洋村，据梁架结构与平面布局判断建于清代。坐西北朝东南，合院式土木结构。通面阔36米，通进深48.5米，面积1746平方米。中轴建筑由一进厅、二进天井、二进厅、三进天井、三进厅组成，规模较大。一进厅面阔4.7米，进深5柱共7.4米，两侧各3间厢房；二进天井宽15.2米，长5.9米；二进厅面阔4.7米，进深7柱共12.2米，两侧各4间厢房；三进天井宽36米，长6.9米；三进厅面阔4.8米，进深7柱12.1米，为穿斗式重檐悬山顶，两侧各4间厢房。斗拱、梁柱雕刻有花卉，用刀细腻，构图逼真。

石碑刻

乌杯泗洲文佛雕像　位于磻溪镇杜家村，据石造像下款载雕刻于明嘉靖三十年(1551)。坐西北朝东南，由神龛和佛像组成。神龛由青砖砌成，底座由石块垒成，宽0.3米，高0.42米，面积约2平方米。石像为青石质地，宽0.18米，高0.26米；莲花底座宽0.22米，高0.15米。龛左右两边刻对联“过泗洲知大菩萨，想文佛即古先生”。石像上方刻“泗洲大圣”。石像左右均有铭文，左铭文记载信士姓名，右铭文为“嘉靖三十年辛亥春日吉旦”。乌杯泗洲文佛像对研究古代雕刻和信俗活动有重要价值。

石刻棋盘

磻溪石狮　位于福鼎市磻溪镇磻溪村九曲里，根据雕刻风格初步判断为宋代，长0.6米，0.4米，高0.9米，花岗岩质地。底座现已改为水泥。

石刻棋盘　九鲤自然村“五显宫”前有一块正方形的青石刻围棋盘，边长0.75米，高0.15米，内刻方格400格，每格面积9平方厘米，重约300斤。这是磻溪域内发现的唯一一块石围棋盘，也是福鼎市文物中的第一盘，盘中经线、纬线分明。

禁赌碑

禁赌碑　位于福鼎市磻溪镇杜家村乌杯自然村。花岩材质，长0.7米，宽0.55米，厚0.4米，重约250斤。此碑为清光绪年间所立，碑文字迹清晰可辨，可见当年政府禁赌的决心和魄力。其碑文曰：“蒙福鼎县正堂邓为出示严禁赌博花会事，特此立碑！不达如有不遵，照公约重罚，或鸣官究治，决不姑宽，各宜禀遵者。光绪三年季春乌杯溪南各境仝立。”

古遗址

南广瓷窑址 位于磻溪镇南广村。据清嘉庆年间《李氏宗谱》记载，窑址建于南宋，占地面积 2.5 平方千米，包括碗窑岗、下窑坪、南广村等地。1982 年 8 月调查时发现堆积层多处，遗址文化层厚 0.8—1.2 米，采集有影青釉执壶、碗、碟、砚及部分窑具等。1989 年被公布为福鼎市第一批文物保护单位。2009 年经普查采集有垫片 2 个、口沿片 1 个、碗底足片 1 个、匣钵残片 1 个。从出土器物分析，以白瓷、青白瓷为主，器形以碗、碟为主。产品主要为日用瓷。

古墓葬

进士墓遗址 位于捣旗山岗头半山腰，是元泰定元年（1324）甲子张益榜进士林仲节之墓。始建年代不详。坐南朝北，墓体全毁，现仅存少量墓砖、生肖石雕及石鱼、石亭盖等构件。

进士墓构件

后坪张世桥墓 位于磻溪镇后坪村，据《张氏宗谱》记载建于明代。坐南朝北，由花岗岩石砌成，平面呈风字形。通面阔 13.4 米，通进深 20.7 米，占地面积为 277.38 平方米，由墓门、围墙、墓坪、墓亭、龟背型墓丘及两旁护手组成。墓门宽 1 米，厚 1.05 米，高 2 米；墓亭面阔 3 间共 1.45 米，高 1.2 米；墓碑宽 50 厘米，高 55 厘米，碑身上方正中刻“时思堂”3 个大字，碑身字迹模糊难于辨认；墓丘深 8.6 米。墓亭青石构，刻有图案，供台处也雕刻有精美的花纹。据族谱记载，张世桥（1518—1608），字延居，号怀渠，行七，配乌杯杜氏，生子一，享寿 91。于明万历三十七年（1609）己酉六月二十四寅时墓葬本处上洋。张世桥曾被授予“一乡善士”的匾额。

近现代重要史迹及代表性建筑

“中国扶贫第一村”碑 位于磻溪镇赤溪村长安新街 1 号门前，立于 1995 年。

碑刻两款，均为倭角方体，一块为花岗岩质地，另一块为玄武岩质地。坐南向北偏西30度，面积为2平方米。花岗岩质地石碑两面皆镌刻着“全国扶贫第一村”7个大红字，为阴刻楷体，碑宽0.31米、高1.66米、厚0.04米。右边毗邻竖立着一块感恩碑，阴刻楷体，宽0.66米、高1.45米、厚0.055米，碑文主要为让子孙后代永世铭记党的恩情，记住党和政府的好政策，激励子孙后代永远跟着党走。该碑展示了我国扶贫开发所取得的伟大成就。

霞鼎中心县委旧址　位于磻溪镇大洋村福溪自然村内。1934年9月，中共福溪村支部在此建茅屋，霞鼎中心县委机关在此办公。现已改建木构架平房，坐东北朝西南，系庭院式木构建筑。通面阔21.3米，通进深12.7米，面积270.51平方米。中轴建筑由台阶、雨坪、正厅组成。正厅面阔3间共7.7米，进深7柱共10.8米，为抬梁式悬山顶。两侧各有厢房。正厅内斗拱、梁柱雕刻精致，古朴大方、生动优美。霞鼎中心县委旧址对研究当代革命历史有一定的意义。

梨园石拱桥　位于磻溪镇桑海村梨园自然村梨园溪上。1975年建，东西走向。石拱桥全长33米，桥宽4.1米，面积135.64平方米，高11.3米，拱跨度16米，有单孔桥洞，为花岗岩块石拱砌而成，桥面为水泥，北面有18根栏杆柱，南面有27根栏杆柱。1975年前，过梨园溪只能走碇步，叶飞将军曾带领红军在此碇步伏击前往霞浦步竹“搜剿”的国民党军。后青溪碇步被大水冲毁，为方便村民进出，1975年政府在损毁的碇步不远处建了这座石拱桥。建石拱桥时村民把青龙下碫溪碇步碑移至山上，坐东朝西，碑宽0.45米，高0.75米，厚0.03米。梨园石拱桥及梨园碇步碑对研究福鼎山区古代交通情况有一定的参考价值。

梨园石拱桥

（本文由福鼎市博物馆供稿）

仙蒲林氏宗祠

吕忠魏

仙蒲村是林氏单姓村落，虽然房系分支和人口众多，但仅有一处共祀列祖列宗的林氏宗祠，体现出家族强大的向心力和凝聚力。

仙蒲林氏宗祠正立面（磻溪镇文化站 供图）

仙蒲林氏宗祠是仙蒲目前已知有明确纪年的时间最早的古建筑，坐落于仙蒲溪东岸、沉纸溪支流北岸的菜堂岗中央，据梁架结构与平面布局判断建于宋代。坐东北朝西南，一进合院式土木结构。通面阔 15.9 米，通进深 22.7 米，面积为 360.93 平方米，中轴建筑由大门、戏台、天井、正厅组成。祠堂前立有旗杆夹，铺地青石坪，场地开阔，大门宽 1.6 米；戏台面阔 8.9 米、长 7.4 米；天井宽 7 米、长 4.5 米；正厅面阔 5 间共 15.9 米、进深 6 柱减中柱共 9 米，为抬梁式歇山顶。

据家谱，仙蒲林氏先人于北宋时由长溪赤岸迁入。相传每年数九寒冬，大雪纷飞，群山大地，银装素裹，唯林氏宗祠所在地方，不但没有积雪，而且有热气冒出，林氏先人乃以此处瑞气蒸腾，视之为宝地。南宋嘉泰元年（1201），林氏先人于此奠基建祠（现仙蒲林氏宗祠奠基石条上刻有“嘉泰元年岁次辛酉”字样），此后经几次重建修缮，方成今日规模。据《仙蒲林氏族谱》载：“乾隆四十三年（1778）仝架大厅，至五十二年（1787）重架前厅。”又云：“（咸丰年间）帝实君、开旺君、开萱君与奕玉君、奕焜君、奕裔君，毅然倡首，兴工修整大厅以及照墙，造宗祖神牌以崇祀事。”宗祠建成后几百年，祠堂大厅正中间上面的瓦片上从不积雪，飞雪落到此处即融化，甚是奇异。

林氏迁入仙蒲至今已有 800 多年的历史，可谓渊源久远。800 年来，仙蒲林氏人才辈出，朱名者文武庠生甚多，更有县丞职者。据县志记载，元泰定元年（1324），林仲节进士及第。仙蒲林氏世代聚居此地，自宗祠建后人丁兴旺，枝繁叶茂，现有住户 452 户、1820 多人。

黄冈周家祠堂

周庆宇

黄冈周家祠堂位于磻溪镇黄冈村旧老厝。相传宋末周瑶肇基黄冈后，值岁寒积雪，林中有一沼泽，暖气蒸腾，有牛寻至，卧而不起，经地理先生指点，乃知为福地。周瑶遂搭三榴木屋以祀先祖。清康熙年间周氏子孙重建祠堂，而后几遭回禄，不复原貌。现存祠堂为1937年重修。

周家祠堂坐北朝南，依山而建，整座建筑被高2.2米的青砖墙所围，一进合院式砖木结构。通面阔17米，通进深38.7米，面积657.9平方米，中轴建筑由大门、前天井、前厅、两庑、后天井及正厅组成。大门宽1.7米，门额刻“祖德流芳”四字；前天井宽7米，长7.2米；前厅面阔17米，进深9.1米；后天井宽10.2米，长9.8米；正厅面阔5间共17米，四根大柱围长1.66米，进深5杵带前廊共10.1米，为抬梁式悬山顶。

周家祠堂外景

大殿供奉着周氏历代祖先，大殿后壁绘有山水、花鸟等，前厅和大殿的梁柱上均刻有诗词，大殿上方的长方形藻井绘有鳌鱼、凤凰、龙、花卉等图案，雕画精致，栩栩如生。

门楼式大门，庄严肃穆。原亭榭造型，青瓦顶；塔肚镶嵌石雕，人物神兽形态逼真；塔肚四周，雕梁画栋，造型古朴。几经风雨，重修后的“周家祠堂”四字虽赫然醒目，但远逊色于前。

大门左右围墙呈“八”字对称，门头埕宽敞，卵石钉成，埕之靠门两侧有一对旗杆石夹（左侧已断损）。门头埕前有月爿池，祠堂初建时所开挖，弓面被对面“五横案”所围。祠堂左侧水尾五丈远处有爱莲池，是以纪念先人周敦颐，赞“出淤泥而不染，濯清涟而不妖”之品格，内植荷莲（已多年不种）。

祠堂围墙外左右两侧及后侧有卵石廊墘，廊沿下砌水沟，沟外有石埕，全部卵石钉成。后埕靠山一侧，是文昌阁，神龛上摆一个现代蓝花瓷香炉，堂壁正中贴幅“文昌帝君”。

宗祠后山有东丫岚风水林，与谭头尾自然林浑然一片，时常雾气迷蒙，绿烟如岚，林中不乏奇珍异木。

后坪张氏宗祠和文昌阁

钟而赞

福鼎最高峰青龙山处霞、柘、鼎三县交界，山峰巍然耸立。山峰之间连片形成风光旖旎、温柔婉约的高山草场，这就是鸳鸯草场（原名“后坪草场”）。山峰和草场绵延向下，逶迤围成一个龟形盆地，称为龟洋。南宋德祐二年（1276）张氏一族迁入此地安居，取村名为阜坪（今后坪），至今已有740余年的历史。

至明初，经过百余年几代人的开基拓业，后坪张氏已发展为一方大族，也积累了一定的经济实力，一系列事关地方发展和宗族大计的建设项目开始着手实施，这其中就包含宗族祠堂、文昌阁。

张氏宗祠始建于明洪武年间，历代均有修缮，其中以清道光五年（1825）重修动作最大。这是一座一进合院式砖木结构的建筑，坐西北朝东南，通面阔16.6米，通进深35.7米，面积592.62平方米。中轴建筑由大门、前天井、戏台、后天井、正厅组成。门宽2.4米，大门正中刻“张氏宗祠”，左右两旁刻有对联“明祖德慎终追远，知宗原探本寻源”；前天井宽16.6米，长8.8米；戏台面阔11.1米，进深9.45米；后天井宽7.65米，长5.55米；正厅面阔5间共15.6米，进深6柱带前廊减中柱共9.3米，为抬梁式硬山顶。两侧各有厢房。大殿安放历代支派宗亲灵牌，气氛肃穆庄严。整座祠堂建筑形象大方简洁。

后坪文昌阁于明崇祯元年（1628）兴建（一说建于元武宗大德十一年，即1307年，至1310年建成），位于全村中心，为木结构宝塔式建筑，攒尖顶，为穿斗木构架，外观4层，通高12米，飞檐翘角，古朴端庄。建筑占地面积300平方米，筑有高八尺的八角围墙。楼阁面阔5间，进深3间，高3层。一、二层为四角方形，祀孔子，设有私塾学堂；二层祀文昌君；三层为八角形，祀魁星。

同期，后坪村还在文昌阁左侧建造了地主宫和会龙桥，与民居、张氏宗祠以及村边水尾廊桥形成一个有机的整体。张氏宗祠屡经修葺，保存完好。20世纪50年代文昌阁先辟为后坪村小学校舍，1976年被拆除，原址上建成一座面阔7间、双层、石木结构的教学楼。1998年后坪小学另选新址建设新校舍后，学校迁出。2020年部分乡贤发起倡议，募集资金在原址上重建文昌阁，于当年 10 月竣工。后坪村中的两座廊桥直至清中后期还存在，据编纂于清嘉庆年间的《福鼎县志》载，其时后坪村至少有 4 座桥：一曰谦益桥，嘉庆九年（1804）由后坪张氏族人张礼和等筹建；一曰聚福桥，嘉庆十年（1805）由张天命等人筹建；一曰大龟洋桥，康熙年间由张孟猷等人发起筹建；一曰小龟洋桥，乾隆五十二年（1736）由张月生等人筹建。

后畲临水宫

丁一芸

莆田有妈祖，古田有靖姑。妈祖和陈靖姑都是令人敬仰的奇女子，民间传说中的巾帼英雄，她们生前曾做过许多济世救人的善事，逝后一个成了海上保护神，一个成了妇幼保护神。磻溪蒋阳后畲临水宫供奉的，正是陈靖姑。

后畲临水宫位于磻溪镇蒋阳溪口村后畲，据清嘉庆二十年（1815）磻溪《林氏宗谱》记载，磻溪林氏十六世祖林宏瀚置田后畲三罗及置山场数十亩，二十世林文宰兴建后畲临水宫，塑陈、林、李三位夫人金身及三十六婆神、七十二婆姐。

据说林文宰曾三次亲临福州古田临水宫，口衔玉指，三步一拜、七步一跪接回“通天圣母太后元君”。此后每年正月十四夜，信徒焚香礼拜，净身素食，筵师道场作供奉祀。六都（后山霞浦）、十、十一都（硖门牙城），十二、十三都（磻溪镇）、十五都（白琳镇）几十个村庄的男女老少都于正月十五元宵节早晨云集后畲临水宫为圣母祝寿，其间香烟缥缈，热闹非凡。祝寿完毕，各村按照各境首事安排接陈、林、李三位夫人分别到三个都巡游，佑保四境平安，五谷丰登，风调雨顺。各境各村轮流接供至八月十五中秋节，才接迎回宫。每年归宫之际，大办八将、八仙，一路旌旗招展，锣鼓喧天，礼炮齐鸣。每过一个村庄，都停轿焚香、礼拜供请。

改革开放以来，后畲临水宫被列为地方民俗文化一大胜地。每逢初一、十五，香客烧香、还愿、问签、求嗣、求财、求喜络绎不绝。近年元宵节，后畲临水宫还举办热闹的畲族元宵庙会，有马灯、八仙灯、舞龙灯、畲族山歌对唱、畲族民俗表演、越剧表演等节目。

后畲临水宫始建于明初，复建于明末，再建于清同治年间。20世纪中叶，宫中神像俱毁，宫被占为他用。“文革”期间，一度萧条，曾作为“茶业中学”。1983年，车岭林秀金承祖志，重光后畲临水宫，为宫主事，20余年如一日，不遗余力发展后畲临水宫。近年来，十五都主事周孝年，八都主事陈振、郑大力协助宫内事务，筹资数百万兴建宿舍楼、鱼池、大殿、亭台、餐厅，浇灌水泥公路、宫中大埕，重建下埕双鱼池、花台，兴建石雕山门、石雕宫门、石雕旗杆、大门石狮、停车场等，使宫殿设施齐全、环境优美。

后畲临水宫坐北朝南，二进合院式砖木结构。通面阔 48. 2 米，通进深 71. 5 米，面积 3446. 3 平方米，中轴建筑由大门、太子亭、天井、前殿、后天井、后殿组成。大门宽 9. 3 米，栏杆长 9. 2 米；太子亭面阔 48. 2 米，进深 18. 6 米；天井宽 25 米，长 14 米；前殿面阔 5 间共 15. 2 米，进深 4 柱共 10 米，正梁上铭文“大清光绪二十七年辛丑桂月二十日壬子时重建”；中门宽 1. 9 米；后天井宽 13. 9 米，长 6. 6 米；后殿面阔 5 间共 13. 9 米，进深 5 柱减中柱金柱带前廊共 7. 4 米，为抬梁式重檐歇山顶。

后畲临水宫分上下殿，中间拱桥连接殿宇，拱桥架于鱼池之上，两边两廊为行人道，上殿完好保存明清时期建筑风格，殿中塑有陈、林、李三位夫人金身。两侧殿塑有三十六婆神。外侧塑有二位高大神将，威武逼真。下殿为琉璃瓦殿宇，殿中正厅安放 8 座銮驾和 3 座香亭，以备每逢正月十五出巡。8 座銮驾内坐陈、林、李三位通天圣母太后元君软身金身，头戴凤冠，身穿蟒袍。殿内木雕精致、栩栩如生。殿大门外为殿内大埕，大埕三面围墙，中间有两尊宝炉；大埕边花台植有樟树、铁树等奇花异草。大埕门口新建有石雕双层门楼亭，亭分中门和左右门。大门外为水泥埕，分为上下层，上层环抱正殿、厨房和膳厅，周边围着矮墙，墙下建有花台，两旁立有碑林。上层埕有台阶直通下层大埕，台阶两边为鱼池。离正殿约 30 米外凉亭边新建有大型停车场。

磻溪林氏家庙及南宅宗祠

林丹球

西宅家庙

北宋太平兴国三年（978），林氏先祖林遇自浙江昆阳（今平阳县）迁居鼎邑磻溪，于西宅拓基立业。明清时期，林氏天房子孙自西宅搬迁各处后，便将西宅老屋作为祖厅，后又把祖厅改为天、地两房家庙，天房居左，地房居右。中间留有一正方形空地，以纪念先祖徙居于此。家庙里本立有一块石碑，刻有碑文纪念，后被林大可拔去，不知去向。

林氏家庙从兴建至今，几经沧桑，历遭劫难。1962 年家庙被拆除，建为磻溪茶叶收购站和宿舍；1982 年茶业站停业，1987 年磻溪小学“两基”验收时，为了扩大校园面积，政府欲征用茶业站为学校用地，在当时乡政府分管教育的领导丁宣委、学区林校长、族首林崇健、林开永等协调下，才终于保留林家西宅祖地遗址。2001 年，林开永、林崇健、林代欢、林开芳等首事努力倡导，家庙得以重建。重建后的家庙仍为古式宫宇单层建筑，砖木结构，水泥圆柱，分内中外三部分。内为正厅，三透，上供祖先龛位；中为鱼池，有左右对称两池，池中放养鲤鱼，四周围有石刻栏板和石刻栏柱；外为大埕，埕前靠近鱼池处建有二层石门楼，作为中门，造型壮观，上刻“林氏家庙”四字，大埕为祭祀时焚烧银仔和冥钱之处，周边化纸炉群整齐排列。家庙大门口亦为石刻门楼，林氏子孙重镶楹联“廉正为牧民祖德，朴淳是问礼家风”。

南宅总祠

南宅原为林昆居所。此地传说有“猛虎跳墙”吉穴，意为看其山形犹如猛虎施威鼓劲，准备跳过前面一座像一堵墙一样的案山。时林汝浃高中状元，奉诏外任，九世林健翁继之，林健翁无后，改祖宅为道观，始称“南寿观”，后谓“南寿堂”，林健翁成为第一代住持法师，法名希真住持、开山凝和大师、南麓先生。元末僧道纷争，官判与僧，南寿堂更名为“观音寺”，沿用至今。明初族人修建观音寺，后水尾小祠遭兵焚，祠并观音寺。1934 年观音寺遭兵焚后林开讲为首事重建祠寺，楼上佛堂，楼下宗祠，拜佛祭祀，两相不误。1953 年—1977 年间，寺院被用作磻溪乡政府收纳公粮的粮库。1978 年复还，林希德为住持，修大殿，塑三宝和十八罗汉。1999 年，观音寺新建天王殿，塑四大天王。2000 年，再建观音楼、厨房及宿舍。现今设备齐全，殿宇巍峨，香火鼎盛，为磻溪当地佛教之一大胜地。

西宅林氏家庙一度被占为他用，磻溪林氏一度无宗祠可祀，至 1979 年，在观音堂右边建盖一座林氏宗祠，为磻溪天地人三房祖宗之祠宇。

1995 年，首事林秀金、林开讲、林代敏、林崇健、林成基、钲基等重建南寿堂总宗祠，历时 3 年于 1999 年 11 月落成。是日磻溪、紫岭、梨洋、古坪、点头孙店之祖尽皆进入观音堂总祠，千余人聚集于南山宗祠祭拜，进祖典礼隆重。

新建南宅林氏总祠分上下两厅，正厅高约 18 米，宽约 15 米，上下厅至门楼总长约 30 米，有 2 米宽水泥大路连接，水泥路两边为大埕，三面围墙。总祠里外有两个门楼，里门楼向北，外面门楼向东，内门楼横匾书“林氏宗祠”，行书；外门楼横匾书“忠孝传家”，隶书。大门两边花台，门前种 6 棵高 10 米的柏树。

2010 年，族首秀金、林崇健、林春基、林钲基、林世振等筹丁款，于祠前大田建造大鱼池，并于池边修建停车场，为宗祠添一大胜景。

历经沧桑的礵溪古民居

林品銮

礵溪历史悠久，迄今千年有余，宋、元、明、清时期的礵溪，宛若一幅古朴辉煌的历史画卷，但岁月侵蚀，几经天灾人祸，如今的礵溪已无昔日之貌。虽说如此，源于其深厚的历史文化底蕴，许多古色古香的东西仍被保留了下来。九曲里西宅和北洋里古民居依旧巍然挺立；桥头里两棵千年罗汉松依旧昂首立在路旁，根深叶茂；原西宅九曲里的大石狮，经历一次被盗的劫难后回到九曲里……不论是在过去，还是在将来，它们都将是礵溪历史的见证者。

九曲里的大石狮

沿着小镇古街的青石路走到街头顶，便是一个石砌小广场，广场东侧有一座造型古朴的毓灵宫。毓灵宫对面，便是双魁书院，小镇里的人称之为“书堂里”。书堂里为庭院式单层建筑，有七透屋，共 3 个门，即前大门、西方向边门和东方向石门。东方向石门通向鱼池，称“凤鸾池”（又称“龙凤池”），池中放养鲤鱼，两口直径约 0.5 米的暗洞与外面的大鲤鱼池相通，林怀席诗曰“双魁院对凤鸾池”，正是此处。1995 年书院被拆去，建起 5 座新榴房，凤鸾池也于 1982 年被填埋。

九曲里西宅之横厝

九曲里，原名“西宅”，是林姓先祖肇基拓业之地。西宅面朝冈尾山，背靠水松冈，有重峦叠嶂的九冈顶来龙，冈尾山和横垱冈两砂犹如狮象，东西两涧会流于水尾，湖林和弄坑二水、南山群峦及东面山田之水汇流于纬丝潭，太姥岳峰之西流的花门楼溪汇流于双溪口，实属难得的风水宝地。

仁义为庐

树德务滋

横厝位于西宅之南，由林氏地房祖先于清康熙年间建，地房之礼房子孙多居于此，至今已有350多年。其正厝为双层明楼，共13透，占地面积4000平方米。正厅两边两庑，两庑两面相朝，各3透，形成四合院式。中间为长方形大埕，大埕围墙为古兰砖所砌，连接门楼和两庑。门楼建有两层华表，门楼内侧横匾书有行草“仁义为庐”四字；门楼外侧横匾书有行书“树德务滋”四字，楹联左书“群英显耀庭门增百福”，右书“双桂菲芳甲第集千祥”。正厅前廊上悬挂有清嘉庆九年（1804）横匾，书“德足型方”四字，左边小字书“待授福建省福鼎县儒学正堂加三级纪录三次严际藻为”，右边小字书有“嘉带耆宾林雄立”。正厅原有匾额和直柱联板，后被毁。

南宅经历300多年，保存完好，现仍住有10多户人家。宋元明清时期，南宅孕育出许多出类拔萃的林氏子孙，曾出过许多贡生、国子监生、太学生、监生、庠生、廪生等。

北洋里之古居

北洋里系天房林仲叔后裔所居。十三世前，北洋里未有林氏子孙居住的记载，当时北洋多为山石林木和田地。据清嘉庆二十年（1815）宗谱记载，北洋里建于清乾隆庚申年（1740）。古居占地面积为10亩，房宅分前后两庭，两庭相连，左右两庑，横厝仓楼一座，五透榴。自门楼亭直入，上九级台阶，有一园林，约3亩；再上五级台阶为正厅，左右为15透榴双层明楼。进入里厅，有内庭房屋和厨房相连，内庭古称“觉后轩”，造工精致，光线充裕，居住舒适。房屋柱梁取材优质，精雕细刻；中层栅栏别致，颇有典雅古韵之美感，只剩门楼和二层木雕栅栏保留至今。

北洋里石门楼亭横匾书有“北斗凝辉”四字，苍劲有力，据说是福宁府太府马世枢所书；门楼内侧，是北洋里书香世家某公所书“南山拱翠”四字，与正面“北斗凝辉”四字相对辉映，两匾八字，既合南北方位，又合韵对仗，堪称绝句。

石门楼内侧左右壁上分题诗文各一则，表达主人思想境界和为人处世之感慨。

南山拱翠

北洋名流辈出。北洋里林氏二十五世孙林长升，生于清乾隆丁未年（1787），为清例贡。其妻乃石山太学生陶昆之女，生二子，长子杰，清郡庠生，生于嘉庆辛未年（1811），配黄冈周氏，生三子。长子希皋（号于九）为清同治癸酉科拔贡，娶秦屿庠生王观光之女，生三子。长子咏荃（字聊昭，号兰仙）为清光绪乙酉科拨贡，配文渡廪生江正章女。北洋里林氏上三代公孙拔贡，下两代父子拔贡，一房之中兄弟、伯叔之间均以红字相继，共有庠生 17 人，贡生 4 人，太学生 3 人，廪生 2 人。

民国时期，林氏二十九世孙林宸于厦门大学毕业，其妻蔡景春（江西九江人）亦于厦门大学毕业，是民国时期福鼎唯一的一对大学生夫妻。1949 年后，北洋里林氏人才层出不穷，堪称书香门第。

恢宏的杜家堡古民居群

钟而赞

从赤溪村长安新街中段北向巷弄斜行，经过小溪沟，跨过石垒堤坝，眼前是数座由古老的大宅构成的建筑群。这里地名叫坑里弄，又名坑里垅，背倚巍然独立的青山，面向被群山围护的赤溪洋，仿佛一位饱经沧桑的老者，沉浸在时光之中。前方，九鲤溪和下山溪在不远处汇集，再拐几个弯，汇入杨家溪流向浩瀚东海。

明崇祯十二年（1639），杜氏先祖从九鲤迁入坑里垅肇基。此后，陆续兴建民居，形成坑里垅古民居群落。民居群四周建有围墙，形似古堡，因又系杜氏祖房，后人称为“杜家堡”。

整个建筑群由主城堡、城墙（双城墙）、护城河三个部分组成。主城堡坐北朝南，三面环山，一面朝水，占地面积24000平方米。主城堡大门楼（正门头）在南面墙的中央，为四扇三厅，有一个大门和左右两个小门。大门楼原来有两个门槛，2016年大修时拆除，在中间重新制作了一个门槛。大门楼的左右厢各有一个侧门。

进了大门楼便是杜氏祠堂。该祠堂占地面积689.7平方米，建筑面积421平方米，为一层砖木结构，六扇五厅。杜家堡内除了杜氏祠堂外，原先有8座清代木构民居。最早建的一座最靠近山脚，清代便已坍塌。祠堂右边保有一栋九榴二进两层的楼房，1934年农历六月十九在战火中焚毁。杜家堡现存的6座古民居为砖木结构，建筑面积近7000平方米，皆坐北朝南，整体保存完好。杜氏祠堂后面正中的一栋为正厅，单层结构，深8.3米，宽9.6米，有三进，有两个天井。正厅厅堂正上方留有一方长寿匾，匾上有4个楷体大字“椿庭延禧”。正厅两边的柱子上有一副对联：诗书千载经纶志，松竹四时潇洒心。左右两边房屋为两层建筑。

古堡内的房屋布局巧妙，格局清新，讲究对称。一至二层明楼，呈典型滨海山区古木构建筑风格。毗邻而居，巷道、甬路转承相接，曲径通幽，通达各个庭院。以一二进合院式、木质穿斗式悬山顶为主营构，单体建筑通面阔三四十米、通进深最深的达45米，由大门、门廊、正厅、天井、后厅组成。部分正厅由影壁隔开，门窗雀替雕刻着花卉、瑞兽及琴、棋、书、画、剑、筷子等，细密精致，工艺精湛。

清末民初杜家堡内人丁最为兴盛，最多时居 99 户，近 500 人。民国以降，因战乱、灾毁等，古民居群落毁损日重，陆续有居民迁出。扶贫攻坚战打响后，赤溪村面貌日新月异，尤其是长安新街，成为靓丽、繁荣的商业街、景观街，是全村的新中心。杜家堡的居民们也纷纷迁出旧宅，在长安新街建房居住。至 2018 年，除几位老人，古民居内已无其他人居住。因年久失修，风雨剥蚀，6 栋大宅均有不同程度损毁，部分损毁严重，几近坍塌。

近年来，赤溪村以“中国扶贫第一村”的品牌，积极挖掘原生资源，大力发展乡村旅游，吸引了一批旅游项目落户。2016 年开始，赤溪村引进福建赤文峰民俗旅游开发有限公司对杜家堡进行旅游开发，对古民居实施抢救性修复。杜家堡已成为赤溪旅游的一个必游景点。

三座元明古墓

翁以源

桑园翁氏祖墓

磻溪镇有一座规模宏大、风格独特的墓，建成于明嘉靖十七年（1538）三月，墓长约 42 米，宽约 27 米，占地总面积约 1700 平方米，是福鼎目前已知最大的墓。

墓的风格独特，如“高”字形，有别于清代以来的“风”字形墓。结构简约明快大气，为五层梯进落，在福鼎域内实为罕见。整个墓用花岗岩石板砌成，墓案石刻有鹿、鹤、花瓶、祥云、太子亭等图案，线条古朴美观。

位于墓道旁的墓碑铭为“明寿宰桑园翁公墓”，在桌案香位上墓志铭刻有铭文，左边是“嘉靖十七年三月二十三日造”，中间是“明故翁公七十六寿官妣邵氏三安人”，右边是“祀男翁茂棣茂松茂桂茂桧同立”。

桑园翁氏于唐僖宗时从唐光州（今河南信阳）迁入，此墓是桑园翁氏第二十二世季房祖翁必添之墓。查阅《翁氏宗谱》：翁必添，寿官，字克满，行兹七十六，生于明成化元年（1465），卒于嘉靖十六年（1537），寿 73，坟葬南网地界。墓的铭文和族谱分别记载翁必添为“寿宰”和“寿官”。在古代，德高望重有影响力的长寿者，朝廷官衙可封其誉衔，曰“寿官”。翁必添寿七十三，在当时为古来稀，且桑园翁氏当时为望族，公博学广识、德高望重，朝廷便封其寿官誉衔。

此墓历史悠久，规模宏大，风格独特，有较高历史文物价值。

进士墓

该墓位于捣旗山岗头半山腰，墓主是元泰定元年（1324）甲子张益榜进士林仲节。

林仲节出身仙蒲林氏，为元代福宁州唯一进士。清嘉庆《福鼎县志·在文苑》中记载：“林仲节，字景和，少聪慧，一览成诵，中浙省解元，举泰定进士，授州判，以酒后恃才，降句容司税，升华亭尹，迁知吴州。”

林仲节于元至治三年（1323）赴浙江参加江浙行省科考。元朝的江浙行省包括浙江、福建、江苏、安徽、江西等，地域广阔，科考竞争激烈，每次参加科考的举子达数千名之多，而中举的名额只有 28 名。与科举文化发达的浙江、江苏、安徽、江西等地相比，福建考生要想在科场上取得一席之地十分困难。年仅 17 岁的林仲节在科考中脱颖而出，获癸亥科江浙行省乡试第一名，摘得“解元”之桂冠。他于第二年远赴元大都（今北京）参加会试，不负众望二甲进士及第。

进士及第后，林仲节先任州判，因年少气盛，自恃才华，又喝多了酒，被贬到江苏的句容县当了司税的小官，而后又慢慢升职华亭（今上海）知县，又升任吴州知州。林仲节在句容县任职时间不短，先任司税，后升县尹（知县）。多年后他从吴江知州任上回老家，时任永福县（今福州永泰县）教谕的刘懋生请他为新建的永济桥写碑记，碑记的落款为“承事郎、前集庆路句容县尹兼劝农事林仲节撰”。元朝时南京称集庆路，句容县是南京东南门户，建县于西汉，为千年古县，文化经济较发达。今句容县城东南的将军庙还存有林仲节撰写的碑文。

元至正三年（1343），农民起义遍及全国，时局动荡不安，林仲节回到仙蒲老家，开始了他隐居乡里、课授子孙的生活。他宦游二十载，均在富庶的江南地区任职，除年轻时一次降职，之后级级升迁，可见其治绩得到了地方百姓及朝廷的认可。他以勤勉清廉、志高行洁深受后人敬仰，明万历年间福宁州乡贤祠增祀林仲节。

林仲节之墓始建年代已不可考。墓坐南朝北，而今墓体全毁，现仅存少量墓砖、生肖石雕及石鱼、石亭盖等构件。

后坪张世审墓

张世审墓址位于磻溪镇后坪村，建于明代，坐南朝北，由花岗岩石砌成，平面呈风字形。通面阔 13.4 米，通进深 20.7 米，占地面积 277.38 平方米。由墓门、围墙、墓坪、墓亭、龟背型墓丘及两旁护手等部分组成。墓门宽 1 米，厚 1.05 米，高 2 米；墓亭面阔 3 间共 1.45 米，高 1.2 米；墓碑宽 0.5 米，高 0.55 米，碑身上方正中刻“时思堂”3 个大字，碑身字迹模糊难于辨认；墓丘深 8.6 米。墓亭青石构，刻有图案，供台处雕刻有精美的花纹。

据后坪张氏族谱记载，张世审，字延居，号怀渠，行老七，生于明正德十三年（1518），卒于明万历三十六年（1608），享寿 91，曾被授予“一乡善士”匾，由官府授予匾额。

磻溪古廊街

林兆雄

磻溪古廊街，亦称半爿街，全街中心长达百余米，水头和通往鲤鱼溪部分合计总长约 200 米，路面均由鹅卵石铺成。

磻溪地处霞浦、福鼎、柘荣交界的山区地带，古官道穿境而过，自古以来是一个天然的赶集地。自清乾隆四年（1739）福鼎置县以来，磻溪辖上百个自然村，清末又是磻溪乡都政府所在地，逐渐成为远近村落的经济、政治、文化和教育中心，磻溪古廊街自北宋时期延续至今。

磻溪古廊街建筑风格独特，在福鼎绝无仅有。街道依山傍水，两岸边上，均为古民居，全街一年四季可避风遮雨，长夏烈日，街道如凉亭水榭。磻溪鲤鱼溪溪尾，有一座建于清乾隆年间的小桥，小桥遥对北洋大院，桥上铺有 18 块石板，据说是清代风水先生的杰作，暗喻北洋大院出过 18 位秀才，被称为“十八学士桥”。

磻溪双魁桥（刘兆武 供图）

坐在街边座位上，前有青色鹅卵石路，下有清澈潺潺溪水，对面远处有翠绿山色，近处店中有美食好酒。每逢夏日夜晚或农闲时节，沽一斤老酒，买半斤牛肉或二两花生，坐在半爿街上与老友对酌几杯，叙旧谈心；或坐在外边栏杆座位上，乘凉观景，谈天说地，真是一处纳凉休闲的好地方。

明清及民国时期，古廊街一直是磻溪唯一的街市。街上有客栈、染房、打铁铺、锅炉店、布店、豆腐店、酒店、南货店、鱼货店、打金首饰店、猪肉店、药店等。商铺里摆着各类日常生活用品、祭祀用品、农具、山货、蔬菜、鱼肉……品种齐全，应有尽有。买卖者汇集于此，再加上来此求医问药的男女老少，街市人流拥挤，繁华非常。

改革开放以来，随着群众生活水平的提高，购买力的提升，磻溪镇政府开发了新街和农贸市场，老石街逐渐失去昔日的繁华，加之公路畅通、交通便利，人们眼界开阔，现代市场经济繁荣，山货等磻溪土产品逐渐被外来市场商品所替代。与此同时，伴随着城镇化的发展，农村人口大量流失，老石街进一步萧条。2006 年 11 月 1 日，老石街发生火灾，沿街 50 多榴吊脚楼被全部焚毁，只剩原供销社和陈兴干手打面店，而街尾鲤鱼溪至水泥拱桥部分依然保全旧街原貌。

近年来，磻溪政府不断加强环境建设，在溪中筑拦水坝，放养红鲤鱼，在路旁种植花草树木，同时大力开展“清洁家园”行动，使古廊街面貌焕然一新。如今的古廊街，虽然已褪去昔日的繁华，但更显古朴、清新。

礌溪寺庙选介

佛教历史悠久，影响广泛，礌溪共有 18 个行政村，几乎每个行政村都有寺院。

双林寺

双林寺壁画及屋顶图案

双林寺，原名双林庵，由黄冈周氏二世祖于元初斥资修建，始建于弄坑头。黄冈周氏二世祖回处州老家祭祖时带回 5 棵银杏，其中 2 棵栽于庵前两侧，长势惊人，经十年其叶如盖，故名曰“双林庵”。明时遇山崩，双林庵迁建黄冈上三坪水竹湖边，有和尚号铎师者修行得道于此，使庵得以闻名四境。后古刹因年久失修，渐成废墟，至于遗址。1944 年黄冈周氏信士宝镛集资迁建双林庵于叶莒岭头，更其名为“双林寺”。1959 年为迎接全国茶叶生产现场会，公社下令拆寺取木，用以建设茶叶初制厂。1985 年黄冈周族高僧周恒潭在上三坪遗址重建双林寺。周恒潭于 2008 年圆寂，葬于后塔。2004 年周恒潭外孙马起平引来宁波企业家捐资新建双林寺。今双林寺红砖碧瓦、雕梁画栋，为礌溪最具规模、最为庄严肃穆的寺院。

金盘寺

金盘寺原为福鼎十二寺之一，位于金谷金盘自然村，始建于明万历十八年(1590)。寺居太姥之麓，脉出姥峰，群峦盘错，山高岭峻，山谷幽深，柏松挺秀，盘山而上，别有洞天。昔有淄流庆云者于下庵初建禅寺，基小而颓，后有觉通俗名永济者，脱俗入山，集资扩建。五蒲大檀越凌钦首献造寺地基，并舍田 44 石，礌溪林氏宾齐献田六石四斗，车岭仲儒舍田三石，地鬻田，百余年食有盈余。凌钦晚年携夫人陈氏舍家住寺，夫妇二人相继终老于斯，义葬寺南侧以旌其功。明嘉靖癸丑年(1553)，该寺遭回禄化灰烬，僧宗进同徒方汰再度重建，万历庚寅（1590）九世徒孙证煤为之镌石铭志。此后香火旺盛，贤徒辈出。有僧永贵者与智水和尚吟诗唱和交往甚密，并分立禄马山寺。有12岁束发参禅者寿荣，自幼习文，文章通达，睿智开明，晓星宿，通五行，84岁圆寂，坟葬对墓。有禄马山主持寿松者，苦志守寺，并成大殿和过溪大桥，享寿96。至20世纪80年代，有昌根接替年迈闭关之寿荣主持金盘寺，一女流之辈虽年逾花甲，仍奔走四方，叩缘集资，全面修缮，令寺貌焕然，香客游人络绎不绝。踏进金盘寺山门，仿佛超然世外。禅寺门联写“金山趺坐禅心净，盘谷幽居法界宽”。

观音寺

观音寺

观音寺始建于1270年，坐落于磻溪南山，原为林透后嗣林昰居所，其八世孙林汝浃高中状元，奉诏外任，九世林健翁继之，林健翁无后，改祖宅为道观，脱俗修行，法号希真，始称南寿观，后谓南寿堂。二代至六代住持分别为太古先生、崇凝妙净虚明道法师立真先生、葆和观复法师南山捉点、贯真先生、梅心先生(紫岭穆公)。清末民初自焚圆寂的万松庵得道高僧阿胞师曾在本观住过。元末僧道纷争，官判与僧，更“南寿堂”名为“观音寺”。明初族人重修观音寺，后水尾小祠遭兵焚，祠并观音寺。民国又遭兵焚，林开讲首事合建祠寺，上寺下祠，1999年寺祠分隔，祀祖禅佛两相无涉。观音寺离磻溪新街仅500米，香火一直较旺。

金峰寺

金峰寺古称金峰庵，位于太姥山西麓。据清嘉庆《福鼎县志》载，“唐咸通九年(868)僧惟亮结茅于此”。明洪武二十一年（1388），磻溪林氏十二世祖仲叔筹资与住持僧仕富两人重建，并植丹桂两株。1933年，僧品忠重修，改称金峰寺，为太姥山麓三十六寺之一。

“文革”期间，该寺被毁，改为太姥山林场护林点。1980 年，僧品温回寺重修，建有大殿、泗洲石屋、斋堂、僧舍。僧俗如法熏修、农禅并举，多次被福鼎宗教局、林业局评为“农禅并举”“护林防火”先进单位。

自唐以来，该寺为登太姥山上摩霄必经之地。唐进士、金州刺史林嵩，宋状元王十朋，明福宁知州史起钦、布政谢肇浙，清福宁知府李拔和当代名僧释题安等，历代名人高僧都曾到寺立足，多留有题咏。现寺内尚存唐石础、石门楣，明狮子座，清石香炉等文物，并存 600 年前丹桂一株。

该寺周围为大小金峰、仙童峰、锦屏峰等，东澳口处有白箬溪跌落形成七龙井瀑布，秀色可餐，附近有“灵象嬉水”“小金夕照”“蝙蝠朝天”等十六胜景。

江井寺

江井寺始建于明洪武十三年（1380），后遇兵燹，于清光绪三十一年（1905）复建，上殿塑三十佛圣。1937 年大殿塑金刚，色相尊严，紫岭地房施周围山场及田 10 多亩。1966 年，被茶场使用。1978 年场楼上改佛堂，有僧人代寨、悟树、悟李。1986 年建成双层发角殿，塑佛像 10 多尊。1990 年建上大殿。1991 年下殿焚毁。1994 年上大殿栋龙装修，塑佛 8 位，修建下大殿。1995 年油漆大门，建佛亭天井桥。1997 年盖右边宿舍。1999 年建祭坛，刻石香炉 6 个。2000 年塑金刚 19 尊。2001 年铸宝鼎 3 座，筑前埕围墙。2011 年完成漫水桥至江井四公路水泥硬化。香火鼎盛，游人络绎不绝。

万松寺

万松寺，原称新庵，位于金谷和排洋两村交界处，古亦称“茶洋新庵”。元时，磻溪林氏和耿氏祖同建田头庵（即万松寺前身），距今近 600 年。得道高僧阿胞师在此圆寂，墓建新庵寺旁。20 世纪 80 年代，金谷耿氏后裔丹宝为首事，筹资盖观音楼，并建金谷至万松寺公路。21 世纪初，耿丹宝皈依佛门，为该寺住持，筹资重建大雄宝殿，扩展金谷至万松寺路基，并完成路面水泥硬化。

万松寺

柯洋寺

柯洋寺

柯洋寺距今约 500 年。明朝时，翁氏、吴氏先祖同建柯洋庵，即今之柯洋寺。柯洋寺四面围墙，分上下两殿，上殿为大雄宝殿，下殿为韦佗殿。围墙内左侧有厨房和宿舍。大门保持旧式门楼风格。寺周环山，四季苍翠，古木参天。

青龙寺

海洋青龙寺，又称下塘庵，位于桑园榧岔头去南广塘后林场之公路旁，离桑海村 1 千米，建于清光绪十年（1884），为郑氏祖先所建。青龙寺建有三宝殿一座，为砖木结构，坐南朝北，背仗大山，面向桑园水库，殿左旁建有膳厅和宿舍。寺院青砖黑瓦，古朴端庄，四面环山，树木苍翠，幽静清心。

青龙寺

南广观音寺

南广观音寺

观音寺位于南广之西，距南广约 5 千米。内外两殿，内殿为双层石砌结构，历史较悠久，左侧有双层砖木结构的瓦房，上为宿舍，下为膳厅。外殿为大雄宝殿，其右为广阔的平地。

南广观音寺地处偏僻，交通极为不便，现距南广李氏祖先建寺已有六七百年。

普明寺

普明寺

普明寺位于后坪之西南的群山之中，为后坪张氏祖先所建，历史悠久，于 1977 年重修。后坪张氏子孙，筹资建公路，通往寺院，重建大雄宝殿，新塑三宝菩萨，使寺貌焕然一新。迭宕起伏的古石路，石砌的条石门楼，石刻的“普明禅寺”四字，使古寺更显古朴典雅。

龟湖寺

龟湖寺也称龟洋寺，位于后坪龟洋尾，与普明寺同年代建。寺院正殿左边建有厨房膳厅，右边建有宿舍。正殿前为开阔地，周围分布有天然巨石，有石龟、石牛、石猪、石蝙蝠等各异形态，惟妙惟肖。寺院四周，山峦重围，山川灵秀。

莲花寺

莲花寺，亦称双条岗寺，位于五蒲岭官道旁的东山上，离五蒲约 1.5 千米。原为庵堂，规模不大，单层单座三透瓦房。旁立厨房和宿舍，只容三五人居。该寺始建于 1931 年。20 世纪 70 年代，经白琳阿殿禅师化缘筹资重建，开筑五蒲至五峰山公路，从此规模渐大，设施渐全，寺貌更新。

后峰寺

后峰寺，始建于清乾隆二年（1737），位于后岗头畲族村，寺周围有许多村民居住。曾一度失修，寺貌颓唐。20 世纪 80 年代初，樟柏洋林开永率先捐资，并发动部分群众，修建更新，同时聘请住持，诵经拜佛，使寺香火旺盛，钟声常鸣。《福鼎佛教志·清嘉庆年间福鼎寺观分布情况一览表》记载：“后岗庵，在十三都茶洋。”

坑头寺

位于排洋村西面洋头里，据说是清朝年间所建。几经重修，现有大雄宝殿、厨房、宿舍等建筑。寺院依山带水，环境幽美。

宝莲寺

宝莲寺，又称吴阳里寺，始建于1926年。寺院占地面积大，中有大雄宝殿，左右两庑，建有厨房、膳厅等。

白云庵

白云庵，始建于清顺治元年（1644），位于岩柱峰上。三面临溪，一面与东南山脉相连。山四周岩石峻峭挺拔，北面为深不可测的蝙蝠潭。白云庵地方不大，可名声颇噪，磻溪人有言“牛栏头的风，白虎墩的钟”，意思是说，只要寺中的钟一响，整个海洋村的居民都能听到；牛栏头是指湖林，湖林地势高，没有旁山阻挡，风特别大，冬天特别冷。

该庵有几百年之久，据说原是吴氏施主所建，后当地各姓氏助建，1949年后皆由尼姑主持。

卜鼎寺

卜鼎寺，也称灵尼寺，位于梅洋与庄边两村交界的卜鼎山上，与太姥山遥遥相对。该寺历史较悠久，是声望较高的寺院之一。曾经有过多位住持潜心闭关修道，也曾培养许多弟子出家成名，后在全国各寺院参禅当法师。

此外，湖林涌泉寺建于明永乐元年（1403），仙蒲灵台寺建于明成化九年（1473），排洋后峰寺建于清乾隆二年（1737），炉屯保寿寺建于乾隆十三年（1748），湖林阔罗寺建于1926年，长昌灵慈寺建于1948年，这些寺院虽然不大，但香火均较为旺盛。

附：

磻溪镇寺院一览表

名称	地点	建寺时间
观音寺	磻溪村池坵头	元至元七年（1270）
双林寺	黄冈上山坪	元初
万松寺	金谷	元朝
观音寺	南广林峰山	元朝
江井寺	紫岭村	明初
金峰寺	蒋阳太姥西麓	明洪武二十一年（1388）
涌泉寺	湖林	明永乐元年（1403）
灵台寺	仙蒲庄边福山	明成化九年（1473）
金盘寺	金谷金盘	明万历十八年（1590）
柯洋寺	湖林柯洋	明朝
宝林庵	吴阳山	明朝
白云庵	桑海村	清顺治元年（1644）
后峰寺	排洋后岗头	清乾隆二年（1737）
保寿寺	炉屯单斗仔	清乾隆十三年（1748）
青龙寺	桑海村	清光绪十年（1884）
坑头寺	排阳村洋头里	清朝
阎罗寺	湖林贝头	1926 年
宝莲寺	吴阳山	1926 年
灵慈寺	长昌村	1948 年
莲花寺	金谷五蒲	1931 年
龟湖寺	后坪村	不祥
卜鼎寺	仙蒲村	不祥
紫林寺	山湖冈	不详
吴阳寺	吴阳村	不详
普明寺	后坪龟洋	不详
莲花寺	蒋阳溪口	不详
福兴寺	磻溪大洋	不详
峰景寺	湖林洋心	不详

蒋阳古官道与铺递、巡检司的设置

张　贤

唐代，福州至温州的古官道经过长溪县，被称为福建北驿道，是闽浙交通要道。史载，汉元封元年（前110），汉兵四路入闽围剿闽越国时，其中一路曾取道闽东沿海，那时蒋阳古道或已开通。古代驿道原为军事而设，后渐成为军事、政治、经济之交通要道。此官道自唐代至民国，一直是闽浙两省的主要交通干线。

蒋阳巡检司旧址

这条古官道在磻溪过境约 20 千米，过界牌洋、杜家、溪心、蒋阳、半岭、五蒲 6 个自然村，道宽 2 米至 4 米，由大石砌成。史料记载，蒋阳至五蒲一带是茂密森林。磻溪过境古官道基本上是穿林而过，地势险要，特别是蒋阳至半岭段尤为险峻，需过三十六道弯，道盘绝壁，下临深渊，道之上下，林木葱茏，藤蔓蔽日，阴森恐怖，时有大虫或盗贼隐匿其中，过往者无不提心吊胆，常结伴大步急驱而行。明朝时政府在五蒲岭、三十六弯、蒋阳、杜家设立关隘，着桐山营千总一名、外委一名率兵把守，同时在蒋阳设立腰站以便移奉公文，打尖换乘。入清后，为传递军情，迎送官员，捕获盗贼，驿站铺递设置更为普遍，磻溪域内杜家、蒋阳、五蒲岭都设有铺递（福鼎置县后裁汰杜家铺递），每铺递派兵二至三名。清宣统三年（1911）朝廷裁驿归邮，蒋阳、五蒲岭铺递遂撤。

蒋阳古官道

古官道的便利交通催生了蒋阳、五蒲岭两个村庄的繁荣。村民所用食盐、日杂用品等皆由这条古道挑往磻溪各村庄，白琳工夫等特产也由这条古道运往外地。蒋阳设置铺递后，商贾云集，生意兴隆。精明的客商纷纷落脚此地，有客栈、货站、商店，还有茶楼、诊所、钱庄、理发店，甚至还有娱乐场所。百八十间商铺相向整齐排列，形成约 10 米宽的自由市场，山货、洋货，林林总总，应有尽有；乡人、客人，熙熙攘攘，热闹非凡。斗转星移，随着时代巨变，古道早已荒废，不见往日繁华。

蒋阳烟墩旧址

巡检司始于五代，盛于两宋。巡检司为元朝、明朝与清代县级衙门底下的基层组织，是为管辖人烟稀少的地方而设立的非常设性组织，既无行政裁量权，也未设置主官，其功能以军事为主。巡检司设巡检员一员（从九品），负责“盘诘奸细，查问逃亡，缉捕案犯，关防骗伪”。为保证交通安全，宋熙宁五年（1072）长溪县设 6 个巡检司，其中福鼎古道沿线分别设蒋阳、桐山、照澜巡检司，每司配备皂隶 2 名、弓兵 70 名。弓兵都是从村里及邻近村招募来的青壮年，他们有的带着家眷安家巡检司所在地，无事时从事劳动生产，有事时集中行动。后因沿海海贼出没，走私猖獗，倭寇窜犯，明洪武二年（1369）蒋阳巡检司迁于店下大筼筜。蒋阳巡检司经宋、元、明三代，历时近 300 年，蒋阳、半岭、五蒲、杜家南柄等地至今还留有当年碉堡、烟墩等军事设施。当年蒋阳巡检司办公的地方，被人们称为公馆，现村民在公馆遗址上建起民房，而当年弓兵驻扎的营房遗址，被人们称为营基，现为村民的农地。

蒋阳秦公桥

黄鼎立　吴敬汉

秦公桥（刘兆武 摄）

古时经蒋阳村背后的五蒲岭官道虽只有数里长，但岗连岗、岭接岭，共有“三十六弯”。“三十六弯”是出省入闽的五大通衢之一，算得上是当时的国道。清嘉庆《福鼎县志·山川篇》载：“五蒲岭，高峻凌霄，下为三十六弯。《府志》：‘屈曲迂回，路遥地僻，元末尝有盗薮。’”翻山越岭徒步行走需大半晌，而盗贼又时常在这里出没，所以过往客商、挑夫只能入宿蒋阳街，而这催生了蒋阳街的繁华。据清乾隆《福宁府志》载，蒋阳街有很多的饭庄、旅店、药铺、茶馆、米行等，红红火火，热闹非凡。

秦公桥建于明万历年间，清嘉庆《福鼎县志》载：“明知州秦公建。国朝乾隆二十四年，里人林学焯倡捐重建。”秦公系明万历年间福宁州知州秦埛。该桥位于蒋阳三十六弯南岭溪峡谷中，峡谷宽约 20 米，中间有小岛，小岛上建起一个大桥墩，连接南北两端，形成南北两桥。桥高十几米，桥宽约 1.5 米，由条石板铺成，桥南北两岸竖有石碑，南面石碑毁成三四块，北面石碑已毁于峡谷中。

传言秦埛回浙江必须路过南岭溪，洪水期时须绕道而行，极为不便。于是秦埛便倡议建一座桥，使三十六弯径直可行。改道后，三十六弯中南岭溪路段行人一时稀少，盗贼认定是秦埛断了他们的财路，于是串通朝廷内党，称秦埛私改官道，罪不可赦。朝廷下令缉拿秦埛，后获平反。

人们为了纪念这位有恩德的知州，把这座桥称为“秦恩桥”。有一桥碑至今依然立于蒋阳南岭溪畔，惜碑文已遭风化模糊。

五蒲古驿道

王雪平

逶迤于崇山峻岭间的五蒲古驿道曾是福宁府重要的交通枢纽，其作用不亚于现在的高速公路。其东可到达太姥山镇和太姥山风景区，南经赤溪、龙亭后进入霞浦，连接福州，向北折入杜家、蒋阳、五蒲、白琳、岩前和水北、分水关，进入浙江界。

明嘉靖七年（1528），福宁州同知赵廷松在古道上建康夷楼，以重兵把守。每个关隘设铺，按铺兵制度，每十里置兵二至三名，铺兵职责在于巡缉奸宄，捕获盗贼，惩治地方无赖之徒。有了铺兵的巡逻，盗贼再也不敢在光天化日之下明目张胆地抢夺东西，行人走这段路时再不用心惊胆战。这些铺兵忍受着远离父母妻儿的寂寞，忍受着山中的凄风苦雨、烈日骄阳，使行人的生命和财产安全有了保障。后来古道兵事功能被逐渐削弱，仅供传递公文。如今，这些关隘经过四五百年风霜雨雪的洗礼，一些已成残垣断壁或只剩下遗址，依稀可想见当年的赫赫威严。而今，站在已成遗址的铺上，人们仍不免会怀念起那些历史的风尘。

当年，在这条石头铺成的驿路上活跃着一支以长途挑货为生的挑夫。茶马古道上，挑夫们拄着楮杖，挑着沉甸甸的货物，脖子上挂着擦汗的毛巾，凭着脚板和一双草鞋、一根扁担、一副麻绳、一担筐篓、一顶竹笠，跋涉在崇山峻岭中。在他们匆匆的脚步间，粮食、南货、北货源源不断地经太姥山输往福州或浙江，再由这些地方销往各地。

五蒲的三十六弯古时常有强盗出没，其间偶尔也有猛虎伤人的事件发生。淳朴的人们在这里建了观音宫，期望遇到灾难的时候，能得到大慈大悲的观音菩萨的庇护。我爷爷回忆他年轻时有一次和邻居一起挑地瓜米去太姥山镇卖，到达古道时，天刚蒙蒙亮，一只猛虎从古道旁的草丛间窜过，吓得大家双腿发软。幸好老虎并没有为难他们，自个儿渐行渐远了。所以走这段古道时，人们常常结伴而行。

离观音宫不远处有个凉亭，青砖黑瓦，古色古香，只有左右两面墙，两头都是空的，直接连接古驿道，供人们进进出出。亭中两边各有一条又长又坚实的木凳。在大家出门都靠两条腿走路的悠长岁月里，它承担着来往客人歇脚休息、避雨、纳凉的责任。当时凉亭里有修善积德的烧水人专门烧水，供路人免费饮用。大家走累了，便走进凉亭喝一瓢茶水，休息一下。长椅上常常坐满了南来北往的客人，各种腔调的谈笑声成了凉亭里一道独特的风景。如今，它已满目疮痍，静静地倚立在荒郊野外，朝听晨风鸟鸣，暮看日落云飘，断壁残垣上只有绿色的青苔相依相伴。

仰望历史的足光，从五蒲村的诸多马槽和木制的米粉碾能真切地触摸到它昔日的繁华与热闹。精明和智慧的五蒲村民利用村优越的地理位置，为挑夫、行人提供住宿饮食。五蒲村有一条卵石铺就、青石阶沿的宽敞街道，街两旁不仅有茶肆、酒家、特产店、小百货店、客栈，还有专门做米粉供过往旅客食用的手工米粉厂。不难想象，当又饥又饿又累的行人远远地望见山风中猎猎飘扬的酒旗，他们的心情是如何的愉悦。此时，饥饿、疲乏一下子烟消云散，加快脚步来到酒家，烫上一壶醇香的米酒，直喝到肚里发暖脸上发热，那种惬意是什么都比不上的。米粉厂的生意更是好得不得了，生产出的米粉供不应求。随着历史的变迁，这个曾经璀璨的村庄已没有过多的人迹。这里的年轻人早已离开日渐颓废的村庄，融入灯红酒绿的街市中，守候在这里的是几位白发苍苍的老人，在他们豁了牙的口中许吐出多古道上的悲欢离合。

当年辉煌的古道如今虽已失去作用，但道上的每一块石头、道旁的每一棵大树都向走近它的人诉说着一个个隐没在尘烟中的故事。

仙蒲村古道路巷小考

李修意

古道路巷

仙蒲古道　仙蒲村地处福鼎市西南角，南与霞浦的柏洋、水门两乡交界，西与柘荣的东源乡（明清时属霞浦县地）接壤，有海拔千米以上的高峰阻隔，如南面的流米岩、流米仔，西南角的目海尖，西面的牛桐坡、葫芦门等，这些高峰之间的连绵山脉海拔在七八百米以上。明清时期，仙蒲粗纸业已具一定规模，主要销往霞浦等县，很早就形成多条通往霞浦各地的翻山石道，从仙蒲溪西岸的牛蛋庖山东南麓登山西行，翻越牛桐坡北脉，可达今柘荣县东源乡八斗洋村等地，从仙蒲溪水头的笔架山东麓登山南行，沿途有三条岔路可分别到达柘荣、霞浦，是古代仙蒲与霞浦交通的主道，至今仍保存十分完整。路线有三：其一，到笔架山南麓横溪附近西拐攀越笔架山，经蔡家山、牛桐坡南脉，可到达今柘荣县东源乡杨家溪；其二，到笔架山南麓后，跨过横溪继续南行，过横桌山的梯岭路亭后有两条分叉路，西行越过流米岩西脉，可达到今霞浦县柏洋乡洋里村；其三，过梯岭路亭后继续南行，越过流米岩东脉，沿直岗头东麓至坑口岭头而西拐，可到达今霞浦县柏洋乡坑口村、后垄村、前宅村；水门乡承天村、小竹湾村等地。据测算，由仙蒲至洋里村约 10 千米，至前宅村约 15 千米，至小竹湾村 8 千米。

仙蒲至霞浦古道

垅里坵大路　南起仙蒲水头碇步桥，沿仙蒲溪东岸，北至沉纸溪与仙蒲溪的交汇口南岸，长约 333 米，为卵石路，是霞浦至仙蒲古道的入村道路。

店门口路　南起沉纸溪与仙蒲溪的交汇口北岸，沿仙蒲溪东岸直行，北至洋中碇步桥，长约 81.2 米，为卵石路，是仙蒲村的店铺街。

碇步头路　西起洋尾碇步桥，厝间曲折，东至菜堂岭边与岭尾路相交，长约

113 米，为卵石路，是洋中碇步桥与岭尾路的连接线。

横楼路　北起于洋中大路与岭尾路的交会处，一曲三折，穿行厝间，南至丽川公宅门口，长约 118.3 米，为卵石路。

路亭　仙蒲村现存路亭两处。一处是仙蒲至霞浦古道上的梯岭路亭，距村约 5 千米，乃路边式亭屋，坐西朝东，建筑为近年重修，石墙木盖、两面坡顶，亭内设龛祀泗洲文佛。西北墙角有山泉一眼，长汩不漫不涸，供路人饮用。一处位于洋中大路西段，靠近为跨路临水式木构路亭，临沉纸溪侧设有美人靠，是村民日常小憩、拉家常的地方。

碇步、石桥

仙蒲村拥有众多跨溪的碇步和桥梁，结构虽简单，却是连按村落交通的关键节点，体现了村民删繁就简、追求方便快捷的实用精神。

横溪桥　位于仙蒲南至霞浦的古道上，横跨仙蒲溪支流，位于笔架山和横桌山之间，是该古道上唯一的石拱桥。始建年代不详，清咸丰四年（1854）被洪水冲垮，由仙蒲林达轩及其侄林小舟倡捐重建，南桥头尚存捐资姓名碑。横溪桥为单孔石拱桥，桥面长约 8 米，宽约 3 米，拱高约 4 米，南北引桥各长约 4 米，由石块砌就。

石梁桥

石梁桥　仙蒲村的石梁桥集中在沉纸溪及其支流上，大致为南北走向。据说原有 10 座，现存 6 座，其中 3 座是三条石梁并列的平梁桥，2 座为单石梁的平梁桥，1 座为单列三叉柱墩、两段三条石梁并列的柱梁桥。这些石梁桥密集分布在长约 200 米、宽约 3 米的溪流上，两桥相邻距离最远不过 65 米，最短的仅有 13 米，至今仍是村内交通不可或缺的连接点。

碇步　仙蒲溪水头至水尾短短 700 余米，却有水头、洋中一桥、二桥和洋尾等 4 座碇步。水头碇步桥为东西走向，连接古道和垅里坵大路，是南边进入仙蒲村部的标志建筑。洋中碇步一桥南距水头碇步桥约 324 米，为东南—西北走向，连接仙蒲溪东岸的店铺街和西岸的西边房。洋中碇步二桥南距洋中碇步一桥约 93 米，为东南—西北走向，可从林氏宗祠经碇步头路横渡仙蒲溪直达西边房。洋尾碇步桥南距洋尾碇步桥约 284 米，为南北走向，是北出村落的标志建筑，同时也是镇锁仙蒲溪水尾的节点，富含象征意义。4 座碇步桥均为一字式，以 37 或 39 块长方体石墩碇步，水头碇步桥长约 15 米，其余三座长约 21 米。除了洋中碇步一桥为后期复建外，其余三座碇步桥均为古代原构，造型简单古朴。此外，在原沉纸溪汇入仙蒲溪的溪口也有一处碇步，现已拆建为平梁桥。

仙蒲古民居

林观午

据调查，仙蒲村有54座基本保持原貌的民居建筑，其中保存完整或者较好的有25处，建筑体量较大，其中占地面积在500—1000平方米的有7处，面积在1000平方米以上的大型民居有5处。建筑均原木原色，线条简洁明快，与青山绿水相映，显示出建筑与环境、人与自然完美融合、天人合一的至高理想境界。

仙蒲村古民居

文斋公宅

文斋公宅在今仙蒲村31—37号，坐落于仙蒲溪西岸。族谱中《文斋公传》云："月溪公裔孙，素亭公三子。秉性纯厚，善事双亲，笃于友，独能竭力膝下。经营宅兆，不避艰辛。继而椿萱交谢公，偕诸弟善继善述，诚孝子之行也。洎乎析箸，筑室于西洋，大恢祖业。终身勤动，未曾少懈。辛未岁（1811），蒙恩给赐冠带邑侯高君耀曾旌曰：'稀龄懋德'享寿七十有五。"高耀曾的赠匾，至今仍珍藏于文斋公宅内，保存完好。林文斋生于清乾隆六年（1741）。据耆老相传，林文斋约于乾隆四十年（1775）创建本宅。文斋公宅是仙蒲村目前已知有明确纪年的民居建筑，为仙蒲乃至福鼎地区的古建筑分期提供了较为准确的标杆。

文斋公宅为回字形四合院式，坐西北朝东南，主体建筑由前后两落、左右两厢及中天井等部分组成，主体建筑前后有附属用房，总占地面积为1179.6平方米，是仙蒲村现存占地面积最大的民居建筑。其中前落面阔5间、进深3柱，为单层穿斗式木构；两厢面阔3间、进深4柱，后落面阔9间、进深7柱、中5间前出游廊，均为穿斗式两层木构。一楼向中天井设腰檐，二楼为悬山顶，后落明间设顺脊檩式人字假顶，前廊为三架梁、人字顶。建筑装饰集中于前后落明间梁架、后落前廊斗栱隔架以及中天井四周的前檐斗栱上，木雕线条流畅舒展；后落明间祝寿柱联部分存留。

丽川公宅

丽川公宅位于今仙蒲村150—164号，是目前仙蒲村综合保存最为完好的民居建筑。林瀚绵（约1782—1873），字开远，号丽川，享寿91岁，历清乾隆至同治五朝，子孙四代同堂，"迄今仙蒲之盛派，必首推公"。清道光二十二年（1842），福鼎县知县姚金赠匾"古道是敦"，原匾至今仍高悬丽川公宅大堂。

丽川公宅约建于嘉庆年间。回字形四合院式，坐东朝西，主体建筑由前后两落、左右两厢及中天井等部分组成，布局对称规整，总占地面积1066.4平方米。前落面阔5间、进深5柱，为单层穿斗式木构，顺脊檩式人字顶，门柱柱头内侧置有插把，较为罕见；其内檐则用牛腿、单跳丁头栱承檐。中天井占地面积达185平方米，四面建筑均设前廊，使天井在视觉上显得更为宽敞，显示出仙蒲其余民居建筑所没有的宏量。两厢面阔4间、进深5柱，后落面阔9间、进深7柱、中五间前出游廊，均为穿斗式两层木构，一楼向中天井设腰檐、檐下三跳丁头栱、二楼悬山顶，后落明间设顺脊檩式人字假顶，前廊为四架梁轩顶。建筑装饰集中于前后落明间的梁架、环廊梁架及中天井四周的前檐构件等上面。

林瀚炜宅

林瀚炜宅位于今仙蒲村83—92号。该宅存清道光三十年（1850）福鼎县正堂祝林瀚炜七十寿赠"硕德稀龄"原匾。

林瀚炜宅“硕德稀龄”匾

该宅为三合院式，由前院墙、随墙门楼、院埕、两侧厢房及主座等部分组成，主体建筑呈凹字形，总占地面积约 1000 平方米。

门楼为面阔 1 间、进深 3 柱，前后檐两跳丁头栱，两面坡顶，大门安于前檐柱间。两侧厢面阔 2 间、进深 4 柱，主座面阔 9 间、进深 7 柱，前设通廊，均为两层木构。一楼向中天井设腰檐，二楼悬山顶，主座明间设顺脊檩式人字假顶，前廊为四架梁轩顶。

主座前檐之牛腿斗栱、前廊之斗栱隔架、明间梁架之月梁、中柱和前金柱之柱联、太师壁之额枋和牌匾等构件的部件、装饰均保持完整，是仙蒲村装饰类型最为完备且保存最为完好的民居建筑。

桥头厝

桥头厝又名林桂英宅，位于今仙蒲村 97—103 号。该宅完整保存清同治九年（1870）提督福建学部院邵为林桂英立“稀龄望重”原匾。

据传，桥头厝原设计为合院式，因前面田地主人不肯出让土地，不得已建成矩形一字式。该宅坐东朝西，面阔 9 间、进深 7 柱，中 7 间前出游廊，占地面积 514 平方米。桥头厝为穿斗式两层木构，一楼前设腰檐，二楼悬山顶、两端山花式带悬鱼，明间及前廊均为平板天花。中六缝柱列前檐的牛腿、斗栱、雀替、插枋布满雕饰，其中，明间左右一缝牛腿为雌雄双狮，其余为狮腿造型；明间内楼板楞木下设单跳芭蕉叶束形斗，另存有太师壁圆形插把，雕刻为竹鹤松鹿。

上述四座古民居建筑，涵括回字形四合院、凹字形三合院和矩形一字式等当地民居建筑的主要平面、结构形式，具有广泛的代表性。其屋主的生活年代相隔一或两代，在建筑风格上表现出较多的差别。如文斋公宅仅在后落大厅顺脊檩下用单跳芭蕉

仙蒲古民居

叶束形状斗，其余则全用扁方斗，而林瀚炜宅、丽川公宅、桥头厝则在明间左右一缝柱列柱头大肆使用芭蕉叶束形状斗，其他部位丽川公宅全用扁方斗，林瀚炜宅则用方形讹角斗。又如文斋公宅多用舒缓的粗线条的卷草纹和夔龙纹、束水长形微曲、月梁头虾须圆润，而林瀚炜宅、丽川公宅的卷草纹和夔龙纹更为卷曲，束水则做成圆凤形，月梁头虾须勾勒痕迹较重且须梢有时会溢出看面。再如，文斋公宅、林瀚炜宅、丽川公宅仅仅在明间左右一缝前檐使用牛腿装饰，而桥头厝则将这种装饰形式扩大到左右二三缝。这些共性和差异，为进一步探讨该时期仙蒲村乃至福鼎地区建筑风格的细分和多元性提供了可能。

梗岔头枫树

翁以源

从桑园到海洋需跨过一道山岭，山岭顶上有个叫“梗岔头”的地方，其南面是原海洋村，北面是原桑园村（现两村淹于水库）。

在梗岔头往前岭的古道旁，有一棵奇异的千年古枫树，被林业部门定为保护古树。这棵树的树干只有半截，且上大下小，树心空洞，树围 3.5 米，树高约 12 米，树枝皆向下垂长，呈伞形，相传是倒栽而长，周围民众对其有一种敬畏之心，将其视为神树。

传说海洋村水尾有座白虎墩，墩下有一险峻幽深的蝙蝠潭，深不可测，崖瀑如

梗岔头纪念亭（刘兆武 摄）

练，倾泻而下。潭水之上雾气缥缈，寒气逼人。蝙蝠潭边有一蝙蝠洞，据说此洞直通至梗岔头。相传，古时蝙蝠洞里住有一蝙蝠精，蝙蝠精时常从梗岔头处出来惊扰村民。人在田里插秧，转身秧桶突然不见了，秧苗沿途乱撒到蝙蝠潭；晾晒的衣服经常消失，却在蝙蝠洞里找到……人们发现许多物品消失，皆蝙蝠精所为，既无奈又惧怕，弄得一方不得安宁。后来海洋坝尾有一个叫陈六公的人，去闾山学法成道回来，为了民众生活安宁，就把蝙蝠洞口封起来，让它不能出来惊扰民众。可是，被封洞内的蝙蝠精却嚷道："你把我洞口封掉，我还可以从梗岔头出来。"为了不让妖精从梗岔头跑出来，陈六公急忙施法栽种枫树堵梗岔洞口，慌乱之中却把枫树栽倒了。后来枫树便长成现在上大下小的模样。因这则传说，人们对这棵枫树心生敬畏，将其当作神树来保护。

梗岔头枫树（磻溪镇文化站 供图）

1935 年，叶飞、陈挺领导工农红军驻扎在磻溪梅洋、庄边一带。5 月 12 日凌晨，由叶飞率领的闽东独立师特务队和陈挺率领的闽东红军第四团在梗岔头设伏，伏击国民党新十师第二团三营的一个加强连。此战大获全胜，歼敌 40 余人，俘敌 60 余人。从此，人们对这棵枫树更多了一分敬仰。

梗岔头的枫树，承载着除妖安民的愿望，见证了红军战士的功绩。

磻溪茶亭拾遗

王郑松

磻溪镇域广阔，重峦叠嶂，古道纵横，是福鼎茶亭最多的乡镇。斗转星移，历经沧桑，这些茶亭或经修复保存至今，或剩残垣断壁，而茶韵余香犹存。

20 世纪七八十年代，磻溪的大部分茶亭还在发挥着供过往行人歇息、纳凉、避雨、喝茶的功能，直至公路延伸开发，茶亭才逐渐失去原有功能，退出历史舞台，留下供后人探幽的神秘面纱。

磻溪茶亭随官道、古道沿线设置，有的在荒野林间，有的伫立于村头社尾。漫长的岁月中，那些不同地域、不同文化背景的南来北往的人们途经这里，做短暂停留，放下行囊、卸下担子，喝上一大碗清甜爽口的“粗茶婆”（即老寿眉），一时间跋山涉水的辛劳尽褪。他们带来的信息曾在这里汇集、交错、碰撞，茶亭，此时成了民间文化活动的载体。

沿福建北驿道磻溪段 20 千米设有五蒲岭亭、五峰桥亭、三十六弯亭、美清亭，从磻溪经仙蒲至霞浦副官道上设有水竹坑亭、后溪亭、前岭亭、仙蒲上亭、仙蒲下亭，其余支线古道有吴阳岭亭、后坪桥亭、龟后亭、马山岭亭、炉屯三门亭、排样亭岗亭，共有 15 座之多。

茶亭有专人看护，除每日泡茶供路人饮喝解渴外，还要兼顾古道杂草杂物清理及修补毁损，保持道路畅通。守亭人一般无家庭负担，年龄较大，且具有爱心。

每年稻谷收成季节，守亭人早晨泡好茶水，便挑着篮子到经常往返于本茶亭的村庄讨取稻谷，多少随主人，遇到慷慨之人，给予颇多。即使越界讨茶谷，大家也会照给不误。茶亭的慈善义举经世代延续，成为磻溪独具特色的区域文化。

磻溪保存至今具备影响力的茶亭有：

五峰桥亭　沿福建北驿道经白琳往磻溪方向进入五蒲岭，再延伸至五峰山下的一条溪涧，就到了五峰桥亭。那里有一座于清道光年间修建的石桥，拙实而苍劲，横架于山水之间，浑然融洽，宛若天成。桥的那一头，半坡碧树环拥，缀着一幢茶亭，俯瞰清溪，静倚翠谷。古道自亭间拱门贯穿而过，茶亭灰墙垒石，苍苔青瓦，望中恬淡疏朗，古朴敦厚，恰如巨幅溪山图画的点睛之笔。这里，是三十六弯段古官道的起始点。

美清亭　美清亭是坐落在古官道上的一处茶亭，从霞浦龙亭村北上，过溪心村，美清亭便立于村外岭间，过美清亭，便到了蒋阳村。美清亭的历史较悠久，《福鼎交通志》载有点头举州亭、白琳金刚亭、磻溪美清亭、水门半岭观音亭等路亭。美清亭 30 年前还有施茶的功能，后因过往行人稀少，被改为宫庙。

水竹坑亭　磻溪开门见山，出门即爬岭。第一条岭是磻溪至湖林的长岭，这条岭处在磻溪经桑海、仙蒲直至霞浦的古道起始段，磻溪岭长且陡，一条小溪相伴而下，溪边长有水竹。水竹坑亭就处在这条长岭的中间地段。水竹坑亭设有耳房，供守亭人居住、生活，是过往行人歇脚、歇肩、解渴纳凉的好去处。此亭是清末民初由湖林周翼臣先生出资兴建，过往行人多，闻名乡野，至今保存完整。

马山岭亭　磻溪集镇通往外界的第二条岭即马山岭，从磻溪经池垢头到马山岭岭尾，至岭头有 2 千米之距，此古道延伸金谷、炉屯、排洋、溪口直至赤溪。磻溪林氏先人筹资在马山岭岭头建茶亭，供行人歇息、喝茶、纳凉。20 世纪五六十年代磻溪林氏族人又再次集资重建，现茶亭被藤蔓覆盖。

前岭亭（刘兆武 摄）

龟后亭　湖林到桑海途中有个岔道，右拐去南广，过南广后几千米，路左边有一个泗州文佛的牌子，停车，沿小路走 200 米，便能看到龟后亭。龟后亭位于后坪、南广之间的古道上，始建年代可追溯到清乾隆年间，在磻溪现存的茶亭中，其形制与美感首屈一指。龟后亭是一座廊桥式茶亭，目前福鼎全市廊桥式茶亭仅存 3 座，分别为点头后坑桥亭、磻溪龟后亭、前岐桥亭。

前岭亭　前岭亭处桑海村附近，今桑园水库侧旁，为双拱门砖木结构，始建年代无考，1958 年由湖林周廷民重修。如今这里藤蔓覆顶，少人问津，沧桑而静穆。

吴洋岭亭　吴洋岭茶亭坐落在磻溪吴洋山的山坳里。黄河先生考察：吴洋岭茶亭，为吴洋往返赤溪古道必经之路，始建年代无法考证，1969 年和 1992 年曾两次翻修。吴洋山古道是过去方家山、蒋阳、赤溪、杜家，是霞浦县牙城及福鼎、柘荣、泰顺部分乡民通往福宁府城、永嘉府城的必经之路。相传很久以前，有位心地善良的畲族姑娘在枇杷树下搭建一间茅草亭，备有茶水，供过往行人饮用。至于这所亭子是何年所建，村姑姓甚名谁，均不详。吴洋岭亭边尚存完整的耳房结构。早年茶亭大都设有茶田，即在建亭同时，于附近另置几亩良田，以田租收入供守亭人生计，一些茶配有耳房，为守亭住所。守亭人则负责每天亭内的茶水供应，兼顾该茶亭前后路段的清理和维护。

仙蒲亭　仙蒲亭有两座，分为仙蒲上亭、下亭，位于山区较偏僻的道路上，整体结构为相对简易的敞墙式亭。

后溪亭　后溪亭又称后溪岩皮亭，为官道桐山管阳路上的一个茶亭。桐管路官道上有多座茶亭，如排头圆盘亭、坡头亭、马头岗亭、后溪岩皮亭、大山长乐亭、唐阳花亭、金溪岭头亭、乍洋草鞋亭等，途中须翻越岩皮、大山、唐阳、花亭、金钗溪、乍洋等 6 座山岭。

一座茶亭便是一个路标。如今，磻溪茶亭所承载的是福鼎白茶文化中最温暖的一份慰藉。

经济社会

南广南宋瓷窑和福鼎制陶业

白荣敏

福鼎制陶业历史最早可追溯到新石器时代。考古工作者在店下马栏山、洋边山、秦屿后门山等新石器时代的古人类遗址挖掘中，采集到大量的彩陶器残片等，有泥质陶、夹砂陶和硬陶，距今有近5000年的历史。商周时期，福鼎人类活动范围扩大到全市各地，历次考古调查中，共发现39处商周文化遗址，这些遗址包括点头马洋山，白琳后尾山、湖尾山、店基山，桐山枕头山等，说明商周时期制陶基本覆盖福鼎全市。汉、三国以后，随着中原士族和百姓不断迁徙入闽，带来了先进的生产技术，制陶业进一步发展，在桐山等地发现、收缴的汉至两晋时期的陶罐、青瓷罐、盘口壶等文物标本制作精美，经专家鉴定为越窑生产瓷器，这也显示了福鼎与浙江的渊源。1958年，在秦屿发现了南朝时期的墓葬，出土有青釉四系小罐、青釉四耳罐等青瓷罐。1974年，又在沙埕镇发现多座唐代砖室墓，墓中出土大量瓷器。以上考古发现充分说明，福鼎地域上几千年来窑烟绵绵，陶瓷业一脉相承延续发展。

唐宋陶瓷业进一步发展，磻溪、管阳、叠石等瓷土资源较为丰富的地方均建有窑场，生产瓷器畅销海内外。宋代以来，随着南宋定都临安（今杭州），中国政治经济中心南移，福鼎经济得到迅速发展，制瓷业发展到达顶峰，产量位居福建前列。位于磻溪镇南广村的宋窑就是其中的典型代表。

南广村位于福鼎市磻溪镇西北部，距离磻溪集镇28千米，距福鼎市区63千米，平均海拔700—750米。此间瓷土丰富，竹木森秀，为陶瓷业发展准备了充分的自然资源。最大的南广窑址位于南广村东100米，为丘陵地，约2.5平方千米，有一山涧从西往东流入磻

南广瓷窑址（磻溪镇文化站 供图）

溪，涧中有一瀑布名叫龙亭瀑，是全省最高单级瀑布。考古专家曾在几座小山丘上发现多处堆积层，厚0.8米—1.2米。1982年省考古队在此采集有青瓷执壶、碗、碟、砚及窑具等，经鉴定年代为南宋。

南广出土的瓷器（磻溪镇文化站 供图）

据记载，磻溪南广的先民们主要为李氏和林氏。北宋太平兴国三年（778）磻溪林氏肇基始祖林遇自浙江平阳徙居磻溪西宅拓基立业，此后亦有李氏迁居磻溪及南广一带。在这些迁徙者中，有不少制作陶瓷的匠人，他们将纯熟的技术带到高岭土蕴藏丰富的南广，就地取材，开窑烧瓷，使陶瓷艺术在福鼎生根发芽并蓬勃发展。

南广古窑出土的瓷器绝大部分为青瓷，大都为碗、碟、壶等日用瓷器。《福建古代经济史》认为，福建青瓷的生产，主要着眼于外销实用品，产量上升快，但质量不及江西、浙江。这些青瓷在国内出土并不多，其生产目标主要是投入世界市场。福鼎靠海，有沙埕港，距离三都澳亦不远，这为瓷器的出口准备了交通条件。南广宋代窑址今天看来虽然地处偏僻山区，但昔日曾有古官道通往古窑。

南广发现的窑具中，有匣体、支座、垫圈等。专家认为，烧制采用匣钵体、垫饼或垫圈，正体现了宋代青瓷烧制技术的大幅度提高。北宋中期以后，建窑采用烧法，即将碗盘之类的瓷器若干件，反置于由垫圈组合而成的匣钵体内进行烧制，一次可以烧若干件，这就大大提高了生产率。

据了解，元、明出现有青花瓷、釉里红等。后由于社会动荡，加之外来的陶瓷器冲击，清代到民国，福鼎的陶瓷工艺逐步式微。

但据南广当地年长者回忆，有个别古窑之后仍在生产。制瓷需要瓷土，当时瓷土矿场场面热闹，村里百余号人挥舞的锄头如同暴雨的雨点，采下来的土块被装上数百辆板车运往瓷窑，工人只记工钱不算土价，一车土大约可得工钱2角至5角不等。这些瓷土被运至瓷窑附近作坊，由瓷匠们将之粉碎，细细过筛，然后化浆、榨泥，制成

制碗胚（林昌峰 摄）

适合各种成型方法的坯料；再将制备好的坯料用各种不同的方法制成具有一定形状和尺寸的坯件，干燥、上釉；经过成型上釉的半成品，即在高温窑炉中烧制出窑。出窑后，来自外省或十里八乡的商贩拉着板车来采购瓷器。

考古工作者还在管阳、叠石等地发现有古窑址，在叠石乡车头村一带，至今仍有零星的瓷窑在烧制，但他们只烧制一些民间使用的碗碟、箸笼、瓮罐等。

兴盛数百年的仙蒲造纸业

王雪平

太姥山西麓的深山老林里，隐藏着一个千年古村落，它就是磻溪镇仙蒲村。仙蒲村是中国历史文化名村、中国传统古村落。村民以林姓为主，是唐末进士、金州刺史林嵩的后裔。据《林氏族谱》记载，林氏先祖来自兴化平原，即现在的福建莆田、仙游一带。为了让后代子孙记住自己的祖先从哪里来，族人便各取仙游、莆田（原写作“蒲田”）第一个字组合成村名，得名“仙蒲”。

仙蒲山环水绕，地形促狭，随着人丁繁殖，有限的土地资源和农耕产业已不能满足族群生存与发展的需要。林氏先祖将目光瞅向满山郁郁葱葱的竹林。仙蒲旧属霞浦县，自晋在闽东设温麻县，唐宋设长溪县，均以霞浦为县治。元至元二十三年（1286），中央政府以长溪县域设福宁州，以县治为州治。此时的霞浦俨然一区域都会，各行各业相当繁荣。仙蒲至县治、州治间有古官道相连，为拥有丰富竹资源的仙蒲发展造纸业创造了得天独厚的条件。

关于该村造纸业的源起与发展，仙蒲《林氏族谱》有简略记载。林氏先祖种毛竹始于元延祐七年（1320），明永乐二十二年（1424）林孟炎开始利用毛竹造纸，这是仙蒲造纸业的开端。其所生产的是一种技术含量不高、工艺比较简单的纸产品，可作为加工鞭炮、箔纸等下游产品的原料。产品主要销向霞浦市场，进而流转到福州及浙江等地。

由于市场需求大，仙蒲造纸业很快兴盛。从仙蒲通往霞浦三沙的古驿道上挑纸工络绎不绝，一担担“仙蒲纸”从三沙抵达霞浦，就地消化，或者转销全国各地。当时的三沙是重要的海陆码头，商贸活跃，远近闻名的繁华之地。仙蒲造纸业的发展，促进了与三沙和霞浦城区之间的联系与交流，亦让其成为十里八乡有名的富裕之村，村内不但开设了许多店铺，还有专门的街市出售三沙海鲜，被人们称作“小三沙”。当时流传一句话：想要知道三沙有哪些海鲜卖，到仙蒲逛逛就知道了。

自明至民国末年，仙蒲造纸业经久不衰，鼎盛时全村家家户户以造纸为业。1939年，全村180户中从事造纸的有170户，全村建有造纸楼（造纸作坊）60多座，每日

作业工人达 200 多人，日产纸张 50 担。造纸成为仙蒲村重要的经济产业和村民重要的经济来源。

清嘉庆年间，林梅济开始培植苦竹，以之为造纸原料。以苦竹为原料生产的纸张不容易招虫子，纸张的存放时间和使用寿命长，特别适合契约、合同等需要长期保存的文件。仙蒲“苦竹纸”大受市场青睐，自此仙蒲纸有了品类、档次的区分。

造纸业为仙蒲村带来了可观的财富，“富甲一方”的仙蒲人兴建起一座又一座大厝。这些大厝规模宏大，结构精细，用料考究，经过数百年风剥雨蚀，仍有 54 座至今保存完好，其中林文斋公宅、林桂英公宅、林瀚炜公宅、林丽川公宅是仙蒲古民居的典型代表。

中华人民共和国成立后，仙浦村造纸业仍保持繁荣。1956 年，农村普遍实行合作化，仙蒲村创办“仙蒲卫生纸民办造纸合作社”。1965 年，由于管理不善，合作社迁往桑园村，延续了 500 多年的仙蒲造纸业渐渐走向消亡。

仙蒲村至今还保存有造纸楼、纸坊、浸竹池、造纸工具等遗址、遗物，一些与造纸业紧密相关的民间工艺也得以保存下来，包括竹编、木雕、土窑木炭燃烧工艺等。位于村北侧的一座造纸作坊旧址原为清中后期民居建筑，后改作大型造纸作坊。其为矩形一字式建筑，穿斗式两层木构，进深 7 柱，面阔 5 间，北边后期又加建 3 间；悬山顶，厅部平板天花，前设腰檐，以两跳丁头拱承檐，丁头拱雕卷草龙、芭蕉叶束状斗。另有一座外洋纸坊旧址保存较好，房子呈一字型，为悬山顶，进深 7 柱，面阔 4 间，两间双层两间单层，北两间保存有一座将纸浆烘干成型的焙炉。

仙蒲造纸工艺

林加雪

磻溪毛竹资源丰富，造纸业历史悠久。早在 1305 年，吴氏先祖就在蓝溪创办了第一家竹纸加工坊，尔后造纸业不断发展壮大，至明清时已遍布磻溪各地。明清时期，仙蒲村村民已经开始利用丰富的毛竹资源制造粗纸，通过古道销往霞浦地区，作为加工鞭炮、箔纸等的原料。仙蒲的粗纸制造业至民国时期发展至高峰，1939 年时仙蒲村 180 户人家中有 170 户造纸。前后相当一段时间，仙蒲村都以造纸为主要经济来源。1956 年创办“仙蒲卫生纸民办造纸合作社”，由于管理不善，于 1965 年迁往桑园。1987 年，仙蒲村最终停止造纸，开始大面积种植茶叶。

一般而言，造纸工艺分为两大步骤，即制浆和造纸。

制浆

砍竹　造纸原料主要来自当年生长的鲜毛竹及其他杂竹。每年小满时节，当新长的毛竹开完枝还没长叶子时，将其砍下切断，截成 1 至 2 米长，劈开后即可（也可晒干备用）。

淹竹丝　按 200 斤鲜竹片和 100 斤海蜊灰，或 100 斤干竹片和 400 斤海蛎灰比例，将一层竹片一层海蛎灰投入纸池内（大部分村民就在自家的竹林内挖一口长 3—4 米、宽 2—3 米、深 1 米多的水池），压上石头，注满水，腌泡 6 个月。由于当时的毛竹主要用于造纸，一定面积的竹林可产一定重量的鲜毛竹，而鲜毛竹又与一定重量的海蛎灰进行腌泡，所以旧时用“几担（斤）灰”来表示毛竹林的面积。

水头造纸磨坊遗址

舂竹丝　竹片腌泡6个月后，放干池水，捞出。将较易腌烂的内层和不易腐烂的外皮及两头分开，挑回村庄用水碓或脚踏碓舂臼捣烂。

植物胶水的制作　原料为土木香藤、大胶、柳杉叶或六栗，选取其中一种。将原料捣烂放入大木桶中加入水浸泡即可。

纸浆的制作　将原料放入水槽添加一定比例的水和植物胶水进行搅拌即成纸浆。

造纸

舀纸　将帘放入帘床中，双手持平帘床，捞出水槽中的纸浆，要厚度适中、均匀，翻转帘床将纸浆和帘倒在压纸床上，掀开帘，一张纸就这样舀出来了。再将帘放入帘床舀出第二张纸，将它覆盖在第一张纸上，第三张覆盖在第二张上，反复多次，舀出一大沓浆纸后就可以压干了。

绞纸　浆纸舀完后先静置2至3个小时，让大部分水分自然渗出流走，然后盖上较旧的帘和水板，将一根长木棍的一端穿在压纸床的上面一根横木上，另一端绑上绳索用一根小木棍进行绞压，让水分大量渗出；当浆纸的高度低于上面一根横木时，可将长木棍的一端换成穿在压纸床的下面一根横木上进行绞压，直至浆纸压干。

焙纸炉侧视

夹纸角　纸浆块压干后，用竹制的镊子将每张纸的其中一个角夹起分开，以便将每张浆纸撕开烘干。

焙纸　撕开一张张浆纸，利用它潮湿有黏性的特性将它粘贴在纸焙炉的两侧上，用松针叶制作的刷把将它抚平。焙干后撕下黏成两张，即完成粗纸的制作。

蓝溪竹纸

吴敬寿

蓝溪，磻溪镇青坑村旧名。南宋景定三年（1262），蓝溪吴姓肇基先祖吴福携子由长溪梧峰（今属霞浦）跋山涉水来至鼎邑，发现了群山环抱、林竹成片、水流清澈的柯洋大溪。吴氏祖先认为这里就是避敌传世、创业立本的宝地，于是在此启土搭棚，开基立业，并将柯洋大溪命名为“蓝溪”。次年春，吴福两位胞弟吴禄、吴寿各携家眷至蓝溪助兄共创立本大业。

吴姓先祖除耕种粮食作物外，还大量垦殖毛竹。当地有位姓谢的邻翁问吴福为何在此远离集镇的荒山野岭垦殖没人要的毛竹时，吴福很认真地回答道：“20 年后您就会理解。”经过吴姓家族的辛勤耕耘，蓝溪山上竹林成片，渐成规模，继而又扩展到柯洋、凤迹洋、后田、吴阳等地。1305 年，吴氏先祖在蓝溪创办了第一家竹纸加工坊，并向邻村传授祖传竹纸制造技艺。随着毛竹的大量垦殖和造纸技艺的传播，磻溪造纸业不断发展壮大。明永乐年间，不仅有林姓、吴姓造纸坊，在凤迹洋、柯洋、桑园、里洋、溪尾、福溪等村，乃至整个磻溪镇上半区都有竹纸加工坊。

每年小满季节前后，当笋竹长到叶牙时，将其砍下切断，破成片，放入池中，用海蛎灰腌制百日，然后淘尽蛎灰水，再堆放池中，用清水泡浸，发酵百日，而后去皮，人工粉碎成浆，放入木槽捣匀，经匠人漂出湿纸张，压干，再由技工取张纸在焙炉上焙干，理齐成纸。蓝溪竹纸分三等，一等花钻，二等棋盘，三等九刀。加工坊根据纸丝（池中发酵物）质量和客户需求，加工生产三种等级纸张，产品不仅销售本地区，还销往福州、厦门和浙江乃至和东南亚部分地区，深受欢迎。

在发展竹纸业的同时，吴姓族人还加工笋干、编制竹具、生产木炭、制造排竹等。吴姓族人冬季上山砍伐松木、毛竹，放入柯洋大溪中，待来年春天，松木、毛竹流至乌杯九鲤溪畔，再架排运往牙城渡头，装船运往浙江温州、福州、厦门等沿海集镇销售。有了竹纸、柴竹、木炭等的生产销售，山区人民的经济收益颇为丰富，村村建造明楼瓦房，可谓丰衣足食。

竹纸制造业一直发展到 1978 年，今仅剩少数白发苍苍的老艺人。

历史悠久的青龙炮

翁继雄

青龙郑氏先祖自河南光州固始县入闽，先居泉州，后迁徙福宁崇儒启基，后又于南宋德祐元年（1275）迁居磻溪梨园与青龙二村。郑氏先祖迁居青龙以后，利用森林和毛竹资源，烧炭造纸，开发田地，种稻种薯，同时制造火炮（方言称“礼炮”“鞭炮”为“火炮”），农副兼顾，过上了较为富裕的农家生活。700多年来，青龙郑氏繁衍生息，久盛不衰，在地方上颇有名望。明清以来，在磻溪当地流传有许多郑氏名人的故事。民国时期，青龙郑寿文笔名著霞鼎，他当过私塾先生，写得一手好字，还懂得医术和农村中草药偏方，磻溪人称他为“青龙寿”。

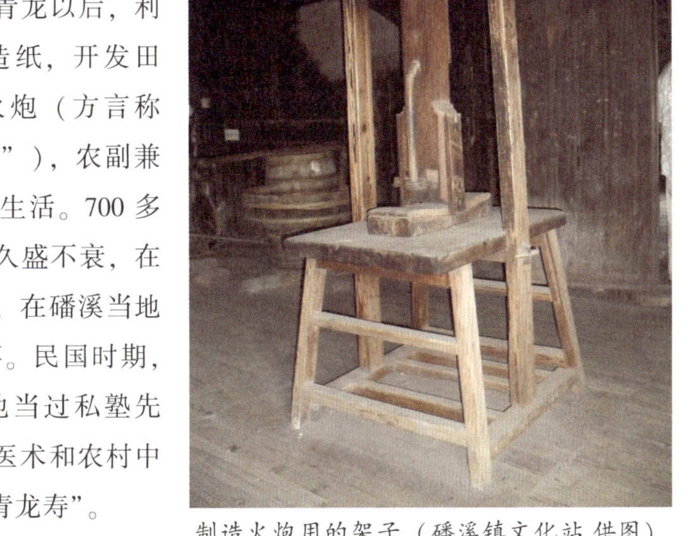
制造火炮用的架子（磻溪镇文化站 供图）

据郑氏子孙介绍，郑氏先祖学有制造火炮的一整套技术，其制作工艺大致如下：先是煎煮芒硝。芒硝的主要原料取自百年老屋底层的黑土，时间越久越好，将黑土挖出放入大锅，加上水，用大火烧煎，到一定火候时，锅中水的表层便会慢慢凝结出白色晶体，即芒硝。取下芒硝，加上杉木烧成的木炭，碾成粉末，再加上硫黄、麦麸和干黄土，经搅拌均匀后，即为制造火炮所需要的硝黄。把硝黄装进预先用工具做好的一定规格的小纸筒中，压紧，塞上泥土，再卷上数层纸，裱上色纸，扎个小孔，把用棉纸卷成的导火线安装在小孔上，整个工序就算完成了。火炮规格越大，火药放得越多，放出来时飞得越高，声音也越大。

明至民国，青龙火炮销量可观，主要销往鼎、霞、柘三县及周边地区。青龙家家户户都有制造火炮的手工作坊，农闲、雨季时人人都制造。他们利用村里造纸作坊生产出来的棋盘纸，以及自己村中提炼的硝黄配料和祖上流传下来的技术，生产出大小不一的各类火炮——双响炮和单响炮。逢年过节时，就挑往各村各户零售，有的还组织人马运到福鼎城关和霞浦、柘荣等地店铺批发。青龙火炮因质量好，几乎没有哑炮，深受用户欢迎。磻溪有句俗语“青龙炮放心”，表明了这点。逢年过节，家家户户，迎神接福，都想图个吉祥如意，于是纷纷购买青龙火炮，从而促进了青龙火炮制造业的延续和发展。20 个世纪 60 年代初，因机械化，手工业作坊被逐渐淘汰，青龙火炮渐渐退出历史舞台。

青龙单双响火炮名闻霞浦、福鼎、柘荣三县，至今老一辈人仍赞不绝口。在人们的记忆中，青龙郑氏是磻溪人的骄傲和自豪，在几百年的历史长河中，他们制作的火炮，不管是在福鼎，还是在霞浦和柘荣，都炸得最响，放得最高。

土窑木炭煅烧工艺

林加雪

磻溪镇青山绿水，森林资源丰富，仙蒲、后坪、大洋、青坑、吴阳、蒋阳、杜家、赤溪、金谷等许多村庄的村民常利用山上杂木煅烧木炭。土窑木炭密度大，耐烧，主要用于燃料，也广泛运用于取暖、烧饭、烘焙、冶金等。磻溪镇种茶历史悠久，制茶时常用土窑木炭作燃料，特别是烘制白毛茶针时用的燃料，基本上都是土窑木炭。20 世纪七八十年代，磻溪烧炭业非常发达，除了供应本地外，还大量销往浙江地区。

一般而言，烧炭工艺分为以下几个步骤：

炭窑选址　炭窑应选在坡度大约 30 度的山坡。

炭窑建造　先是挖炭窑。将山坡整为上下两个平地，高度大约在 1.7 米。从上面平地向下挖一个直径 2—3 米、深约 1 米的圆柱形窑坑，坑底离下平地高约 0.7 米。在上下两个平地之间的垂直正平面下方挖一个高约 0.7 米、宽约 0.5 米、深约 0.7 米的点火口。在窑底和点火口之间挖一个直径 0.25 米，斜度约 40 度的圆柱形火焰通道。在窑坑的前左侧面或前右侧面挖一个宽约 0.8 米、高约 1 米的缺口作为窑门，砌上内外两层石墙，中间填上泥土夯实密封，便于打开或关闭窑门，窑门能让一个成年人弓着身体方便进出即可，以便后续取木炭和把杂木装进窑内。

后是建窑顶。将杂木条沿着窑壁竖立并排放入炭窑内，直径大的一头向上，逐层向中间靠拢。短的放在周围，长的放中间，并用木楔子将缝隙塞紧，最后形成一个圆锥形。均匀地铺上一层较厚的大蕨草，再铺上一层厚 0.15—0.2 米的泥土夯实夯紧。窑顶后侧留一个直径约 0.1 米的圆孔作为主烟囱，两侧各留一个直径约 0.07 米的圆孔作为次烟囱，在 3 个烟囱上各横放一根直径约 0.05 米的杂木。

点火煅烧　在点火口架上干树枝点火，不间断焚烧半天至一天，直至窑内的杂木燃烧起来为止。窑内杂木燃烧时间一般为 3—4 天。

熄火冷却　注意观察烟囱上的烟雾变化情况。杂木刚燃烧时，烟雾为白色，杂木燃烧完成后，烟雾为青绿色，在烟囱上的横杂木折断时要及时把点火口和烟囱封闭堵上，让窑里的木炭隔绝氧气，熄火冷却。准确把握封堵点火口和烟囱的最佳时机，是烧出上等木炭的关键。燃烧时间太短，则杂木下部燃烧不全，用作木炭燃烧时就有烟雾；燃烧时间太长，则木炭密度稀疏不耐烧，还会减少产量。

开窑取炭　一般而言，夏季冷却时间约为 10 天，冬季约为 7 天。等窑里的木炭冷却到常温后，便可以拆开窑门，取出木炭。

如果炭窑建造技术过关，窑顶不会坍塌，则可以二次使用，有的可以用几十次甚至更多。现在磻溪境许多村庄的山上还保留有较完整的炭窑。

竹编手工艺拾记

翁以源

磻溪镇自古以来盛产毛竹，毛竹是磻溪人祖祖辈辈重要的生产物资和经济收入来源。1949 年以前毛竹主要用作生产生活用具和造纸原料，1949 年以后随着公路建成通车，毛竹不断外运，主要用作建筑辅助材料和渔民近海养殖、捕捞的用具。

因为毛竹可编制各种各样的生产生活用具，磻溪各地出现了许多编制竹具的能工巧匠，当地人称之为"篾匠"。这些篾匠不仅能编制出具使用价值的生活用具，还创造出许多独具特色的手工艺品。竹编行业在磻溪历史上以受邀上门服务为主，以作坊形式为辅，其工艺传承主要是靠师傅带徒弟。

根据器具的不同，其编制的方法也不同，常用的有：

编织　即用竹丝、篾片以挑和压的方法经纬交织，编成如竹篮、竹簟、篾席等器物。

刻画、车花　在竹椅竹床上刻画诗词花鸟等图案作为装饰，或将竹节车成一定形状，如幼儿坐篮。

拼花　即利用竹的表面（竹青）拼各种花草文字图案。

榫装、弯夹　将竹节制成小段进行榫卯安装，将竹节削掏留住部分用火烤弯曲夹装，可制成竹床、竹椅。

竹丝编制的灯笼

竹椅

竹制水烟筒

翻簧 即利用竹黄加工制成各种器皿，如水瓢、竹茶壶等。

竹编工艺的一般流程是，先砍下据有两年以上竹龄的毛竹，通过通节、破竹、分片、分层、刮平、划丝、抽匀、凿孔、烤弯等10多道工序，将其制成符合要求的篾片或篾丝，再用多种不同的编织方法，如挑、压、破、拼等，将其编织成各种用具和工艺品。农家经常使用的竹制品有篮、箩、筛、簟、筐、笠、箕、篓、箱、柜、瓢、壶、椅、床等几十种。由于各家都有毛竹，取材方便，且造价低廉，实用轻便，因此农村生产生活器具大多使用竹制品，几乎涉及生产生活的方方面面。

磻溪竹编在1950年前主要供各家自用。20世纪60年代，福鼎先在海洋村建立国营竹具厂，隶属于福鼎二轻局，这是当时福鼎县规模最大的竹具加工厂，竹编工人达百余人，都为浙江文成、瑞安一带的篾匠。此后，国营竹具厂带动了周边村落家庭作坊竹编业的发展，编制晒谷簟供供销社收购是当时许多家庭主要的经济收入来源。进入21世纪，随着社会经济发展转型，传统竹编产品大都被现代工业产品所取代，使用传统竹编产品的人逐渐减少，篾匠也少了，传统的竹编手工艺在磻溪正面临着失传的窘境。

赤溪竹排

冯文喜

赤溪，古村名“漆溪”，原隶属长溪望海里，是一个历史较悠久的村落。

赤溪村位于杨家溪上游，九鲤溪溪畔，明至民国有旧街道，设有商铺、手工作坊数家，主要有吴、褚、王、杜等姓居户。现保留有部分民居建筑，较有特色的是坑里垅古城堡，俗称“杜家堡”，清康熙年间由杜姓迁居肇建。

赤溪水道发源于尖峰山下的七都溪，上游有溪口、菁坑溪流到达乌杯，汇入赤溪。又有九鲤溪流注至赤溪、梨溪，进入霞浦杨家溪、渡头、田古后村，到牙城入海。内海有牙城澳、马崎澳，旧称“六都港”，与福鼎“七都港”毗邻，港中有屿叫“虎屿”“青屿”，为福鼎、霞浦两县海面分界点。

牙城的这些村落都是沿港而居，旧统称“西洋”。这几个地方出产食盐，因船舶往来形成集市。牙城旧称“衙里”，明代建城堡，又称“凤城”，设有巡检司。赤溪后来成为福鼎西南进入霞浦的一条举足轻重的水道。

赤溪航道底部为卵石，水深不一，深则 10 余米，浅仅盈尺。溪面宽阔，水流平缓。《福鼎县乡土志》载：“溪流甚大，与霞浦划水为界，行筏可达牙城海。”赤溪水流量大，所处地理是福鼎与霞浦的分界点，且在交通上以渡口竹筏带动了山区的运输发展。

春夏之交，是赤溪、九鲤、杨家溪最理想的旅游季节，溪流中几张竹筏，正在等候游客的到来。周围层峦叠翠，沟壑相间，多产毛竹，长达 10 余米，是制作排筏的理想材料。

这里的排工敬业厚道，谙熟地理水文，撑排技艺娴熟。竹筏在溪面浮，在雾中沉，排工点着竹篙，轻轻流入水际。其撑筏的身手像翠竹一般轻扬，顺水行舟，经几个来回，几年磨合，多少道弯，多少曲流，尽在心中。

民国时期，赤溪人杜琨写有《九鲤溪》诗：“一篙电掣庆脱险，怒沫千点成漩涡。平川既决澄江静，水天一色明秋河。”此诗描绘了山区水乡的溪流景象，尤其是竹排在漂流过程中的壮观景致。一张竹筏三五人，由一个排工撑行，从九鲤直漂渡头，欣赏两岸风光，可感受一次无比惬意的水乡行旅。

赤溪渡最迟形成于明清之际，是福鼎、霞浦两地水上交通要道。渡口水面宽约60米，置竹排一张，渡工一人。在当时，赤溪渡是福鼎唯一的筏渡。

山区水乡乌杯、九鲤等地盛产竹、柴、炭、谷物，经赤溪渡，坐竹排可达牙城码头上船，运往外地出售。嵛山、三沙沿海的鱼鲜，经竹排逆水而上，运到赤溪，供应山区生活所需，可见竹排在赤溪交通的重要作用。有民谣这样唱："漆溪竹排几百张，人工撑排最高强。把篙像箭飘飘走，一漂就到渡头洋。"意思是说，赤溪人都是行排高手，一篙在手，玩转山川，撑起全部的生活。

赤溪人行排撑筏的历史最早可上溯到清前中期，有黄姓族人从宁德霍童迁入此间，带来了制排、撑排的技艺，随后赤溪人出行以筏代步，所居村落也因竹排而叫名排头村。周边村落群众受到启发，也纷纷使用竹排，以运送柴米油盐及生产生活用品，竹排走水路得到普及。

竹排也可称为竹筏，普遍是由9至12根大毛竹去青后，在头、中、尾三段造孔并串，用竹篾紧扎而成的一种简便的原始水上运输工具。竹排主要用于溪流港汊划行，主要分布在山区水乡。

竹排首部弯曲上翘，载客运货时，排上需另安放一张小竹排作为"排替"，使客、货免遭水湿。竹排以人撑竹篙为动力，在溪河中，可顺流而下，也可溯流而上。但凡经过浅滩急濑，需小心谨慎，或下排涉水而行。最为辛苦的是载货从渡头返程，排工需涉水将竹排拖住逆流而上。

赤溪竹排制作技艺于2014年被列入福鼎市级非物质文化遗产，目前传承技艺的是赤溪湖底的吴金松师傅，有30多年的竹排制作经历。他曾在赤溪湖底、排头、青垅、吴洋山、东坪里及梨溪、杨家溪、渡头等地制作竹排，并授徒传习制作与撑排技艺。根据宗谱支图载，赤溪湖底渤海郡吴登朗（1762—1838）兄弟五人移居赤溪，为赤溪湖底南坪吴姓迁居之祖。传至第十一世，族人从排头村黄氏学得竹排技艺，在村中教授制作竹排。吴金松自小得其母亲教导，要求他学习做竹排技术，以便于谋生。在家人一再动员下，他27岁时师从其叔父学制竹排。大家公认吴师傅竹排技艺好，造型大方，划摆安全。他说，每年十月半到次年端午前后，他都在本地赤坪、杨家溪、渡头等地制作竹排，年做竹排数七八十张。他本人还做固定排工，年撑排百余次。

现在供游客观光的竹排多用毛竹捆扎而成，小排用11根竹，大排用12根竹。竹子细端做排头高高翘起，粗端做排尾平铺水面。一张竹筏长约9米，为安全起见，漂流载客一般不超过五个成年人的重量。

造竹排的材料需是当年生长的毛竹，在春笋长到当年的9月份间成为新毛竹后砍下即可。竹排制作工序主要是取竹、削青、晾干、握排和成形。关键工序是握排，节点分成烧龙骨、把龙骨、看火候、握竹。赤溪竹筏具有以下优点：制作简便，赤溪毛竹资源丰富，可就地取材进行制作；制作工艺精湛，得益于传统手工制作方法，工序流程清晰明了；所制竹排吃水小，浮力大，稳定性好，水上行驶平稳安全，在浅水河流中航行，无论大筏、小筏均由一名排工点篙撑驾，不会翻船。

赤溪竹排作为古老的水上交通工具，与民众的生活息息相关。竹排一般使用两年即要换排，旧的竹排搁置在滩上，是赤溪最美的一道风景。随着旅游业发展，竹排非物质文化含金量越来越高，成为水乡一处独具特色的景观。

赤溪山环水复，践行“绿水青山就是金山银山”的发展理念，形成绿色发展方式和生活方式。古朴原始的竹排也构成赤溪独具特色的景致，现今，在风景如画的溪流上漂流，已成为旅游时尚。

竹排制造工艺

杜步灿

竹排，顾名思义是以毛竹编扎排列而成的水上交通运输以及漂流工具。

九鲤溪溪边有个古朴的村落，人称“排头村”，九鲤溪使用竹排的历史就是从这里开始。清乾隆年间，黄廷菊族人由宁德霍童石桥迁入，他们带来了制排、撑排的技艺，出行以竹筏代步，并运用竹筏运送柴、米、油、盐等生活用品，竹筏渐渐在村民中普及，久而久之又在其他村逐步推广。在有“排头村”之名后，黄姓人家也理所当然成了这一带的“排头兵”。

九鲤溪竹排漂流

土改时期，村里农民无田可分，只能按人口分溪边的埠头，以便竹筏停靠。过去公路交通落后时，磻溪运往霞浦等地的公粮、竹、木等都靠竹筏运输。村里男劳力个个都是行排老手，风里来雨里去，练就一身好手艺。现在公路交通不断发达，竹排也就逐步退居二线，成为景区游客体验水上漂流的工具。

做竹排，首先是选取排竹。造竹排的毛竹需是当年生长的毛竹，待春笋长到当年的 9 月间成为新毛竹后砍下即可。这时的毛竹质软，易操作，不易腐坏。每根竹围约 0.5 米，长 10 米，竹尾直径约 8 厘米，身须直，无虫蛀。一张竹排要由 11—12 根排竹组成。

其次是削竹皮，削竹皮就是削去竹的青皮。削竹皮的目的是让竹的重量减轻，浮力增强，游速加快。削竹皮是有讲究的，得用专制的削竹皮钢刀，削去的皮不能太多或太少，多了则竹身变薄，一触石头即生窟窿；少了则竹身较重，不易拉撑。削竹皮要视竹囊的厚薄而定，一般削去竹囊的五分之三为适。削竹皮之前要先在排竹上划一条从头至尾的直线，并沿线留下宽度约 3 厘米的青皮，作为竹排的“龙骨”，以增强竹排底部耐磨性。12 根排竹通常要削 10 个小时。削罢竹皮，将其晾干，不能暴晒，也不能被雨淋，大约晾 20 天，竹身干了就可握排。

其三就是握排。这道工序最难，一要准备火把，二要搭好排架，三要四人合作（一人为握排师傅，一人烧龙骨，一人把龙骨，一人看火候），分工到位，缺一不可。握排时，师傅先在每根排竹的尾部及中部两处各凿通一个小洞，为以后小竹子穿连整张竹排用；然后烧龙骨人用火把将龙骨及竹尾部 3 米长处烧热；接着师傅将烧软的排竹按在握架上进行握竹。这时把龙骨人要把绳子系在竹中央，把龙骨朝上，不让它歪斜。师傅用火把烧尾部，边烧边拿竹杠，先用膝盖扛，再由半蹲到直立、肩扛，慢慢地把排竹的尾部握成月牙弯形。蹲在旁边看火候的人要用抹布沾水，不时抹擦师傅烧竹的地方，不让排竹烧焦。每握好一根就将其放在排架上，用钢筋穿过尾部窟窿，并用石头压住竹身。一张竹排，四人得用 12 个小时才能握好。

最后是整理。把握好的排竹一根根烧直、拼拢，再用小竹子将中部的窟窿连起来，用铁线捆绑好，便成一张竹排了。这时弄来两张竹片，绑在竹排尾部左右的两根排竹上，人们称为“排的眼睛”。同时，竹排尾部系上需一条粗绳，为逆水拉排之用。一张竹排可运货物 12 担，漂流载客时为安全起见，一般不超过 5 个成年人。

磻溪蓑衣及其制作

王雪平

蓑衣在先秦时代就已出现，那时叫作“袯襫”，是人们用来避雨的物品。

蓑衣，磻溪人民喜欢称之为“棕衣”，是他们下雨天不可缺少的雨具，穿在身上劳动十分方便。这种雨具原材料是本地山前屋后随处可见的棕榈树外皮。

20 世纪 80 年代之前，蓑衣在磻溪镇是人们必不可少的雨具。每到农闲季节，需要增添蓑衣的人都会请制作蓑衣的师傅来家里做蓑衣。包吃包住，一件蓑衣做好后付 5 元工钱。当时，磻溪镇金谷村的耿世论是主要从事蓑衣制作的师傅。耿世论手艺师从他浙江泰顺的外公。他外公祖上都以制作蓑衣为生，在泰顺一带很有名气。

制作蓑衣首先要收集棕榈树外皮，采集这种外皮需要爬到高高的棕榈树上，是一项十分考验体力的。采集树皮后，需将棕树皮制作成能够用于编织的棕线。这需要用一个铁爪，在棕叶上反复用力拉扯，此时扯下来的絮状物便是棕绒。将棕绒揉搓成线，再将较细的棕线捻成棕绳，这样它们才能有足够的强度用于编织。

耿世论告诉笔者，在制作蓑衣的过程中，最重要的是领子的制作。制作领口的时候往往要选用一个圆碗来模拟人的脖子，再将棕线围绕这个碗编织成领口。完成这一步之后，还要用手不停地拍打领口，让领子变得松软，让蓑衣变得更容易穿。完成衣领的编织后，便可以将整件蓑衣连接起来。

蓑衣

棕衣在磻溪不仅可遮风避雨，还有许多别的用途。刚打的井，人们用要棕衣包裹木炭，放置在井底下杀菌过滤；把棕衣穿在立于田间的稻草人身上，和斗笠合并使用，可驱赶破坏农作物的鸟兽；外出狩猎过夜时，

棕衣可用作睡垫，既温暖舒适，又防潮防湿；穿着棕衣，头枕斗笠，可躺在田间地头歇息，编织棕衣的棕榈所散发的气味会使小爬虫和蛇不愿靠近，可以避蛇驱虫。

磻溪人民头戴斗笠、身披蓑衣在风雨中劳作的情景，一直延续到20世纪80年代后期。随着现代轻便雨具的出现，有着古色古香韵味的蓑衣结束了它的历史使命，渐渐退出人们的生活，成为旅游纪念品和室内装饰品。

随着蓑衣的制造工艺已经式微，制作蓑衣的耿世论师傅也转身从事茶叶生意。

火笼

王雪平

火笼曾经是磻溪人冬天必备的御寒用具。

火笼工艺美观，是用一色的细竹篾丝编成的似鸟巢一样的网，里面安放着一个圆口陶钵，用来盛放烧红的木炭，火笼的上面是一根较粗的竹条弯制成的提环，仿佛一座小巧玲珑的竹拱桥。

火笼不仅美观而且实用，深受农村群众的喜爱。在冬天，火笼是农村不可缺少的御寒工具。每年冬季，村里常常阴雨绵绵，雾气弥漫，又寒冷又潮湿。老人们常怀揣火笼，找一背风地，用长衣盖着火笼坐在屋檐下拉家常或是谈笑风生，暖暖的火笼烘出农家人的悠闲与满足。如果有活干，他们就把暖烘烘的火笼夹在胯下，照样干活，一点也不影响干活的质量。

火笼除了取暖外，还给人们提供许多方便。冬天多阴雨天气，人们洗过的衣服不容易晾干，特别是襁褓中的婴儿一天要尿湿好多件衣裤，常没有衣裤换洗。能干的妈妈们常把未干的衣裤平摊在火笼的提环上烘烤，不一会儿，衣裤上就冒起团团的水蒸气，慢慢地，衣裤就被烘干了。抽烟的人可随时取火，做饭时有现成的火种。

小孩更喜欢火笼，除了用它来取暖外，他们还常在火笼里烧烤。记得小时候，我常常趁爸爸妈妈不在家的时候，从粮仓里偷来一小把糯米，将穗米一粒一粒地放到火笼钵中红红的木炭上烤。不一会儿，就听见“啪啪啪”的声响，一粒粒金黄的糯米瞬间爆成了雪白雪白的米花，像空中飞舞的雪花飘落到火笼中。这时候，我便用手中的竹筷夹起这朵朵的米花将其扔在早已准备好的报纸上，动作稍慢，这雪白的米花就被烤成黑灰，不能食用。待到米花全部夹完，我便急不可待地享受起这些米花，把它们扔进嘴里轻轻一嚼，满口清香。或是偷偷地把红薯或芋头放进火笼中，边烤边吃，边吃边烤，别有一番情趣。小小的我当时“不解藏踪迹”，黑黑的嘴巴总被回家来的父母取笑一番。

火笼还联结着亲情和友情。儿孙们早上便会烧好火笼，服侍长辈起床，使他们不挨冻，体现爱心；客人来了，递上火笼，顿时使人感到温暖。

如今社会进步，取暖器、空调这些现代化设备普及，火笼渐渐淡出人们的视野。

磻溪供销社的变迁

沈朝林

计划经济年代，供销社曾是非常重要的部门。磻溪位于福鼎偏远地带，交通运输十分不便，物资交流困难，磻溪的特产需要销出，人们生活的必用品要供应，供销社作用凸显。

磻溪供销合作事业始于1940年，据档案馆资料显示，当时即有湖林、油坑、蒋阳、磻溪、黄冈等茶叶产销合作社，生产的茶品经由香港远销西洋。1942年，上述茶叶合作社与信用社、消费合作社等合并，建立磻溪区供销合作社，主要服务于社员生产和生活供应。

供销社旧址（磻溪镇文化站 供图）

1952年5月，福鼎县合作总社成立，随即在点头、磻溪试点建社。先设立赤溪木竹收购站，举办物资交流会，并于当年12月正式成立磻溪区供销合作社，负责人为叶茂仁。

1956年实行社会主义改造，收纳私营工商业加入供销社，供销社经营网点逐步发展。在党和政府的领导下，遵照经济发展方针政策，供销合作社以保障发展生产供给为己任，成为农村商品流通的主渠道。在农副产品收购方面，积极开展“小春收”“小夏收”“小秋收”等“四野”6大类共51种土特产品收购（如野生淀粉、野生纤维、野生药材、野生化工原料、野生动物毛皮等）及柴、竹、炭等产品收购，以此提高山区农民的经济收入。在发展生产方面，大力扶持毛竹种植、长毛兔养殖及香菇、蘑菇等食用菌种植，生产、调运和供应“5406”菌肥、商品杂肥（如豆饼、骨肥），认真做好化学肥料和农药、农膜等的供应，调剂耕牛，改良、修配农机，种植紫云英（绿肥）、油桐、乌桕，调供甘薯苗，发放生产扶持金等。在生活资料供应方面，由柴、米、油、盐、棉被等生活必需品的批发零售，逐步发展到副食品、图书、家电、旅社、医药供应等，几乎囊括了当时所有的生活资料供应。

1957 年，为活跃山区文化生活、普及农技知识，全社 11 个供销站设有图书专栏，还组织货郎挑担下乡，带上图书、年画到偏远村落，供应村场知青点。社图书门市部管理员林振协积极帮助磻溪、湖林等 5 个生产大队建立图书室，办好文化站。是年，磻溪供销社图书发行量达 3 万多册，被授予全省农村图书发行先进单位称号。

20 世纪 60 年代，磻溪供销社组建了 10 多个货郎担送货物至偏远村落，以满足偏远山区人民的需求。至 1986 年，磻溪供销社“两棉赊销”金额达 14.36 万元。随着服务的深入，供销社得到壮大。

1978 年，磻溪供销社共建有 11 个购销站，8 个门店批发部，在职职工共计 104 人，年购销总额达 297 万元。1989 年，全社共有门店、场、厂共 37 个，还有磻溪、湖林 2 个合作商店，油坑、炉屯、五蒲岭 3 个代购代销店，设有湖林、外洋、桑园、仙蒲、后坪、金谷、杜家、赤溪、蒋阳、溪口、海洋、大洋 12 个购销站。

1978 年，湖林供销站老站长金树峰，带领全站 5 名职工，年收购锄头柄 8000 多条、竹制农具 1600 件、纸竹 3000 担、柴片 8000 多担等，连续多年创下购销额过百万元的可喜业绩，多次受到县地两级供销社嘉奖，连续三年被评为全省供销系统先进集体。同期外洋购销站购销额创下购销额过百万元的记录，赤溪购销站也达到 80 多万元。1980 年起，为发展蘑菇、香菇种植，供销社建立菌种生产场，建筑面积 800 平方米，仅 1982 年就生产优质菌种 30 万瓶，香菇菌 3 万多条，并培训生产技术指导员 13 名，为全镇菇农提供技术指导服务。菌种场负责人吴恒石于 1987—1989 年连续三年被评为宁德地区供销系统先进工作者。1982 年，供销社主任陈永局努力加强企业内部管理，被评为宁德地区供销社先进工作者。1986 年，磻溪供销社与吉林省抚松县供销社野生植物加工厂联合经营，在浙江省龙港设立中药材经营部，年经营值在 28 万元左右。1989 年，供销社社有茶场产值达 30 万元，茶叶初制厂加工毛茶 1500 担，茶叶精制厂加工精茶 1200 担。1990 年，供销社主任沈朝林被授予全省供销社系统先进工作者称号。

磻溪供销社集镇设有棉布、百货商店，有生产资料供应门市部、工业品批发部、副食品批发部、医药批发部、水产批发部等部门，建有菌种站、茶叶初制厂和精制厂各一个，冷饮厂、书店、旅社若干，在海洋村辟有 50 亩茶场，在浙江龙港开办有参茸经营部等。1989 年，磻溪本地购销总额达 587 万元，累计固定资产原值 43.76 万元，自有流动资金 49.1 万元。当时建有社产 30 座，建筑总面积 10650 平方米，其中购销站 3494 平方米，仓库 1970 平方米，集镇营业厅 3370 平方米，广场 800 平方米，是为鼎盛时期。

随着改革开放的深入发展，计划经济时代供销社所承担的农村商品流通的任务已被市场经济所取代，加上历年来因政策性原因造成经济损失和人员费用负担，供销社经济包袱愈加沉重，经营规模日渐萎缩。如今供销社依然存在，却已渐渐淡出人们的视野。

供销社曾为磻溪经济的发展作出不可磨灭的贡献，在服务“三农”、保障供给的工作中创下累累硕果。

柴三机

王雪平

柴油三轮摩托车，俗称“柴三机”。因其声音浑厚，上坡时发出“嘍嘍”声，所以被乡人称为“嘍嘍子”，也有称其为“三轮嘍”。因其身轻，动力强劲，速度快而又有顶棚，既可载物又可载人，收费合理，所以很受乡人的欢迎。通常一辆“柴三机”可以载客10人。早期“柴三机”简单粗陋，平衡性差。后“柴三机”经过改进，装备了差速器，部分改为由方向盘控制转向，性能得到提升。

20世纪八九十年代，“柴三机”是磻溪镇通往各个自然村最重要的交通工具。当时镇政府工作人员及学区领导下乡都是雇这种“柴三机”的。

“柴三机”的司机一般没有参加过培训，安全意识较薄弱，会开摩托车的人就会开“柴三机”。当时整个磻溪镇有近60辆“柴三机”，他们都有固定的路线，有磻溪往白琳线，有磻溪往湖林线，有磻溪往金谷线，有磻溪往溪口、赤溪线等。每条线选一名队长，由队长专门负责出车顺序，一般每辆车客满10人即可出发。要是半路上遇到有人要乘车，则那人只能站在车尾。“柴三机”身轻，平衡性差，转大弯的时候，司机如果不小心，很容易发生侧翻。

在当时，林义成和蔡万招初中毕业后就去开柴三机，每天可以赚上百元，让他们还在读书的同学十分羡慕。周末走路回家，如果碰上他们的车，他们还会免费捎我们一程。

跨入21世纪，随着经济的发展，安全性高的中巴车逐渐取代了“柴三机”。交通部门也明令禁止“柴三机”上路，于是，“柴三机”慢慢退出了市场。

人物春秋

礌溪人物忠节义行录

周瑞光

林透　行九，字巨霞，礌溪林氏二世祖，人称林九公。宋末山东寇乱，朝廷派御史林鋐督兵讨贼，林透随军征战，以骁勇称，匹马冲入敌阵，所向披靡，因功敕封“山东上将英烈侯”。今山东、浙江、福建等地民间设林九公神位，奉祀不绝。

杜懿妹　字淑贞，乌杯杜应鸿女。年十七，贼掠九都，从母在十都上澳（《福宁府志》作秦屿），将航海以避之。贼逼，遂投崖，陷于淖。母诳贼女多怀金，贼以枪援之，奋跃就深而死。尸乃流至将江浔间。

杜子新　乌杯人，廉介重义，教谕吴江，为邑宰萧韶所重。有粮役数十人得罪于宰，醵金浼子新求直，子新坚不为动。

吴子久　字德可，青坑人。家贫，负大木远鬻。见树下遗金，坐侦还之。倭寇至，全家被掳。身受严刑，哀求愿代父死。寇感其义，并释之。后迁秦屿。孙士镜为邑开科举人，亦极敦友爱。与胞弟分居，相抱泣曰：“从此骨肉疏阔，不得如畴昔相聚唉。”哭声达四邻。

周文绪、林茂龄　周文绪，黄冈人。林茂龄，礌溪人。俱明诸生，清顺治间山海寇发，众推为乡长，立栏固守。已而寇悉众至，力不能支。寨破，皆被杀。

林兆志　字君明，礌溪人，急公好义。清顺治十四年（1657），海寇登岩，攻邑之十五都南门寨，志率众御之，寨破，力战而死。

林兆森　字君秀，礌溪人，岁贡生。清初，山寇跳梁，众推为乡长，力筹保障，以卫桑梓。

林兆翀　字君起，庠生，清顺治间贼氛未靖，众推为社长，率族人立栏于南门岭，并力拒贼，贼不敢侵境者十余年。

周乾京　字敦山，黄冈人，好施舍。尝收回里中炉屯庵失管田百数十石，以数十石给僧众，余悉以充地方公益。福宁州守旌之曰“梵刹重光”，邑侯熊煌旌之曰“淳懿之遗”，里人尤咸颂其德。邑修建文庙、城坝，捐助多金。殁，祀兴文祠。子鸿光，孙延凤，侄孙延勋，曾孙筠，复能世守其德，亦以兴学功，与乾京并享祠祀。

林学焯　磻溪人，字元斐，例贡生。赈贫恤寡，施棺营冢，靡不尽力。岁饥，出赀运粟，所活多人。复建秦公、百步等桥，清乾隆九年（1744）霞浦邑侯蓝公以“乐善不倦”旌之。

林祖植　字滋若，磻溪人，国学生。族有未婚而适夭者，其妻自经以殉，族人谋归丧，以贫中止。植曰：“彼不惜一死以殉夫，丧不归，何以励贞节也?”迎其榇合葬之。

林鹤立　字鸣斋，樟柏洋人。清嘉庆辛未，岁不登。明年，四野嗷嗷，邑侯谭公抡劝赈。鹤立慨然乐从，民赖以济。旌之曰：“任恤可风。”

林希皋　磻溪人，字于九，拔贡生。文名颇噪，顾不屑于科名，授徒里塾，乡后进多出其门。性和平而勇于为义。清咸丰辛酉，浙匪入鼎地，县城失守，逃卒散入各乡，索诈财帛，甚至诬殷户为匪党，捕者踵至。他星驰控诸当道，脱累者数十家。

张奇泌　阜坪（今后坪）人。父早逝，母卧病三年，亲侍汤药，及卒，哀慕不已。张氏故有宗祠，仅蔽风雨，泌以修葺为己任，公款奇绌，竭力经营，佐以己赀，得完竣，至今宗族称焉。

林大可（1870—1940）　名咏奇，字清昭，磻溪人。清光绪癸未年（1883），年方十二，应县试、府试，俱名列前茅。院试后，拔入郡，即食廪。福建省法政专科学校毕业后，曾任双魁书院及福建省师范讲习所教席，福清县教谕、训导、县知事等职，为培养师资，竭尽心力。清光绪三十年（1904）从新加坡返乡后，益重教育，遂邀请当地士绅陈筱猷、周宝冕等商议，将当时十二、十三都“十班”公租60担作为基金，翌年创办磻溪小学，为桑梓培育人才。林大可喜爱读书学子，每在亲朋或附近私塾遇有聪敏好学子弟，必动员家长送其子女升学。暮年退居乡里，志趣高洁，素以“隐居以求其志，行义以达其道”而自勉，在书斋中题联“修孔孟学，达不离道，穷不失义，尊崇德望，是为本量；读秦汉书，贤者兴邦，庸者误国，品论人才，取其所长”。著有《担庐》《留耕处》《寄闲斋》等诗词文章。1940年病逝。

林家凤（1875—1930）　号啸田，磻溪人，清廪生，历任福鼎县第一、第三高等小学和省立第三中学教员，以及福鼎县自治会谘议、县志局编修、县劝学所所长等职。1914年，为县知事赵某诬报惑众“匪首”，逮省究办。幸经众议院议员朱腾芬为其昭雪冤情，始获出狱。林家凤生前诗吟尚多，杜琨曾为其编辑成集，惜遭回禄，化为灰烬。

翁向岁、吴碧娇　夫妇，桑园人。1934年10月参加革命，时任霞鼎二区交通站交通员，担负“后坪—仙蒲—马兰溪—大洋—吴阳—赤溪—硖门瑞云”一线情报收集、传递及军事物资、药品、生活物资、人员输送带路任务。他们多次被敌人围追堵截，死里逃生。为避开敌人眼线，他们以开豆腐店为掩护，从事情报传送工作，常星夜钻草丛、山林传送情报，出色完成了上级交办的任务，受到表扬。霞鼎根据地遭破坏后，他们坚持隐蔽斗争。

1949 年后，经福鼎县人民政府审定，翁向岁为第二次国内革命战争时期“老游击队员”，吴碧娇为“老交通员”。1985 年 9 月 1 日，政府向他们颁发“五老荣誉证书”，两人同时享受“五老津贴”直至逝世。

桑园翁氏先贤选录

翁以源

翁十四　谱名御，乃桑园翁氏肇基祖翁宏济之曾孙，桑园翁氏第四世祖。据桑园翁氏谱牒记载，翁十四在唐末五代十国时期入仕，官授银青光禄大夫（诰命将士郎），统领军队守隘长溪白琳寨36年，至北宋建立后解戍归里。推考，翁十四约生于唐末五代时期，跨五代，卒于北宋初太宗年间，《福鼎县志》《福鼎文史》及《翁氏族谱》均有记载翁十四之事迹。白琳寨古遗址今犹在，还可挖掘到五代时期的青砖等文物。

白琳寨遗址

五代时，中国南方分裂为十国，浙江属吴越国，吴越王为钱镠；福建为闽国，闽王为王审知。闽王为了巩固自己的地盘，预防吴越王钱镠的侵犯，征集大量民工在边境建关修寨，其中在福鼎就建有分水关、叠石关、后溪关和白琳寨等。白琳寨为后梁贞明年间所建，当时设有重兵，扼守古官道。后晋天福四年（939），闽王曦称帝，派翁十四与谢偓一同领军驻守白琳寨。后晋开运二年（975），闽国为南唐所灭，翁十四率部归顺南唐，继续在白琳寨任职，担任抗御吴越国的使命。同年，宋太祖攻灭南唐，福建被宋朝所统一，翁十四率全体兵勇也于当年归顺宋朝，之后解甲归里，不久善终，死后坟葬倪洋南山下。后代为他夫妻立庙，为一方福神。

翁懋　字勉公，桑园翁氏第六世，生于后梁乾化元年（911），为现霞浦下水坑翁氏之上祖。翁懋16岁父亡，于五代乱世之秋奉信明教而成方士，受闽王之臣王倓宠睐而收为义子，授长溪县令。后闽王诸子内争，王倓受牵连，翁懋弃官隐居于长溪县北百里之外曰冯坑之地，其三世孙翁颜四迁霞浦下水坑。

翁易　字吉甫，号复轩，生活于南宋时期，具体生卒时间失考。南宋中乡举，朝廷任命官衔之时，逢父去世，居丧守孝三年，失去为官机会。族谱记载：“公性齐神，清名高价，重读书明理为宋真儒，寻中乡举奏名擢用间，以居父丧，不果行而终老于家，呜呼！惜哉。曾以族谱为念，用心纂述，以为后人之贻谋，荷公之攸庇为何如!”所著族谱序言传于今，署“朝请大夫十四世孙复轩翁吉甫序”。

翁廷相（1488—1561）　字良弼，号草堂，大明正德己卯科中试福建省举人第五十二名。生于明弘治元年（1488）十月十六日酉时，卒于明嘉靖四十年（1561）十一月廿一日酉时。寿74岁，墓葬霞浦县三十四都职田庵后林其父泽公墓右边，妣林氏孙氏刘氏杨氏，子一曰旦。中举人之后北上会试，有友赠诗《送桑园翁草塘北上会试》，诗曰：“江水江风去路赊，秦川回首白云斜。明年疋马长安道，十里香尘香杏花。”中举后始授广东惠州府龙川县学教谕，分俸养亲，不纳馈贽。署县八个月后，擢浙江温州府平阳知县。福鼎分水关关隘城墙为他任平阳县令期间所修缮。

翁旦　字体晋，号龙溪，翁廷相之子，州学廪生。明嘉靖三十八年（1559）岁贡，拔浙江温州学训导，丁父忧后，补江西抚州府安乐县学，升江西袁州府万载县教谕，署万载县，复升抚州府通判。

翁茂槲（1493—1546）　字文济，号双溪，州庠生，例捐受朝廷散官七品京官。家境优渥，富甲一方，性聪敏博，仗义侠行，好施济困，交友于上层人物，声闻于闽浙界邑，邑间称之“翁四相”。与状元翁正春为挚友，受京官访状元翁正春，状元撰文《钦赐状元及第礼部尚书兼太子詹事侯官宗人翁正春送双溪回闽序》赠之。

武状元林汝浃

白荣敏

林汝浃（1178—?），字伯深，号则庵，南宋福建长溪县劝儒乡望海里九都花门头村（今磻溪镇磻溪村）人。幼年资质聪慧，通读四书五经、诸子百家，并随父习武。25岁入泮宫就读。擅长诗赋，出口成章；又因刻苦磨炼，武技压群。南宋嘉定四年（1211），中右科状元（武状元），两授合门舍人，外放地方历知四郡。于知郴州任上告老返乡，在老家修建大洞庵（双魁书院），延聘良师课读儿孙，影响深远。

少年：勤奋好学，志趣非凡

南宋淳熙五年（1178），林汝浃出生。沿袭林家尚武崇文的优良传统，林汝浃幼时在大洞庵读书，跟秀才出身的老僧习儒业，同时跟随父亲林樗习武，强身健体。由于刻苦用功，他练就一身好武技。又由于勤奋好学，天性聪慧，几年间他的学问大进，举凡四书五经、百家诸子无所不通；课暇吟诗作赋，往往出口成章，亦可见其非凡志趣。

相传有一日，他向邻居王铁匠购买剪刀，这铁匠亦颇风雅，偏要考他一番，命以剪刀为题，即兴赋诗，如作出，情愿赔本送他，作不成那就不卖。林汝浃略加思索后，开口吟唱二首："一双蒲剑两边开，几向红炉炼出来。寄语嫦娥须展手，蓝袍急剪为君裁。因缘一合一番开，用尽机关磨就来。全赖中间腰用力，罗衣长短任君裁。"王铁匠听后拍案叫绝，随即拿出一把锋利的剪刀相赠。

又一日，林汝浃到村头一位远房族伯家贺寿。这族伯也是读书人，厅堂摆设讲究，壁间书画琳琅满目，他见汝浃文质彬彬，十分欢喜，遂以壁上一副《松竹梅边鹿鹤图》为题，命赋诗一首。林汝浃脱口吟道："鹿鹤昂昂梅竹前，松青竹翠鹤千年。莫教一日风雷发，松竹成林鹤上天。"这深刻的寓意，远大的志向，使林老伯大为惊叹，从此爱惜不已，视同己出，帮助汝浃顺利完成学业。

中年：文韬武略，清廉自守

林汝浃于南宋嘉定四年（1211）考中武状元，那年他34岁。

在我国古代，称考取武进士为“跳龙门”，“一登龙门，则声价十倍”。而通过殿试作为全国第一的武状元，被世人叫作“独占鳌头”，实属不易。宋代殿试武举，始于仁宗。先试骑射，然后试策，“以策为去留，弓马为高下”。可见，中武状元，光武艺高超还不行，还得有出众的文采和军事理论素养，要求文武兼备。宋梁克家《三山志》载林汝浃：“武举正奏，状元。字伯深，长溪人。合门舍人，历四郡。”正奏即为正取，是金銮殿上凭自己过硬的本事考取来的功名。

考中武状元后，林汝浃两次担任合门舍人，负责执掌皇帝朝会、宴享时赞相礼仪，看来这位新科状元颇得皇帝的青睐。有一年中秋，宋宁宗赵扩与群臣登宴万花楼，令群臣咏新月诗以助兴，林汝浃即席奉呈一律：“高压群星出海涯，清光不许乱云遮。上悬碧落三千界，下烛红尘百万家。陶径柳疏金影现，谢庭帘卷玉钩斜。嫦娥特地通消息，报道君家有桂花。”宋宁宗阅罢，称赞不已。

林汝浃若干年后外放地方，先后任英德、柳州、琼州、郴州等地知府（知州）。任上均清廉自守，节俭自处，节操无亏，耿耿于国家大事、国计民生。《宋史》记载，南宋端平元年（1234）十二月，他在知郴州任上向皇帝提出辞官时，还不忘递呈奏本。“丁未，知郴州林汝浃辞，奏至‘招刺军兵所补虚籍十不二三’，上曰：‘方今诸路兵籍多虚。’汝浃奏：‘诚如圣谕。’又奏：‘二广郡兵最少，臣守英德，目击其弊，不住招填。今须严督州郡招刺强壮，勿为文具，庶使各有武备。’又奏：‘浙郡楮滞钱悭，乞严秤提。’上曰：‘诸处会价亦未甚登。’奏云：‘会价正在人措置，旧楮民习低价已久，新楮亦须渐令流通，久而自信。’上然之。”林汝浃目睹国家兵员虚缺、军费冒领、滥发纸币、通货膨胀的积弊，谏言皇帝充实兵役、壮大武备、加强国防，同时严格货币管理，使之正常流通，对国家大计怀殷殷之情。

晚年：课读儿孙，节俭自处

林汝浃所处的时代，神州板荡，就在他中武状元的1211年，称大汗已6年的成吉思汗南伐金朝，此后北边烽火不断，但南宋朝廷偏安南边，空有一身文韬武略的武状元亦无用武之地。南宋端平元年（1234），林汝浃向理宗皇帝告老回乡，理宗皇帝感念这位勤勤恳恳的武状元，传旨褒功，赐白银万两，派人在其故乡磻溪建盖状元坊和状元府。但林公生平不好铺张浪费，经再三请求，同意营建从简，宏伟壮观的状元府并未建成，只在林氏宗祠外建了一座石坊，仅花了500两银子。余下9500两，一则在故居前开了一条九曲通道，九曲通道旁绕围墙贯穿整个村落，便利行人往来，因而此地就名“九曲里”；二则用来重修大洞庵。据磻溪林氏族人介绍，扩建后的大洞庵有单层五栋，四室一厅，后名为“双魁书院”，两旁凿月池称凤鸾池，喻培养后人，造就人才。林汝浃和其子林健翁亲任书院山长，广收学子，延聘名师教育子孙，筹集公租（香灯田）300担以供膏火束脩之用。自此之后，簪缨继世，忠孝为则，诗礼传家，清廉自守，代出能人。

双魁书院作为林氏子孙受教之地，英才层出不穷。如与林汝浃同为七世的林桂发和九世林宋卫先后中进士。特别是十世林栋，字景硕，开庆初年元兵入侵，林栋满怀一腔忠义报国之心誓为保家卫国。彼时，文天祥被委任为赣州知州，林栋追随文天祥抗元。南宋景炎二年（1277），元兵副帅李恒率骑兵驰救江西危急，文天祥苦心经营的江西抗元局面急转直下，进攻赣州的张汀、赵时赏部和进攻吉州的邹凤部，均被元兵击溃。元兵穷追不舍，在方石岭和空坑（今赣县空垌山）的战役中，宋军大败，林栋不幸被俘，元军许以高官厚禄，诱他投靠。林栋严词拒绝，拒不屈服，饱受严刑拷打，同吴文炳、萧敬夫、萧焘夫等抗元名将在江西隆兴以身殉国。林栋赤胆忠心、舍身为国的情怀与林氏忠义之情一脉相承。

磻溪地处偏僻山区，但景致优美，层峦叠翠之中曲水萦回，平畴交错，宛如画中仙境，而文教事业和清廉家风就如这自成单元的山中风景，令人瞩目，究其原因，与双魁书院的长期润泽教化不无关系。

艾隐先生林君墓志铭

黄 震

宝祐乙卯岁，余应乡书，闻有高才卓识、持衡风帘间者，是为林君桂发，而未果识也。余既窃第归，君来从事府幕，一见如平生欢，而未繇款诲益也。后四三年，再会君吴门，与语夜参半，君衮衮谈古今，析义理，如倾河汉不可休，知其学必有自来，而未能悉也。自是每见闽之士，必问君家世，皆言君艾隐先生之子。艾隐古学古心，超然不与世接，君亦刻厉先志，坐是偃蹇于世。余于是益敬之伏之。又十年，余归自江西，君适从事沿海制司之幕，因得请问艾隐先生详委。君乃愀然言曰：宦游日久，先君墓犹未铭，正欲以属之子。余谢不能再三，明日以其状来，又辞至再三，皆不获，乃敬为叙其事而次之。

先生讳守道，字守一，自孩提已嶷然不群，耻与群儿弄。十岁失怙恃，卓有大志，刻苦读书。蚤工诗赋，年十五即叹曰：破碎非吾学也。改学经，又叹曰：破碎犹吾前日诗赋也。改从晦庵先生游，愿闻大道之要。裹粮束书，至中途闻晦庵讣而返，慨然闭户力学，精思实践，如及考亭之门焉。夫世之士生而读书即以科举为的，既得之矣，即复浑浑利禄场，至老死不知省。其或能付得失于分定，知义理为先务，又必得大儒为依归，开其所从入之门，而塞其所不必游之途，然后知自拔于流俗。如先生幼孤自奋，以词赋破碎不为，而改经学，又以经义亦害道，不为，而改求大儒为之师，求之师不偶，复归而求之有余师。譬之于水，万折必东，不极不止，非大丈夫而能尔哉？然则先生之视势利为何如矣！性刚直，每面折人过，乡闾多畏惮不敢为非。盖其修身践言，所以率先人者深也。能豪饮，饮至数斗不乱。吟笔天成，辄出人意表。尝独行冥思，忽有所得，大笑，声振山谷。此皆奇气之所发见，而世莫测也。然则使先生而获遇于世，又当何如矣！家贫仅终伏腊，而赋佃租特宽，不择美恶燥湿辄概人，乡父老以此德之。桂发捧乡书，至讲以为积德之报，而不知此于先生未足窥毫末也。

呜呼！士患为科举累，不志于道耳，而先生志于道矣。士志于道，患质弱不足于用耳，而先生有奇气矣。士有奇气，患脱略细行，与人或少恩耳，而先生于乡曲细弱尽情矣。然犹卒不一遇于世，此命也，于君何有而以得于外者为轻重哉？然亦安有积之厚者发不宏，而必于其身也哉？先生之先出比干。比干以谏死，其子坚避难长林山，因以林为氏。武王封坚清河，林放从祀先圣，封清河伯，盖袭坚之旧。如雍、如楚、如不狃，皆以名节见《春秋左氏传》，故春秋时林氏惟鲁为盛。其后林禄从晋元帝渡江，遂为江南人。禄十一世孙孝宝守泉州。又为闽人。唐僖宗乾符二年，有先辈公自闽擢进士第，与衙推公兄弟竝兴，子孙繁衍。故自唐以来，林氏又惟闽为盛。至昭宗，有光州之固始林氏随王潮兄弟王闽者，实在先辈公既显之后人，先生别族尔。先生之父讳晞颜。祖讳顺夫，尝以三舍法升上庠。曾祖讳团。先生生于某年某月，以端平元年十二月晦日夙兴盥頮，不疾而逝，年若干。淳祐元年十一月望，葬茶溪之南。娶陈氏。方窆葬时，陈氏犹在，诸孤不忍预死其亲，不并为陈氏拊穴。陈氏卒，又不忍穴先生墓傍，遂起义别葬。子男三人：宗旦、如坦，皆有文名；桂发，受业晦庵之门人信斋杨公复，以继先志，登丁未进士第，今以沿海制司干办公事秩满赴班。孙男四人：曰略、曰拓、曰抃、曰玉芝。玉芝入太学，桂发子也。孙女万全。先生多遗藁，庚子阙多不存，存者若干卷，藏于家。晚犹嗜《易》，积十年，精通卦义，滨死尚吟诵不辄，易箦置《易》床头。

铭曰：于戏！此艾隐先生林公之阡。艾隐贵不以爵，寿不以年；世有贵且寿于艾隐，未必如艾隐之家之能世其贤。然则方来者其可量耶，于斯乎可以观天。

（本文摘自《黄氏日钞》）

编者注：黄震（1213—1281），字东发，南宋思想家，东发学派创始人，学者称于越先生。南宋慈溪古窑（今浙江慈溪市掌起镇洋山黄家村）人。宝祐四年（1256）进士，任吴县县尉，后又摄吴县、华亭及长洲县事，为官清廉，不畏权贵，正气浩然。黄震主张理是“四时行，百物生”的“自然之准则”，著有《黄氏日钞》100卷。

元解元林仲节

吴守峰

元至治三年（1323），林仲节力挫江南济济文儒秀才，荣登江浙行省癸亥科乡试解元，并以次年进京元大都，顺利通过御试，名列二甲。继林仲节之后，泰定四年（1327）李黼榜，闽东古田的张以宁也入进士榜。林仲节是当时华东片区的科举选试之魁。林仲节一生“杭州中魁，北京登第，上海主政，苏州致仕”，在苏杭、京沪间书生意气，文斗冲天，笑傲几多文人骚客，成就了江南科举的一段佳话。

林仲节生长在磻溪镇仙蒲村，活动在元代中晚期。依林氏祖传手抄稿推测其生卒年，应是生于元大德十年（1306）九月十五日，卒于元至正二十四年（1364）十月。清嘉庆《福鼎县志》：“林仲节，字景和，即都（福鼎十三都）之仙蒲人也。少聪慧，一览成诵。元至治四年癸亥科举人，浙江行省（实为江浙行省）第一人，元泰定元年甲午张益榜进士（中浙省解元，举泰定进士），授州判，以酒后恃才，降句容司税，升华亭尹，迁知吴江州。”清雍正钦定《古今图书集成》是我国现存规模最大的古代类书，其《理学汇编·文学典》有林仲节（文学名家列传七十六）。《四库全书》也说“林仲节……有书经义、四灵赋行世”。卷帙浩繁的《全元文》记述“林仲节，字景和，举泰定进士，历集庆路句容县尹、松江府华亭县尹，迁吴江州知州”。

在疆域辽阔的元朝，科举不可能照搬两宋以州为单位的乡试模式，而只能以行省大区划为单位进行。福建为江浙行省一部分，故士子参加江浙行省乡试。元代至治年仅三年，开科的年份是至治元年（1321）辛酉科和至治三年（1323）癸亥科。林仲节中举解元的时间是1323年癸亥科，而泰定元年张益状元榜系1324年甲子科，非甲午科，《福宁州志》《福宁府志》《福鼎县志》均作“泰定元年甲午”，应是照转之误。明黄仲昭纂修的《八闽通志·选举》“泰定元年甲子张益榜林仲节至治癸亥江浙省试第一人”应是确实的。

仙蒲《林氏宗谱》记载了林仲节的生平，称之为“月廉公”。林仲节的先祖是唐进士“闽中之全才”林嵩，至今在仙蒲林氏宗祠还珍存着金漆朱丹、富丽堂皇的“林嵩”神主牌位，它正面刻有称号、姓名及谥号：“大唐僖宗朝登进士官授礼部侍郎林嵩公之神主”字样，背面注明立牌于清道光二十九年（1849）。整块神主牌构思缜密，匠心独具，顶部为镂空双龙头木刻，底座鹤雕，精巧典雅细腻，并通过和谐对称、顾盼回旋等表现手法，用传统的各种吉祥图案来喻事、抒情。建于元代的仙蒲书院，培养出了林仲节这样杰出的儒生。《福建省志·教育志》载，至治三年（1323），也就是林仲节中解元的那一年，“福鼎县设仙蒲林家义学。元一代，福鼎中举者凡 9 人，其中仙蒲林家占 8 个”。无疑，林仲节是福鼎最有名的年少折桂的士子，其中举后的连锁效应，就是造就了世泽绵延的“书香门第”，流风遗韵百年不绝，至清咸丰年间，福建省学政吴保泰为林仲节衍裔贡生立匾“贡元”“选魁”，至今煊赫犹存，延续着祖上的人文流芳。

元代乡试中选的全国举人仅 300 人，从举人中录取的进士仅 100 人，再去掉右榜 50 名，落到汉人、南人头上的简直少得可怜。而且为防止汉人、南人占有科举优势，就是这区区 50 名进士，实际上几乎从未取足额。江浙行省分配到乡试举人名额历来全国最多，共 43 人（其中蒙古人 5 名，色目人 10 名，南人 28 名），但对争跃龙门的儒生来说，还是杯水车薪。江浙行省原系南宋故地，是全国儒学文化水平最高的地区，儒学教育体系完备，文风昌盛，人才辈出，甲于天下，每科赴试者多达三四千人，去争取 28 名举人名额，中举率不及百分之一二。江浙行省共有 33 路，福建只有 8 路，福建考生不占地利，至江浙行省治所杭州，驿路艰辛、奔波劳顿亦影响应试。要在 28 名之中占有一席之地，委属不易。如果要独占鳌头，那更是难上难。林仲节科考登第高中江南解元，出类拔萃。

元一代福建乡试合格者仅 70 人，至今可知姓名的进士不足 40 人（《福建省志·人事志》）。“自延祐甲寅举进士，先后为科十有二，闽士之魁浙闱者凡四人，若晋安林仲节景和、邵武黄清老子肃、建安雷杭彦舟，皆登甲科，跻仕中外。”（《林登州集·贡元周先生墓志铭》，晋安郡包括古温麻今福鼎一带）福建士子大多悉皆落榜，因此，学台批语“福建若无林某某，满船空载月明归”，说的就是林仲节为福建士子争了光。据说同年江浙乡试福州路入闱的还有林同生，列榜第 13 名。

林仲节在进入官场之前熟读经史、磨砺文才，明万历《福宁州志》记述其人作品存目和性格遭遇：“有《书经义》《四灵赋》《□载程文》”，“以才见忌”。现存《四灵赋》是林仲节江浙乡试时的中举之作，堪称考赋典范，中选者的墨卷被列为科举范文刊印，原文见于元刘贞编《新刊类编历举三场文选》，为日本嘉靖堂文库藏元至正元年（1321）刻的海内孤本。他在赋中称颂圣君，宣扬理学观念，配合了元廷尊孔崇儒的文化政策，发挥“赋以明道”“赋亦载道”的社会功用，归结出“麟兮仁兮，凤兮文兮，龟龙神兮，今世之珍兮，礼乐斯兴，道厥淳兮，于赫盛德，维皇元兮”的结语，明确地肯定四灵之符瑞意义与圣德之感天应地。全篇文辞古雅，气韵苍古，甚邀时誉。《四库全书总目·积斋集提要》记载同年乡试的鄞县人程端学所作《四灵赋》“词气高迴，因得与选”。那么作为头榜的林仲节《四灵赋》自然更甚。当时总考官、初审和复审的评卷官做出了很高的评价。初考宋提举士元批：“通场赋卷，浅陋者类取给事料于韵书，言又人同，不有知其流入于鄙俗。此卷下语用字，虽无《三都》《两京》之缜密，至于运意行文，颇有《赤壁》《秋声》之转折，可与言赋者也。”复考张学正在批：“体物有间架，文法音韵谐美。”考试贡待制奎批：“婉丽有体，可置上列。”清福宁知府李拔在《檄召郡县诸生会文序》中特意提到“林仲节四灵之咏”，认为“足振响当时，抑且传声后世”。

1324年元大都进士放榜后，林仲节被授予州判，正七品。官场一任多年，林仲节酒后恃才，“以才见忌”，降句容县尹（句容县令）。句容县城东南隅有达奚将军庙，《重修达奚将军庙之碑》就在庙隅，元至正二年（1342）正月二十二立，正书文24行，行38字。“世传（达奚）将军，本元魏人，战死于此，元至元间重修，林仲节作记。”达奚氏为后魏献帝第五弟之后，乃代北着姓，林仲节讲述达奚“世传南来时，与沈襄王战死于县西之华墓岗，又俗称环庙之地，即将军甲城。虽其说不可遽信，然予意将军雄武英杰，生必能御灾捍患，为国捐躯，故民怀思而庙祀之。况历年之久，祈祷乡应，福泽洋溢，流于无穷。盖惟神佑不厌于民，是以官府之崇奉恪恭，面庙宇增饬也。虽然，神之灵固赫然而不可诬矣。其所以格之者，亦惟人之诚信相孚而已”。（明弘治《句容县志》《文章类祠庙碑刻》P8，清嘉庆九年严子进《江宁金石记》）林仲节在碑文中赞扬达奚将军武冠韬略、奋身为国，期待民物安阜、佑我百里，其为官耿耿心迹，实乃肺腑之言。

元至正三年（1343）癸未，林仲节赋闲回福鼎老家省亲，闻林仲节的文才盛名，永福县（今福州永泰）“儒学教谕刘懋生子勉使来福宁，求文以记”，林仲节受邀为该县重建的永济桥写下碑记，并在碑中赞扬永福县令刘泰亨的治县善政。《永济桥记》全文如下：

永福县治之东三十里曰桃源，南通莆泉，北接三山，驿道之要冲也。溪流其间，古有板桥曰东新。其后飘于风，黄知县与进士黄潜夫再造。至元癸巳复圮于水，邑宰李良杰偕潜夫之子君泽重建成之。数年后毁，迄于今未有起废者。至正初，洛阳刘候由浙省掾出宰兹邑，修弊抉蠹，事无不理，于是召匠计工，重新创建。命潜夫之孙文实信孺偕云际寺僧自虔领其事。于旧桥北百步筑新基，以巨石固其岸，大木壮其址。累石为座，高四十尺，座之上横架层木，砌之以石，长一十丈，阔二丈。覆以亭，栋高一十八尺，旁翼以阑，长与桥等。经始于至正壬午孟冬，迄工于次年癸未季春，名以至正，纪年也。桥两创小庵，奉普庵禅师，右间为刘侯寿祠，其左列诸檀越，复创耳房，以供过客游息之所，至是毕就。邑之儒学教谕刘懋生子勉使来福宁，求文以记，且曰：“侯为县未期，而修建儒学及诸庙坛。养济有院，储谷有仓。造浮桥，疏沟渠。平王宗幸等数十年不决之讼，招林伯成等二百余户避差逃移之民。禁停丧，均徭役。善政不可弹纪。”

“今创是桥以便往来，不扰而办，不肃而成，非勒之坚珉以传不朽，后之人亦孰从而知之?”余闻而连焉。孟氏之言曰：“岁十一月徒杠成，十二月舆梁成。民未病涉也。”古之人于桥梁，岁岁必修，其勤也如此。自李宰之后，其宰县与其长贰奚翅数十百人，三十年间漫不修理。刘侯之起废者如此，其职事修举可知已。士民歌咏盛德见于诗章者比比皆是。以其所见，质其所闻，善政彰彰，讵可无纪哉！侯名泰亨，字长道，元至正三年癸未进士。

林仲节官场还是有起色的，任句容县尹后调松江府华亭尹（华亭县令），从六品，华亭为上县，从中县调任上县，最后官迁知吴江州，正五品。

林仲节卒葬仙蒲旗头岗，其墓冢仙蒲村人称之为“进士墓”。墓在半山腰，碑已毁残，只剩墓冢，尚有元代风格石狮雕刻及几块鲤鱼、花卉石雕散落。桑梓之地，埋骨之陇，林仲节在这太姥山麓的仙蒲之地，化作万千青竹，漫山遍野，让后人击节赞叹。

（本文摘编自《福鼎林氏志》）

杜子新及其诗作

白　杨

杜子新（1461—1535），自号东峰子。幼聪慧，明弘治十一年（1498）中式秋闱，领举第八名，仕浙江杭州府富阳县教谕，迁江苏吴江县教谕，升吴江府教授、登仕郎，转知广西洵江府平南县文林郎，六旬致仕。教学有成，不少学生登进士榜。为人耿直不谀，违当道学政，终不得志而归里，诸多族中要事，均为其操。杜子新与兄杜子肃、侄杜应麟兄弟父子三人，20年间相继登科入仕，一时名噪福宁。《福宁府志人物卷·儒林》有杜子新传："杜子新，乌杯人。廉介重义，博学能文。教谕吴江，课士外无与焉。有赂以求直者屏之。士服其操。"杜子新的刚介廉直，素为后世所奉。杜子新善诗文，致仕后怡情山水，著书立说，编纂家乘谱牒。

赤溪《杜氏宗谱》第一卷，留有诸多杜子新所作诗文作品，兹录其部分诗作如下：

席帽饯日·西山尖峰

巍巍席帽冠天阁，西日啣来几落盆。
御座清光临仿佛，雍容拜送日晡村。

御屏橐晓·后山

拥回夷顶唤溪洲，昕气初升间气浮。
席帽半垂青縠绉，仁人趋谒帝王州。

玉印浮渊·乌石

四角端然渍水清，峻嶒出匣露威名。
封溪一带从风韵，滚滚鹰冠赖此行。

金甲锁津·赤石

赫赫风威镇上流，稜稜鎖甲唤旄头。
溪梢试问谁为忤，籍籍衣冠隘九州。

云衢摇冗

缘厓眇眇护浮云，一线横铺蘸浪沄。
独步贯鱼凭左右，九馗疑险信同分。

月窟跻盘·下马岭

迩步崚嶒陟顶高，两膝撑胸汗拂毛。
台头月偃松萝杪，耳听蟾宫奏玉璈。

莲花献瓣·案山

五朵云峰结翠微，森森拱户带烟霏。
四时春色谁如好，华山顶上月同晖。

金线垂绦·坝头坑

博岩过峡飞金线，布瀑垂丝湫玉泉。
夜静琅珰鸣锦里，诸君仁会挂朝褰。

玉醴喷琼·溪流

飞云沃日泻玄津，湍结烟波涌地垠。
解愠清酣流第一，淙淙激石有书声。

龙门春雨·三石门

三石崚嶒扃浪屋，一声霹雳起潜龙。
兴云致雨轻腾翥，山岳低头失却峰。

草堂秋月·旧草堂

当年古迹埋荒径，春草含辉雨带烟。
烂漫花开长白日，朦胧雨过旧青天。

古木托干·秃枫

千年托干老山中，半倚危岩半戾空。
风雨撼柯因削秀，雪霜焚叶理残红。

怪石排渊

圆不圆兮方不方，如人如兽倚澜洸。
千年白叟磨踪迹，万载青衿引路傍。

溪流击籁

有甚频来杂听聪，无端溪浒激流淙。
高堂尽日惊虚籁，枕畔终宵纳野舂。

山色拖岚

四时不剥叶中青，千载常留涧外情。
烂漫花开将谷绣，朦胧雨过送峰青。

小涧交回·小坑

一涧环回百涧情，逆流波上有余清。
草堂栖在东峰下，大小交回锁一城。

封畦流洫·田水

粼粼凿凿百畦塍，簸弄芳泉漏毕澄。
仁会里翁时赛酹，黍鸡斜日醉丰登。

金库临储

员头丰顶叠困箱，积粟盈盈几万梁。
贮尽秋成丰岁稔，仁人富有冠村乡。

吴锦成事略

杨应杰

清代中叶以来，福鼎的古民居拔地而起。吴家大厝有4座，分别为元、亨、利、贞四房建造。元房的大房子在岭头坪洋边自然村，亨房的大房子在凤岐（今属柘荣，国家级文物保护单位），利房在点头的连山自然村，贞房大厝就是翠郊古民居（洋里大厝）。元房的房子虽不复存在，这一支吴氏出了2个福鼎的著名人物，分别是吴锦成和其孙子吴观楷。

《霞浦县志·选举志》载："吴锦成，号均棠，同治癸酉科，长崎人。"因长崎属霞浦（今属柘荣）管辖，故吴锦成在民国《福鼎县志》与《福鼎县乡土志》中没有记载。

吴锦成（1846—1910），号均堂，字毓读，又名开樵。《延陵吴氏家谱》（民国戊子重修）载："公少倜傥，好治兵。遇事有胆识，为乡里排患难无少却。家本素封，至公已中落，族贫者私以祭田鬻人。公号于众曰：'吾为人子孙，何忍心视祖宗蒸尝之替。'力争之。悉复试兵曹，报罢后留京邸，究心韬略为世用。曹军门器其才，檄委福宁右营右哨，复理霞吕峡防务，地近海，时有居民遭飓风，舟几覆，公挺身前往拯得不溺，蒙上宪优奖五品衔，升授千百总职。其抚士卒有恩，行赏罚以信，虽小试其端，有古名将风，所在多治，人咸称之。及年老退处山林，以孙吴技教授生徒，怡然自得也。然精神矍铄，顾盼自雄而负气不挠，能为人辨曲直。鲁仲连之誉偏遐迩至，遇士大夫尤敬礼之。"

据谱牒记载和吴锦成曾孙吴敦增口述，元房的大房子于吴锦成出生后不久的1847年毁于回禄，迁居磻溪黄冈蛤蟆座。因为大房子失火，家中细软损毁无数，损失惨重。吴锦成赋性刚毅，品貌魁梧，少颖悟，富膂力，武艺超群。清同治十二年（1873）考取武举人，加封为五品武官。同治十二年（1873），钦命兵部侍郎兼督察院右副都御使巡抚、福建提督军务兼理粮饷王凯泰为"中式第六十名举人吴锦成"题写"武魁"牌匾（今存）。

谱中记载吴锦成"能为人辨曲直"，坊间有传。吴锦成排解岭头坪洋边自然村刘姓与黄冈旗杆里周氏争夺山梁纠纷，就是一例。事件起因：刘姓人丁不兴旺，时常受大家族周氏欺辱，一次争夺山梁的械斗中，刘氏族中被打伤几口人，打死一人，双方因此准备打官司；周氏族中时有名望的师爷，刘氏惧官司不胜，遂延请吴锦成助阵。周氏族长听说刘氏一族聘请吴锦成，就派人挑着银圆赠送给吴锦成，请求吴锦成不要帮助刘氏。吴锦成把周氏送来的银圆摆满八仙桌，请周氏与刘氏族人一同到堂前议事。吴锦成说："这一桌子的银圆我是不会收取的，但是需要从这里提取一部分银圆给死者丧葬赔偿，一部分给伤者疗伤。"然后把出现纠纷的山梁重新进行划界，事情得到圆满解决。事后刘氏为报答吴锦成恩情，知道吴锦成不会收受银两，几次登门拜谢。吴锦成知其美意，就说："吾先祖一直没有找到吉地安葬，是否可送一块吉地?"刘氏家族甚是欢喜说："只要是刘氏山场，任举人公挑选。"后吴锦成选了一块吉地，修坟安葬先祖。此事刘氏族谱有载。

蔡维侧（1850—1903），号侍卿，白琳瓜园人，幼嗜诗书，家贫不能读师塾，成年后一直以未读书为憾，当时经常对众人说："人生斯世，负此七尺，弗克以功名显，徒积千金产作守财奴，何为?"蔡维侧少吴锦成 5 岁，听闻吴锦成均堂武艺高超，乃从吴锦成学习武艺。清光绪二十五年（1899）福鼎不太平，丁县令为保卫家乡，下令各区设立民团，蔡维侧被推举为白琳区团董，因创办"祥丰茶庄"，事务繁忙，得知师傅吴锦成归隐山林，请吴锦成压阵，吴锦成爽快应承。蔡维侧根据师傅吴锦成的指点，置器械，练团丁，稽查严密，毋少懈，鼠辈闻风远避，地方赖以安堵。

清末民国初期，翠郊吴氏富甲一方，吴氏属贞房，按辈分分与吴锦成同一辈。一次府中办喜事，宴请了许多嘉宾。时厨师喜用鳗鱼烹饪，鳗鱼可炸、蒸、煮、烹汤，鳗鱼内脏又是下人们的主菜。可能是因为这批鳗鱼不够新鲜，或者因为量太多，或者是厨师误把毒鼠药当成佐料了，酿成食物中毒，有 7 人当场死亡，10 人中毒。此案惊动县令。吴锦成得知兄弟家中出事，立马赶赴县城，在大山下遇县令前往翠郊，派仆从邀县令到县衙议事。吴锦成是五品官员，七品县令不敢得罪。吴锦成说："此案属于天灾，并非人祸，吴家主人绝非故意加害客人与下人，可以让主事方对死者进行赔偿，伤者积极救治，一切费用由吴家担当；吴氏并非主观故意，可免其巨罪。"知县把案件呈报福宁府，吴均堂从中斡旋，翠郊吴氏赔偿死者重金，死罪得免。

吴锦成年老退隐山林，教授生徒，怡然自得也。至今有实物佐证。吴锦成隐居长歧半岗，现有旗杆垱 3 双，祠堂前练武石 360 斤 2 个，马槽 3 个，旗杆 3 丈，石笔 2 支。2 支石笔长短大小不等，是从浙江泰顺运来，运送时候其中 1 支不小心裂断，下人报告吴锦成，吴锦成说："虽错过立杆时间，因此事纯属意外，不予赔偿，可重新雕刻一支。"因此，石笔长短不一样。

周文星与周炽星轶事

岩　泉

黄冈凤阳文科道教（俗称“道代”）始祖信南仙师，为周氏第十七世祖周鸿班，字必亮，号信亭，生活于清乾隆年间，曾于江西龙虎山修道多年，乃张天师门下嫡传弟子，得正一道派真传。周文星与周炽星两兄弟系周鸿班嫡孙，兄弟二人见多识广，身怀绝技，常救乡人于水火，挽病患于绝地，其高强技艺和臻善德行深得乡人敬仰。在黄冈，至今流传周文星和周炽星的故事。

周文星，谱名汝郢，字敬楚，自幼聪颖，少小离家，拜师学艺，练就一身武功，行走江湖，专治跌打损伤、蛇伤和各种疑难杂症。他侠肝义胆，守诺如金，秉性内敛，从不炫武。21 岁时娶妻上溪口袁氏，头年携妻回门做婿，与小舅子一起观看武馆比武，小舅子年少无知，言语不屑，惹恼武馆教头，周文星不得不替小舅子出头。教头逼周文星与之决斗，所有亲眷道歉赔罪无济，终在众人见证下，写下两份生死文书，一场生死决斗无法避免。决斗时教头如发疯猛兽，歇斯底里，使出浑身解数，周文星冷静接招，沉着应对，有意避开对方死穴，处处手下留情，三个回合不分胜负。第四回合，周文星化招时险失重心，教头朴刀直指他命门，危急时刻，他为了自保，痛下杀手，杖槌直捅教头，教头杖下顷刻毙命。周文星既遗憾又愤懑，顺手愣将七尺杖槌插进武厅堂壁，堂壁留下一记光滑圆孔。周文星即刻转身，抄锄一一铲掉自己的脚印，此路誓不再来，从此再没踏进丈人家，再没亮过武，并立誓绝武于后人。

周炽星，谱名作书，字敬文，号炽星。年龄少其兄 5 岁，12 岁随兄漂泊江湖，16 岁独闯天下。秉性儒雅，待人宽容，饱学深修，虚怀若谷。他游历多年，北上饶州，南下漳泉，遍访龙虎山、三清观和清源观等道教名观，因聪灵可爱，每得道长不吝赐教，习得无数玄学妙术。学成回乡，岁二十有五，尊父命成家立业，得祖父周信亭真传，继承祖业。他勤奋好学，精研易经，玄通阴阳哲学、五行八卦，其文科法道闻名遐迩，民间盛传其法力无边。

周炽星传三代后，因遭兵患失传其艺。民国时不肖后辈将祖传行坛、法器科书变卖。据说后来湖林有位克往法师得到不少科书。

周翼臣先生家传

卓剑舟

自仲尼教必孳孳于为仁，而要其归，则以孝悌为之本。居今之世，求其无愧于父子兄弟之伦者有几？吾传周翼臣先生，为之感喟不置焉！

先生讳之勋，翼臣其号也。先世故家周墩，清康熙间自周墩迁福鼎湖林村，遂为福鼎人。厥考允三公武生（周氏十九世祖天长，字善久，号允三，清廪生，咸丰庚申年蒙徐宗师取进县学第八名），人善好施，为乡里所钦，有子四人，先生居三。

先生幼好读书，长从王绍纶前辈游，王甚期许之。然初试未售，继丁父艰，卒不得如志，例贡成均，天性至孝。允三公尝抱疴，一夕，神情恍惚，掉入山中不返。先生独身入山，深夜无灯无月，间关踣顿，踪迹殆遍，无所遇，恐堕危崖，饱虎狼腹，彷徨四顾，见有持灯者施施来，先生大声呼，及近，始知族人某亦追踪至，天曙始得见，相扶以归，自是厚遇族人某，至老弗衰。常流涕述其事，闻者莫不凄然泪下。等兄弟亦友爱，逾恒雍然、怡怡然，罔有间言。呜呼，孝悌者人伦之本也，自非孝之说兴，而吾国夷伦日以泯没，先生之庸德庸行，洵足挽叔世之颓风哉！

1912 年，磻溪区自治会成立，先生被公举为区议员，旋任十二都公益社社长，举凡地方兴革，坐言起行，不遗余力。湖林小学，先生所创立也，首揭“敦行、孝悌、进德、修业”为宗旨。

先生慷慨乐易，持躬接物，蔼然可亲，乡人皆目为长者。里有纷争亦必待先生一言以解，又鲁连之流亚也。处亲邻宗族缓急相通，每遇荒岁，罄所蓄平价以粜，按户口分给，近乡无艰食者。其追远之足称者曰：“建宗祠，修家”，具公益之最著者曰：“兴建磻溪双溪口桥，磻溪岭新亭等”，其他不可殚兴。呜呼！孟子称孳孳为善者舜之徒，先生可谓尽孝尽善矣！

先生六旬双寿时，吾师遁庐老人周梦虞先生赠以联云：“兴学校建宗祧善举累累问谁克相夫子，繁儿孙毕婚嫁吉祥止止自应永享遐龄。”盖实录也。

先生生于清同治十年（1871）二月二十五日，以 1936 年九月二十四日卒，享寿六十有六。1940 年冬，安葬于十二三都茶洋村水竹里，乡人皆思悼之。德配林夫人，贤淑有德，克守先生遗型，当七十寿辰，时国民政府主席林森题赠“萱闱辑庆”四字，乡人荣之。生子五：长克熊、次克瑜、三克琛、四克铦、五克任。生女三：适杜、适谢、适林。孙男16人，品光及媳谢招治、宏光、桐光等皆为余及门弟子，均崭然露头角，非所谓有孝有德，保我后生者欤！

论曰：余生也晚，未与先生谋面。惟时于锐生寓庐见先生遗像，其容貌温然，其德粹然，望而知为君子人也。今岁址月，锐生持状来请为传。余维天之所以报人者惟其仁也孝也，人所以感天者惟其孝也仁也，仁孝之道固足以善国性而挽人心。余传先生之行，不扯撦其琐屑，特书其荦荦大者，俾世有所劝焉。

林玉溪翁传

丁梅薰

翁讳代瓘，字观瓒，号玉溪，福鼎磻溪人也。其先自昆阳迁磻溪，为磻溪林氏，逮翁三十世，曾祖讳吉六，祖讳藻凫，父讳予田，世巩隐德，为乡党重。

翁生而岐嶷，甫九龄失怙，事节母至孝，先意承志，行其欢心。好读书，能文章，后以家贫弃儒，习计然术，刻苦自励，家遂日起，营新宅于跃鲤池西，名其室曰"梅花精舍"，其风采可想。

性朴直，喜为德于乡，尤笃族谊，襄理祠政，十余年如一日，宗党翕然。生平不求荣利，汲汲以济人利物为务。1929 年，萑符四起，风鹤频惊，翁督治团，日昃不遑，未几匪氛殄灭，而乡土得以保全。辛巳岁饥，翁首倡里中平粜，贫民得资存活，乱萌以戢，识者咸服，为识见深远云。翁乐善不倦，先后募建磻之南阳、双溪及水尾三处桥梁，以免行人病涉，远近皆称道之，所谓"就义若渴，敦善不怠者，其硕德岂易量哉!"

辛巳阳月某夜，翁梦一白衣丈人告之曰："君寿仅得五二龄"，醒而异之，以语家人，咸未置信。翁独以联兆已见必有所验，举凡一生未了事悉为摒挡，及竣而疾果作，于 1942 年卒，春秋五十有二，竟符前梦，亦奇事也。

夫人翁氏，素有大家风范，平日相夫教子，睦族敦宗，靡不悉中规矩，为戚党所称誉。生男三女一。

今林氏修家乘，肇讲嘱余作传，余与肇讲忝同志之列，何敢以不文辞爰为述，其梗概若此。赞曰："林氏居磻溪，自宋已盛，至今烟户鳞比，弘诵云兴。人以为留贻之远，翁克绳祖武乐善好施，厚蓄其隐德，以饷遗后人。"余知林氏之方兴未艾也，诗云："永言配命，自求多福，易云君子，以果行育，德如翁者，其庶几乎!"

林大可先生略传

黄寿祺

先生姓林，名永奇，字清昭，号大可，福鼎县磻溪人。少聪颖，嗜学，过目成诵，其父以千里驹目之。年十三应县府试，名列前茅，及院试，主考冯光通见其年甚稚，心异之，默立其旁观其属文，先生挥翰如流，千言立就。遂亲受其卷，问其姓名，大加赞许，并云："福鼎山川灵淑，必产奇才，此生前途未可限量也。"拔入郡庠。

越数载即食廪饩，任福清教谕，存记县知事，先生益发愤读书，淹贯经史，傍通百家，尤精岐黄之术。科举既废，先生遂入福建法政专科学校，毕业得法学士衔。学成皈里，创乡校、建宗祠，不遗余力，甚为乡党及宗族所崇敬。

先生性孝友。事母先意承志得其欢心，与弟挺英自幼友爱。老而弥笃，治家有法，崇节俭，戒奢侈。居乡里既以医活人，又善为人息争讼排难解纷。恶声色货利之徒，羞为伍，独爱佳山，得一佳客，则与盘桓竟日不倦也。先生有子三人，曰寅曰宸曰振，教之甚严，毕业中学或大学，俱服务教育界，著声名。先生卒于庚辰之岁，年七十有一。

寿祺少与先生侄壻萧潜同学友善，尝同游太姥山，获一见先生于磻溪。今忽已 60 年，幸复获见先生次子宸于寿宁，宸奉状乞为传记入族谱，爰撷其要于篇。

杜柳坡传

黄寿祺

柳坡姓杜氏，讳榆，余友悦鸣之仲兄也，父桂五先生，有《含翠楼诗》存，余既为之跋矣。悦鸣与余交契垂20年，同游迈万里，以文章道义相砥砺，世徒知悦鸣之积学能诗，而不知柳坡之亦能也。

柳坡少孤露，伯兄楚楠授之读，稍长，游学霞浦，肄业近圣小学，校业毕，游会城，学于西湖农林学校。未几兵乱，遂归故里，又迭遭匪祸，田园庐舍悉沦没，与楚楠挈妻孥避于霞城。乱稍定，欲归里，规复旧业。营建款屋，不意又闻匪警惊扰，时露宿窜伏于莽密箐间，竟得寒疾，年仅四十有一耳！

柳坡之殁，悦鸣在南平闻之悲悼，寝疾归里，逾年亦殁。

殁后三月，余自南平归，唁其家，检其兄弟遗稿，乃得柳坡所为诗钞。其诗清逸超妙不如悦鸣，而典切工律悦鸣亦有所弗及，徒以叠遭祸乱，伏居里闬，不得若悦鸣之远游广交以恢其识度，宏其声气，故名乃不若厥弟之著。惜哉！惜哉！悦鸣尝纂《闽东诗钞》，而吾郡先正之遗稿，大抵皆柳坡所手辑者也，细字密书，圆匀工整，积数十巨册，高可逾案，其劬学亦可知矣。

妻吴氏，继室朱氏，子家淞、家夏、家祚，女秀琴。

又挽歌曰："昔我北去，子送以歌。今我南归，子殁山阿。言念良朋，伤如之何？寤寐无为，涕泗滂沱。"

附：

含翠楼八景诗

杜柳坡

余家有二楼，襟山带水，修竹长松，森罗于外。六七月至，林声与溪声习习相应。先君子额曰：含翠。且示云，含翠犹言含英，义取乎蓄德能文，杰其人以灵其地也。吁今而痛杯棬矣。余生不才，长而失学，频年株守，树立毫无。今又适天人大变，世俗浇漓，为郁郁者久之，登斯晴窗展卷，喜山水有足舒鄙怀者，缀为八景，各以七截俚句系之。

马鞍拱翠

隐隐追风势欲腾，方春草木秀鬅鬙。
天根一鼓雷鸣后，可有仙人揽辔登。

猴石眠云

诗成无事每凭轩，一石如猴对户蹲。
笑煞山公何用术，栖迟千古挂云根。

辕门枫色

野烟初起日初残，零碎风光傍晚看。
绝好辕门秋欲半，一林枫叶望成丹。

南岭农歌

千山积翠菜花黄，坐对南畦看插秧。
趁有好风溪上过，农歌入耳韵悠扬。

金龟夕照

一团斜覆翠微颠，名号金龟自古传。
好个锦文残照里，分明出水薄云天。

石涧飞泉

古木槎枒一线天，飞泉挂下水珠帘。
清流莫向江干住，致有尘嚣污耳边。

春晓画眉

恼人天气起来迟，趁晓娇声到画眉。
叫破吟魂春不住，碧桃花下立多时。

秋深蟋蟀

寂寂山房一水天，月明无语自参禅。
剧怜促织空阶下，惹得秋声思悄然。

诗人杜琨传

周瑞光

杜琨（1910—1943），原字越民，三易而定悦鸣，自号九鲤散人，又号三余道人，磻溪杜家九鲤人，金溪杜氏后裔。出身书香门第，祖凌霄，父慕莲，邑庠生。昆仲三人，伯楚楠、仲柳坡均能诗，悦鸣尤异，自小聪颖善悟强记。少承家学，年十四则以《春游诗三十章》，出语清丽，为邑中长老所惊异。15 岁追随二兄长于春秋节日或晴好日子宾朋会集时，互相吟咏酬答，崭露特异诗才。

1925 年，杜琨与霞浦黄寿祺（字之六）一起求学霞浦县中近圣小学，后又一同进入三都省立第三中学，同赴省城入省立福州理工中学。1929 年，与之六相与赴北平中国大学，拜在国学大师尚秉和（节之）、吴检斋、马岵庭、高阆仙、柯昌泗等门下，为及门弟子，前后受业 7 年。大学期间，他学问突进，诗才尤显，被尚秉和先生视为天才。毕业后，京燕周边争相延聘教习。

1936 年，冀察政务委员会考选大学生，他以甲等第七名中选，被聘为教育厅长记室，兼主张家口省立师范讲席。七七事变，张家口沦陷，他挈妻儿逃奔怀安，财物尽被抢掠，从此积劳成疾，贫病交加。不久母校中国大学聘他为国学讲师。在奔逃国难、四处谋生的颠沛流离中，他的肺病越趋恶化，在北期间又相继夭失幼长二男，加上夫妻交病，不胜讲席，只好回南疗养。杜琨尚未毕业时，家乡流寇遽起，家产被抢，宅第被焚，无家可归，只好携母带妻女羁栖四方。曾在霞鼎两地中学任教近一年，又受聘到永安省立福建师范专科学校任讲师、副教授。

杜琨生平雅爱游历，在求学及后奔波谋生中，仍不忘观览游历名胜，留下不少佳作。他一生南北奔波、逃难、谋生，1943 年初，复遭女、兄、母丧变，终至病入膏肓，尚未充分展示其诗才，便抱憾离开人世，故于乌杯故里。

杜琨著有《北游吟草》，1937 年在张家口师范集成求题于尚秉和诸位先生。尚评："悦鸣天才，较二子（之六、永明）尤为超逸峻拔，其排律……纵横捭阖，蔚为壮观。"史学家柯昌泗评他："其诗超迈雄放，不事雕饰，足以达其所志，奋然蕲自于古之作者。"黄寿祺评："其景切，其情真，其词沉实高华，典雅俊逸，骎骎乎入古人之室。盖近世太学诸生能诗且工若悦鸣者，诚未易数数觏也……而盖自验吾学之未逮。”杜琨还著有《张氏词选校注》《作诗法讲义》《闽东诗钞》等，均有刊本行世。但如《词录》《三馀山馆诗话》除部分已附在《北游吟草》或《闽东诗钞》内刊行外，其他如《文学间韵学》《文录》及其他散作等均已散佚。

附：杜琨诗作

九鲤溪用东坡百步洪韵

忆昔青溪泛绿波，飘飘竹筏如轻梭。
溪回山促百川合，急流乱石相挝磨。
水师使篙如舞戟，轻筏下驰如跳坡。
目眩耳震山涧雨，生倾众乱风中荷。
一篙电掣庆脱险，怒沫千点成漩涡。
平川既决澄江静，水天一色明秋河。
游鳞泼刺鸥鸟没，凉飔习习吹轻罗。
回视云烟来径绝，峰峦起伏驰明驼。
一自风尘寄京洛，十年此景犹委蛇。
况复河山烽火劫，千里赤地空巢窠。
弟兄南北各星散，百般风月如愁何？
安能摇笔三千字，遍和公诗凌寒呵。

葵未元旦漫兴

一

瞢腾病榻初兴日，寥落空山改岁时。
赖有痴顽诸子侄，相将徘闷强裁诗。

二

痼疾今兹已七年，几多志事付云烟。
只余一点痴心在，午夜时时梦九边。

三

乱来朋旧音书断，播越流离尽可哀。

喜得汪洋黄叔度，间关万里复归来。

四

师门恩重数槐轩，几度书来寓慰言。
解我寂寥增我志，愧无佳句相温存。

五

天涯浪迹任纵横，内顾无忧仗两兄。
天也丧余摧仲氏，春风肠断鹧鸪声。

六

林峦如雾雨如丝，密密重帘尽日垂。
赖有白头慈母在，围炉闲与话儿时。

周祝声先生略传

梅应元

先生篆宝镛，字忠笙，祝声其号也，世居鼎之黄冈。赋性伉爽，见义勇为，读书好求甚解，事亲亲承色笑，处乡党兄弟间恂恂怡怡如也。

青年矢志功名，负笈于郡城中学，继及省立工业专门学校。迨学成名立，荣归故里，于造就人才外，尤以创建宗祠为己任。经营擘书，历时三载，虽合群力，而先生劳怨不辞，大功以成。大衍之年，族戚辈以“功成寿得”四字额之，岂虚誉哉。又以双林庵为黄冈古刹，建自前明，今已圮毁，乃毅然倡首，弃故址迁新基，鸠工庀材，亦阅二三寒暑。鼎新梵宇，光耀佛门，先生之力也。复以家乘年久未修为憾，不辞老，不惮其烦，邀其族弟召南先生协力纂辑，征文考献，汇编成帙，旬得承先启后之道矣。非其平日勇于为善，曷克臻此？

至于预营生圹，启建华屋，广置腴田，别开园亭，婚男嫁女，修桥铺路，诸大端在常人虽称为胜举，在先生只行其余事耳。盖先生之志不在乎此，而在于莳花种树，衔杯赋诗，养真于月露，寄情于山水，故其襟怀洒落，犹有林下之风。

先生有子四人：长钟埜，佐理家政；次钟堃，以大学资格供职银行；三钟圭，师范毕业，侧身教育；四钟垚，肄业小学。其孙曹蛰蛰，皆峥嵘出众，他日为栋为梁未可量也。

且夫人之杰由地灵也，而地之灵亦由人杰也。黄冈之地僻而幽，盘而踞，白云藩篱，翠嶂屏风，著名于邑。乘者未始，非代出杰人，有以致之。先生者，黄冈之杰人也；黄冈者，先生之家乡也。地以人传，人以地传，然则先生之名与黄冈之地可以并传不朽矣。

元情游之后，虽忝任本区区长，常过其地，观其山川，知其人事，故敢珥笔特书，以寄景仰云尔。

林开讲先生事略

朱挺光

太姥山西麓礵溪者，群峰挹秀，一水中分，翠松参天，白鹭群栖其上，有如万数梨花，构成天然奇葩。吾友林君开讲，世居于此。

林氏礵溪望族，殷臣比干之苗裔也。君号修延，字信祖，少聪颖，工诗文，而不求闻达，以急公好义见重于乡里。弱冠知名党政机关，争相延致，处身宦海，廉洁奉公，兢业自守。晚年栖息林下，余热未泯，举凡地方公益事业，如修桥筑路，莫不热诚赞助，力董其成。居恒以排难解纷为己任，里中事无大小悉以咨之。

盖礵溪林氏与紫岭林氏同属一脉，因私分立宗祠，迄今130余年矣，两地鸡犬相闻，族人朝夕相见，君乃与族董秀金、钲基、逢迁、寻基诸先生秉团结之旨，力主合祠统谱，恢复宗谊。

君性刚直，嗜诗酒，擅书法，临池倚马千言立就，联宗藏事之日，撰宗祠头门对联云："脉自姥峰忽闻胜景，气运紫岭高攀文星。"

《题故里梅花精舍》一律云：

肯构池西父手营，梅花精舍不沽名。
双溪流水村前过，九曲蟠龙屋后行。
景曲印心心不曲，池平吞气气犹平。
至今韵事传闾里，明月清风夜夜情。

近来又作《晚晴斋吟桃李接梅诗》三首。

其一

羞同桃李一枝开，多事无端嫁接来。
虽入风尘任本性，寄言松竹莫萦怀。

其二

桃李争妍景可夸，寒梅作伴月光斜。
可怜春去花残后，寂寞荒庭孰看花。

其三

黄金助富不助贫，事非经过不知真。
多情最是临风竹，入户频分枝上春。

其他吟唱及为婚丧喜庆庵堂寺观撰写之对联不胜枚举。

君父讳代瓘，操陶朱业，热心公益。母翁儒人，知书识礼，擅女红，不幸椿萱早凋。昆仲三人，君居长，弟开训、开谆任职教育部门，相继退休。君与次弟中年失偶，未育男女，而三弟却育四女三男，分承三支宗祚。

今春君寿登古稀之年，族人以君劳苦功高，欲为君寿，乞序于余。光也不才，无以彰君之德，愿借太姥高峰以献寿，磻溪秀水以称觞，并缀俚言一律共祝千秋：

深居简出少交游，矍铄浑忘数岁裘。
官海曾惊掀巨浪，家山窃喜返轻舟。
急公好义称遐迩，纵酒怡情乐唱酬。
觞引磻溪浮绿蚁，借将姥岳寿千秋。

杏林世家：深湖里周氏

王雪平

清朝康熙年间，周氏祖先从周宁迁居湖林，其中迁居湖林村深湖里自然村的一脉以行医为业，他们医术精湛，悬壶济世，施泽一方。

周克梁、周克沼、周克彭、周起篆、周钦、周起级都是非常出名的医生。他们擅长麻疹、水痘还有伤寒的医治。清末，整个闽东麻疹、水痘流行，尸横遍野，临县霞浦、柘荣有出麻疹、水痘的家庭，纷纷抱生病的孩童赶往深湖里求医。

周克梁治疗皮肤病和麻疹很有一套方法。1912 年，上半区有个小孩和小伙伴玩捉迷藏的游戏。他几次躲在被雨淋湿的稻草堆里，几天以后，整个背部长满了红色斑点，身痒难受，一抓，红点破溃流水。看了很多医生都无法根除病根。后来他的一位亲戚将他带到深湖里请周克梁医治，不用药膏，几副药服下去，病去得无影无踪，再也没复发过。

周起篆生于清光绪三十二年（1906），卒于 1981 年，享寿 76 岁。他在治疗疑难杂症方面有独到之处。听说一次他到霞浦买地瓜米。有个病人得了一种怪病，名医高手请了不少都不能治好。百般无奈，家里人只好请巫师来做法。农村有个不成文的规定，凡是家里做法，陌生人不能进。可当时周起篆并不知道人家做法，他走进病人家只想问一下有没有地瓜米卖。这下糟糕了，病人家属不放过他。周起篆告诉病人家属他是医生，家属半信半疑地让他去看病人。周起篆当场把脉、开方，三天的药就把病人的病给治好了。一时他名声大噪，前来求医的人络绎不绝。吴洋山一位病人得了一种难治的病，让周起篆治好了，病人及家属非常高兴，特地做了一块大牌匾，上书“华佗再世” 4 个烫金大字，敲锣打鼓地送到深湖里村周起篆住处。周起篆去世后灵柩出殡时，十八村里的父老乡亲都赶来送行，万人空巷，路两边的人站了好几里长，大家在悼念这位医术精湛、心系病人的医生。

周克梁、周克沼、周克彭、周起篆、周钦、周起级的后代中有多人学医，门诊药店遍及福鼎市各个乡镇，谱写了绵延传承的医学情怀，杏林世家后继有人。

磻溪名医录

周瑞光　蔡良邂

林怀席

林怀席（1880 — 1973），磻溪花门头人。宋代武状元、骨伤名医林汝浃第二十三世孙。幼尚举子业，后改辙学医，曾在秦屿林体仁中药店当学徒，受业于同乡知名中医林健牡（国衡），深得其传。1912 年回乡自办松龄堂中药店，自任坐堂医生，1943 年药店遭火灾后专职行医。林怀席在学术上崇尚景岳，擅治妇科病、肝病，从医 70 余年，在福鼎、霞浦、柘荣等县的许多地方都留下救死扶伤的足迹，颇享声誉。

林怀席幼时家贫，燃竹片代灯夜读，年耗毛竹 10 多担。他讲究读书方法，有“熟读、精思、善疑、师古、创新”五要诀，尝云“学贵沉潜，熟读生巧；心思用则灵，不用则窒”。选方遣药，轻灵精专，屡获奇效，1962 年被评为县名老中医。

林怀席好吟诗，积有诗词稿二卷，又医案医话近百篇。1959 年撰《时病论歌诀》一卷。

林怀席于 1957 年迁居桐山行医并授徒，其高徒林一经（县中医院院长，副主任中医师）、徐思贤（城关卫生院主治中医师）等均成为县内中医骨干。

林怀席逝世于 1973 年，享年 93 岁，为福鼎医林寿星之一。

林季仁

林季仁，清光绪二十二年（1896）正月出生于磻溪仙蒲村，1959 年 4 月病故。幼读私塾多年，继赴霞浦自强学校读书。家庭为中医世家，已有三代相传，他从小即对中医学有浓厚兴趣，故在毕业后即回家随父习医，26 岁在磻溪仙蒲开设元珍中药店，为人治病，1934 年迁桐城。一生行医近 40 年，临症认真细致，处方精稳周专，每起沉疴，誉满桐城，群众敬称为“仙蒲先生”。

在民国时期，林季仁已获县政府发给“开业证书”。1951 年，福建省卫生厅发给他中医师登记证（医中登字第 1487 号）。他好吟诗，工书法，一生素食，两袖清风，知者钦敬。有《郁热便秘》医案一则，刊载于《福建中医医案医话选编》。

杜楚楠

杜楚楠，原名承梓，号如简，福鼎市磻溪镇杜家村人，1898 年 3 月 27 日出生，1962 年 11 月 14 日病逝，享年 64 岁。

杜楚楠出身于书香门第兼中医世家，幼秉父教，酷爱医学，研究《内经》《难经》，广研历代名家学说，对《伤寒》《金匮》两书尤有心得，中医造诣颇深，且工诗文。毕业于天津国医函授学院，医道风行一时。曾悬壶霞浦 10 多年，赞誉时传。其医术之高明，名扬福建全省。1949 年前后回原籍，后参加磻溪区联合诊所任中医，有《瘀结成症》等病案刊载于《福建中医医案医话选编》。1962 年，被定为福鼎县名老中医。

传徒张芝芳，为县内医林中之佼佼者，获副主任中医师职称。

杜筱辉

杜筱辉，又名杜惜辉，福鼎市磻溪镇杜家村九鲤自然村人。其父杜步犹，原是一名青草医，曾在磻溪开过青草药店，后迁回老家。杜筱辉年幼时，经常帮助父亲整理药物，翻阅青草书本，对医学很感兴趣。同时常向堂兄杜楚楠借医书看，还经常跟杜楚楠四处行医，得到堂兄杜楚楠指点。耳濡目染，久而久之，杜筱辉对医学已有相当研究，坚定其跟随堂兄和父亲从医的信心。

杜筱辉 1951 年参加福鼎县卫生工作者协会，1956 年参加磻溪赤溪联合诊所，当时有股金投入，时任负责人、中医师。1958 年磻溪卫生院赤溪分院成立，杜筱辉任分院院长，同年通过福鼎县卫生局举行的中医师考试，获得由县卫生局颁发的正式中医执业证，并被批准为县名老中医师，后又被列为省名老中医师。

1959 年与 1961 年杜筱辉曾撰写医案 2 篇，被录入《福建中医医案医话选编》第二辑与《福建中医药》第 6 卷第 5 期内。此后，还撰写论文与医案 16 篇刊登在《闽东医药》《福鼎医案》等刊中，编写《中医妇科》《中医眼科》《汤头歌诀增修》《增选福鼎中草药》等歌诀与《中医验方录》《中草药验方录》等。

杜筱辉从小怀有一颗悬壶济世，救死扶伤的大爱之心，一生刻苦钻研中医学知识，并不断地总结临床经验，终成一代名老中医。他还教育子女继承医学事业。大儿子杜复培从小跟随父亲学医，后被县卫生局选送到福建医科大学中医进修班学习，毕业后在其父的指导下亦成福鼎名中医。他的多篇论文在国内刊物上发表，其中《泽泻利水通淋而补阴不足之我见》一文曾在“第五届全国农村医学学术会议”大会上交流，并被录入《中国乡村医药》增刊中。

（本文摘编自《福鼎卫生志》）

老红军张诗画

张诗墨　张书为

张诗画像

张诗画，字步图，1919年6月出生于后坪龟洋村。其父张位葱于1933年参加革命斗争，时任后坪村工农赤卫队队员，参加过霞鼎革命根据地的土地革命斗争和闽东苏区的反“围剿”战争，1934年在磻溪龟洋村反“围剿”斗争中牺牲。

张诗画从小受其父亲影响，小小年纪便参加革命。1934年7月在叶飞的指引下，他参加闽东红军独立师，并更名为张诗华。1937年7月，张诗华加入中国共产党，在闽东北地区坚持游击战争。

1938年，张诗华随闽东红军独立师北上抗日，历任新四军第三支队第六团排长、新四军第一师一旅一团副连长、新四军第一师教导旅第一团一营营长。1940年3月，张诗华参加半塔集保卫战，5、6月参加郭村保卫战，10月参加著名的黄桥决战，1943年4—9月参加苏中反清乡作战，1944年3月参加车桥战役，1945年1—2月参加天目山战役。作战中，他身先士卒，英勇战斗，多次负伤，屡立战功。解放战争时期，张诗华任山东野战军第一纵队一旅一团一营营长、华东野战军第一纵队一师一团参谋长、中国人民解放军第九兵团20军58师172团参谋长，奉命率部参加了宿迁战役、鲁南战役、莱芜战役、孟良崮战役、豫东战役、淮海战役、渡江战役、上海战役等。172团是三野为数不多的红军团队，该团战斗力很强，是三野战斗力最强的主力团队之一，曾多次受华东野战军通令嘉奖。

1949年6月，张诗华被抽调到第十兵团，随军参加解放福建，任福建省军区第三军分区警备团参谋长。后奉调华东军区参加组建剿匪部队，任山东沂蒙山剿匪司令，隶属济南军区。1955年剿匪部队改编成工兵部队，张诗华调防兰州军区，驻扎西安、青海一带。1969年兰州军区政治部领导找他谈话，让他转到地方部队，任陕西省汉中军分区司令员，但因张诗华身体状况差，迟迟没能到任。1972年4月，张诗华以正师职待遇离职休养，享受副军级医疗待遇。在革命战争中，张诗华左眼被打瞎，身上留有5块弹片，被评定为二等一级残废，但他仍以顽强的毅力参加工作，致力于部队的

张诗画龟洋故居

正规化、现代化建设。张诗华曾获三级八一勋章、三级独立自由勋章、三级解放勋章、二级红星勋章。1991 年 11 月 1 日，张诗华在西安解放军三二三医院病逝，享年 72 岁。

张诗华戎马一生，为国为民，竭尽毕生精力，模范践行了为共产主义事业奋斗终生的誓言。

接生婆林色云

王雪平

接生婆林色云，在磻溪上半区可谓家喻户晓。21 世纪前，中国农村交通不便、医疗落后、思想保守，人民生活很穷，产妇都在家里生孩子，产生了“接生婆”这个职业。哪一村的孕妇要生产了，她的家人就急急地跑到湖林来请林色云接生。林色云慈眉善眼，平时总是衣着整洁，手脚麻利，乐于助人。她精于妇产，手法高明，那时十里八村的人，都是她接生的。每一次接生，对于林色云来说，都不亚于一场惊心动魄的考验。产妇顺产，母子平安，自然都皆大欢喜，如果产妇遇到各种不同情况导致难产，无论多难，无论等待多久，都不能有丝毫的松懈麻痹。那时没有 B 超，农村产妇都没有产检，胎位情况只能靠她用手触摸，遇到胎位不正等情况，产妇和婴儿随时都有生命危险，接生婆就要凭着过硬的技术和丰富的接生经验，尽心尽力操作。当接生婆为新生婴儿剪掉脐带，将脐部包扎好，把宝宝交给产妇或产妇家属以后，才算顺利地完成一次接生任务。

20 世纪 70 年代，地处大洋山腹地的马兰溪村的一位产妇，由于难产，她的家人把她送到磻溪镇卫生院，卫生院的医生束手无策，让他们家赶紧送福鼎县医院。因为家穷，他们选择了回家，顺路到湖林请林色云一起到家里去。产妇疼了三天三夜，还是无法生产，生命危在旦夕。林色云只能用她的土方法催产：她从产妇草席下的草床垫（以前人家里穷，垫被都是用稻草编成的）中抽 3 根稻草出来，蘸上催产素，放在产妇的鼻子下，让产妇闻。半小时后，奇迹出现了，产妇顺利产下了大胖小子。母子平安，家里人开心得给林色云下跪磕头。

20 世纪 80 年代，林色云老了，走不动了。她把她的一套接生经验传给了她的儿媳妇罗雪端。从此，罗雪端便像她的婆婆一样，成为十里八乡的接生婆。

现在农村生活好了，交通也便利了，村里妇女们生孩子也都去市里的医院了，接生婆便消逝了。

园丁林宸

白 杨

林宸，生于 1916 年，清末磻溪秀才林大可次子。1942 年厦门大学教育系毕业。1949 年以前，林宸历任省立长汀中学、长汀县中、福建学院附中、福州中学等校教师。1949 年 10 月，在福鼎县人民政府文教科工作，1954 年调福安师范任教育学、心理学教师。1955 年，调寿宁一中任教。

20 世纪 50 年代的寿宁是一个山区小县，交通不便，群众生活较困难。寿宁一中办学条件较差，规模也小，全校只设 5 个班，学生仅百余人，住校教师也只有 10 多个人。当时的教师，尤其是班主任，难度最大的工作就是巩固学额。因多数学生年龄偏大，每逢春耕、秋收季节，要回家帮助劳动，有些女同学因婚姻问题经常请假，甚至辍学。面对这种情况，林宸克服种种困难，通过一切可以利用的机会去接触学生，了解学生，耐心细致地动员学生上学。那时县里没有公路，他利用节日或假日，不辞辛劳，步行到大安、坑底等乡村做学生家长工作。在他的耐心开导下，学生和家长很受感动，辍学的学生很快返校。几年里，他的学生巩固率都在全校前列。林老师抱着一个坚定的信念："教书育人，关键在于爱，要巩固学额，必须提高教学质量。"他追求的不仅仅是一个班能出几个尖子学生，而是全班学生德、智、体的大面积丰收。

林宸对学生的爱，既有严父般的深沉，又有慈母似的温柔，在学习、班级纪律、道德行为上对学生要求严格。为了提高学生素质，他在教学上刻苦钻研，执着探索，灵活运用教育学、心理学理论，教书育人。他知识渊博，勤于自勉，备课认真，教法新颖，针对性强，又深入浅出，学生容易理解。对成绩好的学生，他多提问难度较大的综合性问题，引导学生多层次思考，防止其骄傲自满；对成绩较差的学生，则提问基础问题，增强其学习信心，使之善于思考，敢于发言；对那些学习优秀而家境贫寒的学生，更倾注爱心，从各方面帮助他们克服困难，完成学业。他在教学和管理上，非常重视学生自学能力和自我管理能力的培养。他风雨无阻，坚持下班辅导，细心观察全班学生的学习，根据不同情况，给予指导督促。他以身作则，严于律己，要求学生做到的，他自己一定先做到。他态度和蔼，诚恳待人，课余时间经常和同学们一起打球下棋，促膝谈心，谈论诗词，师生之间没有隔阂，情感融洽，形成了良好的学习氛围。林宸多才多艺、教学质量较高，深受学生欢迎。

1957 年，林宸被错划为“右派”，留校改教生物课，不久又离校去劳动，历尽坎坷，但他乐观通达，坚持读书看报，执着求知。

1962 年，组织上安排他到寿宁县北路戏剧团工作，1973 年，调寿宁县农业局。1980 年落实政策，他回归教师队伍，到寿宁县教师进修学校任教研员。他干一行，爱一行，胜任一行。

林宸在教育心理学研究上学有专长，经福建教育学院提名，被中国心理学会吸收为会员。此后，他更积极参加心理学会的各种学术活动，撰写《非智力因素在教学中的作用》等论文与同行切磋交流，通过参加各届年会，收集信息，拓宽视野。他博知多识，勇于求索，运用新的教育理论，结合寿宁教育的实际，为各学区教师作《怎样上好一堂课》《如何激发学生学习的兴趣》《智力及其培养》等专题报告，深受欢迎。他不顾年老，每学期都和进修校教师一起下乡，走遍寿宁各学区中心校和一些单人校。他每到一校，都紧抓工作，检查、听课、评课，他工作认真，听课后他能一丝不苟地向授课教师作细致的反馈，和教师们共同探讨切实可行、更先进的教学方法。县进修校每学年暑假安排教师培训，他都提前准备，收集大量资料，厚积薄发，写好讲稿，其《个别差异与因材施教》《教学改革的管理学问题》等讲座，观点新颖，内容丰富，信息量大，实用性强。

此外，林宸还兼任福安师范寿宁分班、寿宁电大文秘班、寿宁职教办业余中专夜校、函修组产班等的心理学课程以及寿宁技校的语文课程，为寿宁县培养合格教师、提高干部素质，尽心尽职，贡献力量。1988 年，林宸被评为中学高级教师。

林宸在寿宁从教 30 多年，默默耕耘，竭尽心血，把青春献给了寿宁。1987 年他退休后定居福鼎，仍然关心教育和老人事业，继续发挥余热，任福鼎市离退休教育工作者协会副会长、市老年大学诗词班教师，编写《福鼎市教育志》，参加市家长学校讲课及市中小学督导评估工作，1993 年被评为市政协系统先进工作者。

林振先生小传

朱挺光

磻溪风光秀丽，人文隽雅，磻水源远流长，沿街而过，溪边有大宅，乃吾友林振君之故居。林氏为吾邑大姓，族居于此。君父讳林咏奇，字大可，清末郡庠，即食廪饩，任福清教谕，存记县知事，科举废，复毕业于福建法政专门学校，充磻溪书院山长，旁通诸子百家，精研岐黄，为世所重，尤善治麻疹，民间称之专家。

君有昆仲三人：长兄林寅中学毕业，从事小教工作；次兄林宸厦大毕业，历任各地中学教员；君其季也。少随父游，跬步不离。其父受外墩村父老聘就西席，君随侍在侧，余随父至戚家做客，与君邂逅相逢，遂成总角之交。尔后虽各奔前程，而鱼雁往来不辍。

君毕业于福建省义教师资训练班和省小教校长班，历任仙蒲、蒋阳、油坑、磻溪、琳阳、琳江、前岐等小学校长 20 余年，桃李满蹊。中华人民共和国成立后，君弃教从医。盖幼时随父研究岐黄，良有所得，复以天资聪颖，勤究内之学，手不释卷，遐迩医道大行，命剂无不奇中，远近共称良医，特以擅治麻疹见称。病者登门求医，络绎不绝，君救死扶伤，不辞劳瘁。邻村某有急病，中夜遣人挝门相延，家人辞以明日，君即披衣而起，曰："倘不及治，吾之过也，何以自安!"立趋之。诸如此事，不胜枚举。君性恻怛，多所不忍，贫者就医，既不收诊费，更资其药物。君尝任福建省卫协会会员、福鼎科技协会会长、白琳防疫站站长、卫协会主任、卫生院医师等职，更著医案，积稿盈帙，其文雅驯，一望而知为医林耆秀。

君诗词造诣颇深，大作常见《太姥诗讯》。1992 年游京沪、苏杭等地，每游一处，必赋诗记胜，应邑内外折枝吟唱，皆能获奖。

君性嗜花，尝往苏杭等地购名花异卉，盆栽分植，凡百余种，簇簇满楼台，花香四溢。君早晚灌溉，从不间断，人皆厌其烦，而君视其为修身养性之乐事。

君好客成性，意厚心诚，每友人到，恒留住数日，殷勤接待。更可贵者，为其子与媳之贤，大有乃父之风，待人唯恐不周，尊父辈之友，不敢稍有怠慢，顾其平日事亲之孝行，更不言而喻。君之叔父挺英公，乃邑之廪生，曾任磻溪小学校长，素孚众望，膝下无嗣，由君承继，君视同生父，不敢稍有差移，孝悌精神，一本至性。君妻郑氏，相夫教子，卓著贤声。君家妻贤子孝，一门雍顺晏如，君亦沾沾自喜。

悲呼！天妒英才，夭我林君，年仅三十有六。君有一子三女，其子福建中医学院毕业，现为白琳卫生院医师，好学勤研，造诣颇深，著有医学论文多篇，荣获省一等奖三次；长女师范学校毕业，服务教界；次女三女，皆各有所成。孙儿孙女，均负笈省地学校进修，成绩斐然。

姥山苍苍，磻水泱泱，地灵人杰，其斯之谓与。承嘱撰传，窃愧不才末学，无以彰君之贤与德，叨在至交，聊书数语奉献，尚希亮鉴为幸。

老支书林代满

林世振

磻溪村老支书林代满，花门楼村人，生于1920年。

林代满于1950年任磻溪村支部代书记、小公社社长，20世纪70年代恢复大队，任大队长和书记，1980年后成立磻溪行政村，一直连任书记至20世纪末。退休后仍住村委会五六年，指导并帮助新人，倾尽全力协助地方公益事业。

任职期间，林代满将村财收入全部用于公共事业建设。20世纪五六十年代，他组织兴建鲤鱼池小公社办公楼，重建村医疗站；20世纪70年代初，农业学大寨，他领导村民开辟古坪头茶场、柘楼仔茶场、坪后尖峰山茶场，同时兴建王六坪大水库，建柘楼仔水电站，建大队办公楼和茶厂；平整土地时，领导村民整改九斗洋和车岭洋；教育方面，创办古坪头民办校、仙头仔民办校、车岭民办校、杜岭民办校、岭头山民办校、花门楼民办校，建设冈尾山完小校，1986年为中心校建盖教学楼。

林代满终生未娶，更无子嗣，孑然一身，一心扑在工作上，除回家吃饭外，睡觉、活动都在村委办公楼。他一生勤勤恳恳，艰苦为公创业，从不谋私利，既不图名，更不求赏，也不顾别人评论，只求公私分明，问心无愧。任职期间，除必要的正式接待外，他有“三不”：一不抽烟、二不喝酒、三不请客。他不仅省下经费干事业，为其他干部树立了榜样。组织村干部开会，不过三言两语将任务布置完毕；遇村民反映情况，他也从不讲客套话，开门见山，单刀直入，果断做出决定。他刚直的性格、强硬的口气，虽然令有些人心里不快，但其公正无私的作风，让人们心服口服。

因为一心为公，他一直为广大干部群众所信任、拥护，担任磻溪村支部书记长达50年之久，被人们亲切地唤为“阿满公”。

林代满虽是个粗人，但对待工作却十分严谨。每逢大事，他必亲临现场，深入调查，周密考虑，亲手操作，亲自解决，直到群众满意为止。对于上级布置的计生、秋粮入库等工作，他从来保质保量完成，从不拖泥带水，每项工作都率先完成。

林代满虽未读书，但深明大义。其父早逝，母孀在世，他对母亲非常孝顺，嘘寒问暖，言语和顺，尽心奉养，几十年如一日，直至其母仙逝。民国期间，社会动乱，兵祸四起，为了避抓壮丁和战乱，他常携家人四处奔波。父亲去世后，他力承一家之主的重担，艰辛劳作，养家糊口。因家贫，他和二弟代述均未娶妻，也无上过校门，兄弟二人合力培养三弟代时读书，并为他娶妻，兄弟三人共创一家之业。代时生三男，他又为培养 3 个侄子读书上大学、安排工作而操尽心血。长男开宝，1986 年毕业于清华大学，为恢复高考后福鼎第一个清华大学毕业生。

曾有许多人为林代满介绍对象，劝他立家生子，以防老年无人照应之苦，可是他婉拒如意，一拖再拖。花甲之年，仍有一位姓郑的女士钟情于他，可最终还是未能缔结良缘。退休后，虽无“老来伴”在身边的无微不至，但弟弟一家耐心细心的照顾，也使他安享晚年。2009 年，林代满 90 岁大寿，其弟一家为他大办筵席，并在筵席中为他举行祝寿仪式，舞龙助兴。2010 年 3 月，他卒于福鼎桐城，享年 91 岁。

竹雕艺人林逢迁

林丹球

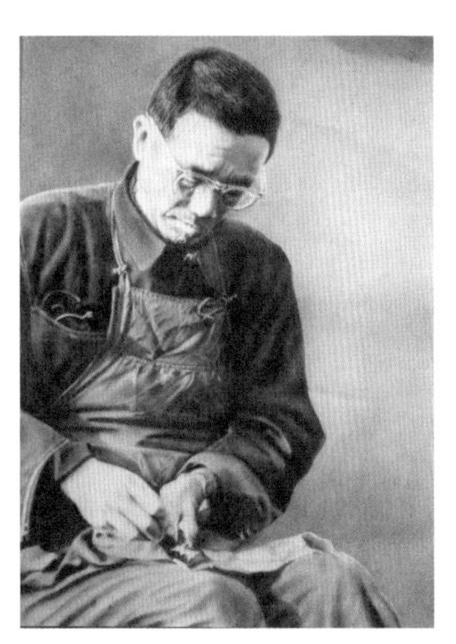
林逢迁像

林逢迁，磻溪紫岭人，幼年受过良好的教育，熟读《三字经》《千字文》《识字贤文》《弟子规》《琼林》等，有较好的文化功底，这为其后从事书法竹雕艺术奠定了良好的基础。

林逢迁少年及青年时，正值中国社会动荡不安的年代，他自然不能置身事外，一生命运多舛。34 岁那年，他身患肺穿孔，吐血不止，几欲丧命，康复后再也不能从事农业体力劳动，于是改学竹雕手艺。

林逢迁 35 岁开始学竹雕手艺，师从霞浦后山竹雕师永久。他天资聪颖，智慧过人，加之起早贪黑，勤学苦练，不到三年就学而有成，稍有名气。

在从事竹雕艺术的过程中，林逢迁结识了霞浦六都后山的竹雕师傅林毕基。两人技艺不相上下，刀刻技艺各有千秋，常互相学习、切磋，取长补短，林逢迁因而受益匪浅，技艺日渐纯熟。

在研究竹雕技艺的同时，他还刻苦钻研王羲之的《正草隶篆》四体千字文，把书圣的书法融入竹雕的技艺之中。他以刀为笔，以竹为纸，用刀流畅，行云流水，字字龙飞凤舞，笔笔铁画银钩。

林逢迁大部分竹制作品都在椅背上。有“古诗词摘录”，如杨万里《小池》中的名句“小荷才露尖尖角，早有蜻蜓立上头”，苏轼《题西林壁》的名句“横看成岭侧成峰，远近高低各不同”等；有“毛泽东诗词名句摘录”，如“为有牺牲多壮志，敢教日月换新天”“雄关漫道真如铁，而今迈步从头越”等；有《增广贤文》名句，如“近水楼台先得月，向阳花木早逢春”“少年不知勤学早，白首方悔读书迟”等。

林逢迁常在椅背上雕刻花鸟图案，非常精美，并常为图案配上恰如其分的题词，如“鸟语花香”“莺歌燕舞”等。那图中所刻之鸟作势欲飞，栩栩如生，惟妙惟肖；

那所雕刻之字，字字珠玉，笔走龙蛇，图文并茂，相得益彰。

林逢迁还在竹制笔筒上做雕刻。他的狩猎图雕刻作品，用高浮雕和镂雕等多种技法环筒壁一周进行雕刻，将王孙贵族围猎的情景真实表现。图中山深林密，怪岩重叠，古松奇藤，枫桐浓茂，构图层次分明，错落有致，画面意境深邃幽远，将人的神情和马的动态雕刻得细致入微。

林逢迁竹艺书法作品

除了从事竹雕外，他还兼加工竹椅、竹床、小孩坐轿、两头插竹床等。他所加工的竹椅、竹床、小孩坐轿、两头插竹床美观、大方、实用、价廉，设计独特，使用方便，深受消费者喜爱，许多人慕名前来购买，常常供不应求。

福建日报社记者亦曾闻名专门到磻溪采风，将其事迹及竹雕作品照片付诸报端。

说书艺人王得租

王忠坤

我的爷爷王得租（1915—1983）是个快乐的说书艺人，他对生活自信乐观，喜好结交朋友。爷爷以说书播撒快乐，品味历史，传承美德。至今霞浦、福鼎和柘荣的许多乡村的上了年纪的老人一提起他，便眼睛发亮，绘声绘色地说起爷爷身穿长褂、手执小钹、时说时唱的情景。

20 世纪 80 年代初，每当有人夸他声音好，听着享受时，爷爷总高兴地说宁德文化馆留有他的说书录音，自豪之情溢于言表。

姑母之爱

爷爷王得租，字常宗，1915 年生于赤溪村东坪里自然村，是家里的独苗。

爷爷从小在乡村山林里嬉戏，在小溪中度过无忧无虑的童年。10 岁时，他开始到坑里弄杜家祠堂接受私塾教育，懵懂初开。一年间，天资聪颖的爷爷便会识字、阅读，为他后来博览群书、洞明世事、练达人情打下了坚实的基础。可惜好景不长，第二年一个初夏的中午，放学回家涉水过溪的爷爷被突如其来的洪水冲走，所幸被人及时救起，但他心爱的书包和课本没了。惧于洪水的威胁，在生命与求学的艰难抉择中，爷爷选择了辍学。

侄儿的辍学牵引着姑母的心。爷爷的姑母是个精明能干的女人，也是爷爷的贵人，她嫁到鱼米之乡的霞浦牙城镇的陈家，在牙城经营商铺、渔船等各类生意，家族兴旺。爷爷在其姑母的安排下，到商铺里当起了伙计，从卖饼做起，学做生意。在这里，爷爷接触了形形色色的人，接触了人生百态与世态炎凉。年轻的爷爷在这里既结交了许多良师益友，学会了精明，也沾染了赌博的习气。因赌博，爷爷一次次地把老家的山林、竹林、田地典当出去，而姑母则一次次地把这些家底赎回。爷爷的姑母视他如己出，对爷爷始终，疼爱有加。她先是为爷爷安排了婚事，安排爷爷师从柘荣老先生，开始了五年之久的游历说书的严格训练。柘荣老先生见爷爷对说书是真心喜欢，也有真悟性，便倾力相授。业已成年成婚的爷爷，经历这番调教，对说书艺术更为专注，心无旁骛。

播撒快乐

爷爷学成出师，单独游方说书，大约是在 1940 年。彼时成婚后的爷爷将女儿托付给他牙城的姑母，自己则以自由之身游走于霞、鼎、柘的村村寨寨、集市街巷，利用农闲的余暇时光（一般都是夜晚或雨天），在祠堂、农家大院或县城的农贸市场给群众说书。爷爷早期的经典作品有《三国演义》《隋唐演义》和《薛仁贵征西》。

《三国演义》人物众多，故事情节跌宕起伏，为了让普通群众听得明白，他自编了七言“序头歌”，简称“序头”。每次开始时，他那敲着钹儿，唱上一段序头歌（用霞浦话），然后开始讲故事。中间休息之后，他也要唱上一段序头歌，既是调节听众的情绪，吸引听众注意力，也让听众在简洁优美的序头歌中重温故事情节，品味人物秉性。

爷爷的说书能达到牢牢地吸引着听众这种艺术效果，原因主要有二：

首先是语言文字优美传神。每逢余暇，爷爷总是戴着眼镜，手捧线装本原著在僻静处，或坐或站，一句一句地用霞浦话唱读，琢磨体会，用心记诵。所以说书时，爷爷总能忠实于原著。这些原著本身是半文言半白话的，爷爷平时的台下功夫就是把原著当演讲稿，字斟句酌地推敲，一遍又一遍不厌其烦地准备。特别是文中的诗句、对联，不但要记得一字不差，而且要将内涵阐释得准确、易懂，才能带给听众极强的艺术美感。

其次说书时声情并茂。爷爷身材高大，中气十足、中音浑厚，说话铿锵有力、掷地有声，有极强的感染力，瞬间即能成为听众的中心，此“声”之谓也。“情”则在于爷爷对这些英雄人物的刚健勇武、保家卫国的精神以及大气厚德的人性光辉真诚热爱，说人物时总能倾注满腔热情。所以不论是人物的出场，还是故事的演进，抑或是打斗场景的描述，都能被爷爷表现得活灵活现。

如鱼得水

爷爷享年 68 岁，恰好以 34 岁为界，前半生在中华人民共和国成立前，后半生在中华人民共和国成立后。

中华人民共和国成立之时，年方 35 岁的爷爷，已是霞、鼎、柘三县小有名气的说书艺人。政府让他在文化馆说书，领固定工资，但因不足养活妻小（一男二女），不久就回到赤溪大队米面加工厂上班。工作之余，他织网捕鱼，夜晚为附近群众说

书，以补贴家用。其间，还应政府号召到南平修过铁路，与同去的乌杯阿满公结为生死之交。爷爷的织网捕鱼术是向霞浦南路及杨家溪一带的朋友学来，极为实用，既为生活增添了乐趣，又为家庭带来丰厚的优质溪鱼，令其他家艳羡不已。夜晚他会应附近各村之邀，到各村去说书，服务大众，既传播文化，播撒快乐，又补贴收入，成就自我。

20 世纪 70 年代，爷爷又恢复大范围的“云游”，足迹遍及霞、鼎、柘各地。彼时由于文化生活贫乏，干部群众都欢迎他来说书。从 5 岁开始，我除了白天上学，其余时间经常跟爷爷一起撒网捕鱼，晚上跟他去各村场子里说书，睡觉时还要他单独说书给我听，直到沉沉睡去。听他说书真是享受。成年之后，我独自阅读他说的书时，总觉得故事毫无生气，而听他说出来则是那样的有声有色，令人情绪激扬。

此后的几年，他大都在福鼎北市场搭台说书，下午一场，晚上一场，台下听众煞是可观，叫好之声不绝。

爷爷 1982 年中风，回家卧病在床一年之后，卒于 1983 年初夏。

乡村好医生周起级

白荣敏

2006年6月2日晚上，福鼎市磻溪镇原中心卫生院主治医师、院长周起级受邀到一病重老人家里出诊，回家途中遭遇车祸，抢救无效，不幸去世，年仅58岁。

6月6日中午，周起级灵柩出殡，山区小镇磻溪的街道花圈似海，人潮涌动，哀乐低回，哭声遍野，来自磻溪各山村的1000多位父老乡亲扶老携幼护送灵柩，和福鼎市各卫生单位代表等悼念人群一起沿着蜿蜒的山路，冒雨为扎根山区40年的乡村好医生周起级送别，久久不肯离去。

周起级是一位乡村医生，以治病救人为天职，他一心一意履行着自己的天职，达到了忘我的境界。

周起级的儿子周敦颐从懂事开始，就感觉父亲很少和家里人一起吃饭，后来长大了才知道，父亲是因为病人太多，无法准点吃饭，他说："一家人能和爸爸一起吃顿饭，成了一件很奢侈的事。"

在农村，农民大多早起，有病也是很早找医生。长期以来，周起级每天早晨5点多就起床接诊，有时他牙膏刚刚挤在牙刷上，就听到楼下有病人叫，他放下牙刷就下楼，等到中午看完病人上楼看到随手放着的牙刷时，才想起早晨牙还没有刷，更别说吃早饭了。

平日里吃完午饭，周起级就来到诊室。他在诊室的角落放了一把躺椅，将就着打打瞌睡，一有病人来求医，就马上为病人看病。白天病人看不完，晚上接着坐诊。深更半夜，不管多困多累，只要群众需要，他二话不说，起床出诊。

周起级一生为病人把脉无数，右手肘处长了厚厚的茧。

住在磻溪村外山群自然村的林新达4年前上房顶修瓦时摔成腰椎断裂，下半身截瘫，长期卧床，周起级定期出诊，为他诊疗护理。林父生前长期患病，都是周起级给他看病，而且也是随叫随到。林母感激周起级，养了几只老母鸡想送给他，都被堵了回来："有鸡就给孩子补身体。"被周起级救治的人多了，人们都想着办法感谢他，却都被他一律回绝。

周起级生于太姥山麓福鼎市磻溪镇湖林村，初中毕业即随父亲身边学习中医。当时农村医疗条件落后，他耳闻目睹疫病流行，农民疾苦。面对百姓的呻吟，他愈加坚定了学医救民的信念。

他白天当学徒，晚上钻研医学知识，达到了如饥似渴的程度，经常挑灯夜读到凌晨。经过两年的努力，他开始独立行医。之后，他边行医，边学习。每救治一位病人，他都会对照书本总结经验；每遇到一个医学难题，他都会向父亲和同事求教。

有一天，他发现身边的天地很小，他有更多的医学难题难以解决，有更多的困惑没有人给他解释清楚，便决定参加函授。这时，他已结婚，并且有了两个孩子。他报考了北京中医学院函授班，手里捧着从北京寄来的各种医学书籍，如获至宝，如痴如醉。女儿回忆，那段时间，父亲从诊所下班回到家里，帮母亲料理部分家务后，即坐下来读书，到凌晨 3 点才躺下睡觉。在冬天，周起级两脚被冻得没有知觉，到第二天起床还有麻木感，就叫女儿帮他搓脚，稍有缓解后就去上班。每天如此。

就这样，只有初中文化水平的周起级硬生生地读懂了那些“天书”，慢慢地成了远近闻名的乡村医生。他经常用其独特的中西医结合的治疗方式诊治疑难杂症。1992 年 10 月，福建省首届农村基层医院中西医结合学术研讨会召开，周起级《单方木贼猪肝汤治疗肝阳偏盛头发脱落临床验证》等 3 篇论文参加大会宣读，均入选研讨会论文选编。

2000 年 5 月 20 日清晨，天蒙蒙亮，周起级像往常一样亲自打开卫生院大门，这时门外已经围了许多从十里八乡赶过来找他看病的乡亲，于是，他也像往常一样，来不及吃一口早饭就开始了一天的坐诊。突然，他在老家湖林村的家人打来电话，说 98 岁的老母亲病危，让他马上赶回家里。但是，挤满诊室的病号中，有远道而来的泰顺人和霞浦人，也有必须立即采取措施的急症病号。面对他们，周起级压抑着心中的焦虑和对母亲的担忧，仍然耐心地一个一个为他们诊断……等送走最后一个病人，时间已接近中午，他急忙动身赶回湖林老家，老母亲已奄奄一息，来不及也无力给他留下一句话，随后就离开了人世。

周起级跪在老母身边失声恸哭，只求老母能够理解并原谅他，面对那一双双因病痛而渴盼救治的病人眼睛，他难以推辞。这，成为周起级一生的遗憾愧疚。

但周起级不后悔。在当时情况下，他只能这样做，唯有如此，才对得起他的病人。这是一位好医生的内心天平：一边是家庭小爱，一边是苍生大爱，他选择了后者。这是一位好医生的精神境界：为群众看病是他的天职。

类似的事情不止这一件。2004 年 10 月的一天，妻子因患糖尿病加重，突然昏倒。

家人赶到卫生院催他回家，而刚好卫生院有危重病人需要周医生抢救。他叫一位年轻医生先去看妻子，自己一直等到危重病人脱离了生命危险后才回家。还好，妻子已经苏醒。

苏醒后的妻子知道这事后，并没有一句怨言，因为她知道，病人在丈夫的心中永远占第一位。

周医生妙手仁心，不仅得到群众的好评，更得到党和政府的肯定，各级政府及卫生部门多次授予他“十佳医生”“农村卫生工作勤奋敬业奖”“优秀共产党员”等各种称号和荣誉，就在其去世的前一年，其还获得福建省“农村卫生先进工作者”称号。

投身反“围剿”的夫妻

翁月忠

1934 年 10 月，霞鼎县委书记许旺根据闽东红军独立师主力回师内线作战的有利时机，派出工作队深入磻溪乡基点村，恢复建立区、村苏维埃政府。经许旺介绍，我父亲翁向语参加了上西区游击队，我母亲陶雪娇到上西区苏维埃政府工作，担任妇女委员。翌年，经上西区苏维埃政府主席张位丕介绍，我父母加入中国共产党。

1934—1935 年，国民党调集重兵残酷“围剿”上西区基点村。我父亲所在的上西区游击队奉霞鼎县委命令，积极配合霞鼎工农赤卫队独立营及霞鼎泰工农赤卫队先后攻打仙蒲、磻溪、古坪头、五蒲岭、牛埕、油坑、后坑、湖林碉堡、店下大帝宫等地，还在许旺的带领下参加楰岔头伏击战。随后红军主力上调，父亲奉命留下来坚持斗争。由于叛徒出卖，许旺等被捕牺牲，地方党组织及苏维埃政府遭到破坏，父亲根据上级指示，避开敌人搜捕，隐蔽下来。中华人民共和国成立后，父亲被评定为老红军失散人员，并领取老红军补助。

在那个红色革命年代里，母亲积极参加苏维埃政府组织的抓土豪、筹财政、镇压反动派等斗争，同时发动群众开展抗租、抗债、抗捐、抗税、抗粮的“五抗”斗争，出色完成上级布置的为红军游击队做军鞋、军装、发动青年参军参战的任务，多次受到霞鼎县委及二区区委领导的表彰。1935 年夏秋，红军主力反“围剿”斗争失利，转移外线作战，母亲随党组织和红军游击队转移到福鼎、柘荣、泰顺的边界山区开展革命斗争，参加了闽东浙南苏区的三年游击战争。1936 年夏秋，母亲奉命与翁以式（时任工农红军鼎泰独

翁向语红军失散人员定期定量补助证

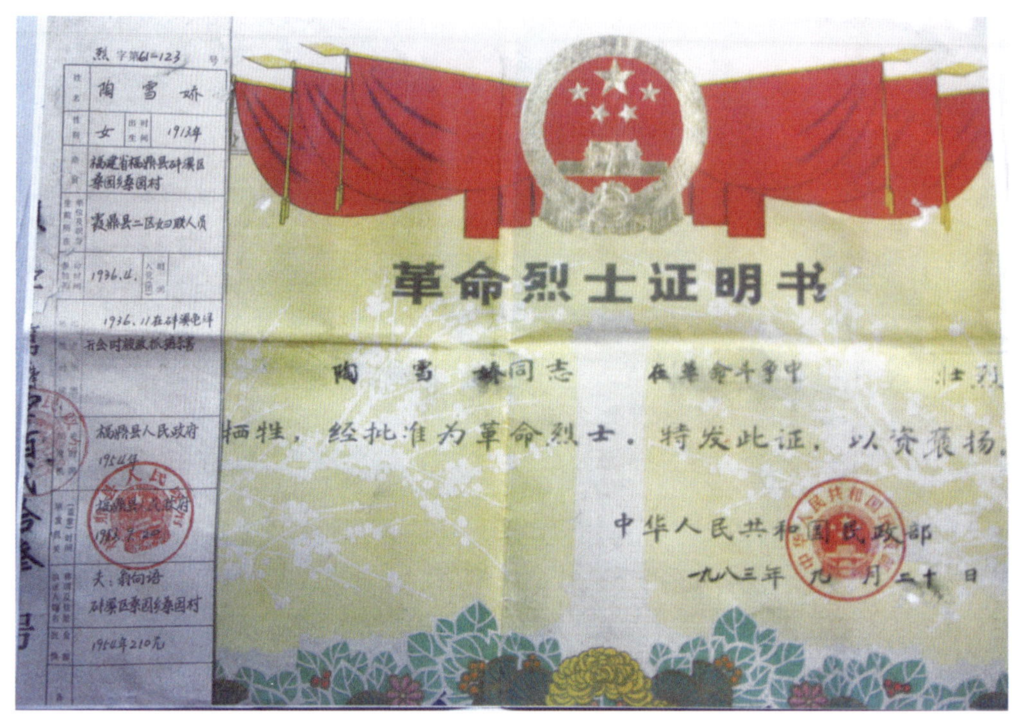

陶雪娇革命烈士证明书

立团工委工作人员）回二区基点村开展工作。有一天，国民党保安队对龟洋村开展“围剿”，当时我母亲与翁以式正与村里组织妇女开会，为掩护妇女撤退，我母亲与翁以式与敌展开激战，壮烈牺牲，年仅 23 岁。中华人民共和国成立后，我母亲被福鼎县人民政府追认为革命烈士。

往事钩沉

南宋桑园村大瘟疫

翁以源

南宋景炎元年（1276），桑园里翁姓族群发展到300余人。此年春天，桑园发生大瘟疫，全村300余人仅剩1人。2003年版《福鼎县志》记载：“景炎元年春，桑园村大疫，翁姓百户三百多口仅一人幸存。”

据传述，此幸免之人乃翁廷恩（十八世）妻石山林氏，因回娘家才幸免于难，此时林氏已有身孕。林氏自觉面临灭族的灾难，向天悲怆，祈愿曰：“上天呀，你若不绝我翁家就赐我男孩吧。”幸哉！天无欲绝翁，果真添以男孩，便是翁子友。翁子友生二子，长子三五、二子吉，三五传二代后无继，吉生二子宗宝、宗杰（二十一世），分平、心两房传衍至今。自子友传今735年，翁氏现有子孙2500多人。

翁氏子孙每叙起翁氏此段历史，莫不心涌悲伤，怆然泪下。这一不幸历史事件也告诫我们，人类生存的生活环境和卫生条件不容忽视。

磻溪林氏勇斗贼寇

林孟基

清顺治十四年（1657），海寇猖獗，不但在海面打劫来往船只，还盘踞在秦屿镇的才堡、潋城等地，冒充郑成功部下到白琳、点头等地索要饷银，村民不给者，即招来杀身之祸。当时海寇骚扰各地，官府无能为力。

有一小队海寇到磻溪收饷时，林氏地房拒不缴纳。磻溪林氏分天、地、人三房，乃宋武状元林汝浃后裔，子孙人人都会武术，特别是地房林氏更是人丁兴旺，人才辈出。因林氏人多势众，小股海寇不敢贸然动手，马上把这一情况回报海寇头领。头领即率众伙同山贼陈坤生、马穆等几千人前来攻打磻溪。林氏族人提前得知消息，积极应对，在白琳火炮坵村南门岭建成寨子，安上栅栏，抵御贼寇。附近村庄如黄冈、车岭等他姓族人也纷纷加入抗拒贼寇的斗争中。

火炮坵村南门岭是当时白琳通往磻溪的必经道路，地势险要，易守难攻。二月二十五日夜晚，几千海寇山贼开始进攻南门岭。磻溪群众奋勇杀敌，由林兆志率领十八好汉把守南门寨，远用炮轰，近用搏杀，贼寇死伤不计其数。战斗一直打到二十八日午时，栅栏终被贼寇攻破，林兆志与十八好汉力战而死。民国《福鼎县志》载："黄冈人周文绪、磻溪人林茂龄，俱明庠生，顺治间山海寇发，众推为乡长，立栅固守。已而寇悉众至，力不能支，寨破皆被杀。"攻破栅栏后，海寇山贼见人便杀，村民们闻讯逃避于山野。车岭有一村民因参与杀敌，不幸被俘，身体被贼寇砍数十刀，惨不忍睹。贼寇蜂拥进入磻溪西宅，将村中财物掳掠一空之后，即放火焚烧房屋，几百榴大宅瞬间被烧为平地，成为废墟。

事后，为保卫家园，族人公推林兆森为乡长、林兆翀为社长，率领族人立栅栏于南门寨以防贼寇，贼寇有十余年不敢再来侵犯。

林氏曾于西宅废墟上立碑纪念了这一变故。

“吴盛泰兴记”的那些人和事

吴敬禧

明成化九年（1473），蓝溪（青坑）吴氏第五世长房（仁房）迁赤溪坪，是为赤溪坪吴氏。至十六世吴大柯时，吴氏在赤溪坪上井建造大厝，即现存赤溪坪古厝，古厝历经300多年，保存完好，其恢宏规模、精细做工及古朴典雅犹清晰可见。十七世至二十一世间，赤溪坪吴氏历吴士昌、吴肇沅、吴观栋等数代，家声兴振，世业旺盛。吴观栋与吴敦璟父子系前清同科邑庠生，一时传为佳话。大约至吴观栋之长子吴敦琦一代，始创“吴盛泰兴记”商号，并营建商铺，坐落于赤溪店，当地俗称“下店”，主要经营茶叶、布店兼染坊等生意，颇负盛名。

民国期间，“吴盛泰兴记”由吴敦琦次子吴本佐主理。吴本佐（1907—1943），字克明，毕业于霞浦近圣小学，青年时期接手经营茶叶生意，到福州茶行与老板洽商，预提采购茶叶成本金，并在本村成批收购茶青加工后，以肩挑运达福州销售，同时，开设布店、染坊等，生意颇兴隆。不幸因祖屋遭回禄之灾而荡产，后转职霞浦陇头初级小学任教员。次年，经推荐任水门乡经征处主任、霞浦县保安队总务长、柘荣特种区双城镇镇长等职。因患肺痨之疾，不幸于1943年冬英年早逝，仅36岁。

吴本佐之长子吴思藩（1925—2001），原名吴思任，后名吴思仁。他12岁起随父就读于陇头初小，次年又因父工作变动进霞浦县城居住，就读霞浦县作元小学，毕业后升霞安鼎联立初级中学，中因父遭逆运卸任县保安队总务长而辍学。初任霞浦县保安队文书，又随父赴柘荣特种区任经征处征收员，不久因父病重垂危辞职返乡。后经推荐，转任霞浦松山乡公所会计、盐田镇公所事务员、三沙镇公所事务员等职。在三沙镇任职期间，得镇长刘宜坤赏识厚爱重用，遂亦加入由刘宜坤组织的中共地下党。1949年6月14日三沙解放时，吴思仁接任三沙镇人民政府办事员，承担迎接解放军解放嵛山岛支前任务。1949年后，先后任三沙税务所税务员，1950年调霞浦县税务局税政股工作，1953年霞浦县成立专卖公司，调霞浦县专卖公司任业务股长，同年出席福建省商业厅贸易系统先进工作者代表大会。1957年开始辗转于家乡赤溪大队东坪里、小溪、半山、湖里、丘宅等村，任教民办教员23年。1980年获落实政策得到平反，办理退休，1985 年 4 月改为离休。1983 年 2 月举家迁居霞浦县城。1989 年 10 月 1 日，福建省商业厅授予荣誉证书："吴思仁同志，从事商业工作 30 年以上，为我省商业经济的发展作出了贡献。"

吴思仁童年多随其母舅杜悦鸣在霞浦县城求学、生活。杜悦鸣与黄寿祺系同窗挚友，吴思仁故得以常伴黄寿祺兼理书童数年。黄寿祺才学杰出，与杜悦鸣交往甚密，曾多次造访乌杯杜悦鸣家。一次黄寿祺由盐田乘船向三沙转路，登船前黄寿祺在埠头即兴赋诗，以木炭题壁，抵三沙埠头又赋一首，皆由吴思仁当即抄录记之。杜悦鸣英年病逝，著作散失，吴思仁为追藏先舅杜悦鸣著作，曾于 1986 年专信向黄寿祺索藏，同年 6 月 3 日黄寿祺书复，一一罗列了杜悦鸣一生的著作与篇目。

五蒲岭、三十六弯的人与事

耿培坎　黄鼎立

五蒲岭是原霞浦县九都11个村庄之一，福鼎设县后属十五都。清嘉庆《福鼎县志》记载："高峻凌霄，下为三十六弯。《府志》：'屈曲迂回，路遥地僻，元末常为盗薮。'"

福建北驿道始于唐朝，原道路经过磻溪镇有20千米，其中经过五蒲岭及三十六弯10千米。经过五蒲岭、越南山溪达蒋阳，明时改南山溪过三十六弯直达蒋阳（秦公桥北石碑记载，现已毁）。五蒲岭于宋时就设有铺递，一直延至清末。明清设有五蒲岭及三十六弯关隘，清时设有五蒲岭塘，三十六弯塘，着桐山营派兵守卫。古道保留有五峰亭、五峰桥、秦公桥及石碑，清嘉庆《福鼎县志》记载的五蒲亭在清末已毁。三十六弯西边北罗洋山岗建有金盘寨，乃元末以来匪徒盗贼窝藏地，该山寨遗址至今还在。三十六弯古道屈曲迂回，宋状元、名臣王十朋，路过长溪（今宁德）留有一首诗《天王寺》："千里归途险更长，眼中深喜见天王。从今渐入平安境，旧路艰辛不敢忘。""险更长""艰辛"即指三十六弯。古道至今留有当年的碉堡、烟墩等军用设施。

从元代至民国以来，不断传闻三十六弯有强盗出没，又有老虎为患，当地百姓经过三十六弯经常要结伴而行。文献记载，清乾隆五十七年（1792）群虎（编者注：疑为狼，虎不群居）为患，白琳至霞浦无人行，福宁府着官兵在三十六弯设阱捕之，获二十余。1930年11月本邑匪徒聚集在三十六弯附近四处肆掠，被油坑村兵战杀多人，而各乡团练复同时严加搜辑乃被消灭。

五蒲岭村盛于明清，延续20世纪五六十年代。村街长达200米，鼎盛时人口有300多人，开办有茶肆、酒家、杂货店、客栈、手工制作食品作坊等。古道东边上寮岗有建于1931年的莲花寺，西边金盘岗有建于明万历十八年（1590）的金盘寺，两寺信众、香客、游客多，香火旺盛。

如今交通发展，古道荒废，随着打工潮兴起，很多人举家搬迁，五蒲岭人口已寥寥无几。古道两旁山上有许多茶园，荒废多年，藤蔓蔽日阴森恐怖。清乾隆时期蒋阳至五蒲岭一带是天然茂密的森林。这一带有许多野生的大毫茶、大白茶树种。文献记载，福鼎大毫茶的原产地是点头翁溪汪家洋村，其村药农林圣松从太姥山麓五蒲岭发现并移种至汪家洋。

当年，精明的耿氏先人耿应炉、耿建凤（又名耿原成）、耿乃铨、耿董杰、耿友寿（又名耿勇利）充分利用当地大白茶的资源，自行研究制造白茶，在五蒲岭开茶庄，制茶作坊，收购村民的茶，并销售给白琳茶商，运往福州、温州、宁波等城市，远销美国、英国、新加坡等国家。

秀才林大可告倒县太爷

林孟基

磻溪北洋里林氏二十八世孙林咏奇，号大可，清光绪甲申秀才补禀，民国壬子年法律科毕业。其人资质聪明，才思敏捷，足智多谋。

1908 年 11 月 14 至 15 日，慈禧太后和光绪皇帝相继驾崩，清廷要求举国哀悼，全体官员都要披麻戴孝。时福鼎县属下衙役身穿红领褂，腰佩短刀，下乡收取赋税，对无钱交纳赋税的人非打即骂，乡人无不义愤填膺，但又敢怒不敢言。磻溪北洋里秀才林大可时值年盛，血气方刚，看不惯衙役的无理行径，在磻溪碇步头借故将衙役红领褂撕下扔到溪里。衙役大怒，但因其是秀才，功名在身，不敢贸然拘捕，只能立即回县禀报。县令听后非常生气，认为撕下衙役的红领褂是对他的藐视，于是立即革去林大可秀才功名，并以妨碍公务罪抓捕治罪。

众衙役得令非常高兴，迅速动身前往磻溪，可当他们来到磻溪北洋里时，发现林大可家大堂上搭有光绪皇帝和慈禧太后的孝堂，还有武举人吴锦成在守孝，于是便不敢贸然冲进去抓人。吴锦成武功了得，衙役自然不是其对手，不但抓不到林大可，还有冲撞光绪皇帝、慈禧太后孝堂的罪名。于是想着等吴锦成走后再对林大可实施抓捕，可吴锦成在林大可家为光绪和慈禧太后守孝一守就是 3 天。

原来衙役走后，林大可自省撕褂之举虽然痛快，但未免过于冲动。衙役回城后，定会向县令禀报，县令也一定会马上来抓人，无辜被罪不说，就连功名也可能不保。不过错已铸成，悔也无益，他又想此任县令本来为非作歹，干脆一不做二不休，想办法把县令告倒。他低头冥思苦想，终于想出了一个计策。

林大可先是在大厅上搭起光绪皇帝和慈禧太后的孝堂，然后差人往黄冈蛤蟆座请来武举人吴锦成在孝堂守孝，自己则动身赶往福宁府状告福鼎县令及衙役在光绪皇帝和慈禧太后驾崩期间不披麻戴孝，反而身穿红领褂下乡四处扰民，犯下大不敬之罪。福宁知府李树敏和福鼎县令胡成鼎相交甚厚，本有心袒护，但大不敬之罪，罪莫大焉，实是爱莫能助。可怜胡成鼎逞威不得，反被革职处理。

乡民们对此任县令作威作福早已深恶痛绝，闻他革职，无不拍手称快。林大可告倒县令深得民心，被大家广为传颂。

磻溪根据地的斗争

杨祖良

磻溪镇是革命老区，下山溪、马兰溪、福溪、庄边、梨园、梅洋、龟洋等村是霞鼎县委、霞鼎泰县委的主要革命根据地。1934—1935 年，霞鼎县委、霞鼎泰县委、闽东红军独立师、红四团曾多次在磻溪老苏区开展活动，粉碎国民党军队、保安队、地方民团对老区的“围剿”。

游击根据地的恢复与发展

建立地方政权 1934 年，国民党调集重兵“围剿”闽东苏区，霞鼎革命根据地转入游击战争。霞鼎县委书记许旺根据闽东红军独立师主力回师内线作战的有利时机，派出县、区工作团恢复乡村苏维埃政府。磻溪乡除了磻溪、油坑二村外，其余的村都恢复了村苏维埃政府，每个村政府设立肃反、财政、军事、粮食、交通、土地、文化等 7 个部门，仙蒲、后坪、福溪等重点村还成立了党支部。同时霞鼎县委根据斗争的需要，在下山溪建立红军养伤洞，在马兰溪建立红军医院，在庄边、梨园、梅洋三村交界处建立了兵工厂，生产土枪、土炮。兵工厂用钢铁铸成的长 1.2 米、直径十几厘米的土炮，现福鼎市博物馆有存。

秘密设立交通站 第二次国内革命战争时期，中共霞鼎县委领导的地方组织在磻溪乡进行活动。应革命斗争需要，1934—1936 年，中共霞鼎县委在磻溪后坪建立霞鼎二区交通总站，主要路线为：“后坪—梅洋—梨园—海洋—桑园—湖林—黄冈—翠郊”“后坪—仙蒲—马兰溪—大洋—吴阳—赤溪—硖门瑞云”“后坪—龟洋—桃坑”“后坪—梅洋—梨园—海洋—大洋—福溪—霞浦柏洋”。这些为服务革命斗争秘密制定的交通路线，是共产党组织内部信件、情报传递及军事物资、药品、生活物资和人员输送的重要通道。1935—1936 年，闽东红四团在马兰溪建立交通站，主要路线为“南福—马兰溪—霞浦三区”。

恢复建立游击队、肃反队，开展斗争 自红四团主力上调，霞鼎中心县委积极发动群众参军参战，建立地方武装力量。霞鼎地区相继成立游击队、肃反队，在根据地群众的支持配合下，积极开展抓土豪、筹财政和镇压反动派斗争。当时，抓土豪、筹财政工作是以各地党支部、村政府、秘密交通员为侦查员，侦准对象后，由肃反队前去抓捕，交区委财政委员审理。除了筹财政外，当时游击队、肃反队还承担着镇压反动派任务，如抓捕为虎作伥、带敌摧残根据地的反动分子和给敌人通风报信而拒绝为共产党报告敌情的反动保甲长、地主等。霞鼎二区后坪游击队、肃反队根据群众要求，抓捕镇压了桑园、龟洋等村反动地主，打击了反动派的嚣张气焰。

深入发动群众，开展“五抗”斗争　霞鼎二区区委、工作团、党支部加强对群众政治工作教育，讲形势、讲前途，教育群众坚信革命胜利，不要受敌人的欺骗，不要受敌人的恫吓。许多群众都说：“我们的心都是红的，敌人来时，我们会来报告的。”同时针对群众的迫切要求，重新提出抗租、抗债、抗捐、抗税、抗粮的“五抗”口号，并派出游击队、肃反队支持群众开展“五抗”斗争。霞鼎二区的村庄成为红军游击队灵活机动开展山地游击战争的主要依托地。

敌人残酷的“围剿”

1934 年，国民党新编第十师由霞浦调福鼎“围剿”红军。六月初三，油坑、后坑反动民团积极配合新十师对老区南广的歇坪、墩头、后坪、梅洋、龟洋 5 个村实行“围剿”。敌人当天枪杀了 18 名墩头村及 70 多名梅洋村男女革命群众，抢光五村粮食和猪、牛、羊、鸡、鸭、鹅等家禽家畜，甚至连南瓜也搜刮走，还放火烧了龟洋、梅洋两村。

1934 年，国民党陆军八十师第三团进驻福鼎仙蒲、牛栏头、翠郊等地。

1935 年 6 月，国民党第八十七师来磻溪“围剿”老区基点村章家岭畲村，焚毁民居共 240 间，枪杀畲民男女老少共计 121 人（占全村人口 86%）。

1934—1935 年，国民党福鼎县政府派 2 个保安队分别驻扎仙蒲、龟洋村，妄图切断群众与红军的联系。

坚持反“围剿”斗争

1934 年 5 月上旬，霞鼎县委工农赤卫队独立营一夜之间打下仙蒲、古坪头和磻溪 3 个碉堡，缴获枪支 10 多支，接着攻打五蒲岭碉堡，缴获枪支 30 多支。12 月 20 日，霞鼎县委工农赤卫队独立营攻克仙蒲碉堡，全歼敌福鼎县保安队第一中队（蒋阳保安队）30 余人。同月，霞鼎泰县委副书记林爱、县苏维埃政府主席吴成带领赤卫队相继摧毁牛埕、油坑、后坑、湖林等地反动堡垒，攻占福鼎龟洋保安队队部，缴获一大批枪支弹药。

1935 年 1 月 16 日，霞鼎县委工农赤卫队独立营夜袭店下大帝宫守敌，活捉敌排长蔡斌三及士兵40余人，缴获枪支40余支。接着又抵达磻溪，打垮从石山前来“围剿”的国民党军和民团，缴获机枪1挺。2月初，霞鼎泰工农赤卫队在吴成率领下第二次攻打福鼎龟洋保安队。5月12日，叶飞、陈挺、许旺等带领独立师特务队、红四团及游击队在楩岔头设伏，全歼前来仙蒲一带“围剿”的国民党新编第十师三团加强连，缴获步枪90支，机枪3挺，冲锋枪1支及许多弹药。

在第二次国内革命战争时期，磻溪根据地共有147名革命志士壮烈牺牲。

日军窜扰礌溪情况

黄菊坡

1945 年 5 月间，日军独立六十二混成旅团司令乔木率直属第三支队和第七联队约 5000 人，自福州、长乐分水、陆两路经闽东沿海各县向浙江北撤。

6 月 2 日，日军主力经霞浦龙亭入境。时值农业大忙季节，农民正忙于耕田插秧，杜家、蒋阳、五蒲岭、金谷、赤溪、礌溪一带群众闻日寇将来礌溪，纷纷躲入深山茂林。未几，日兵到杜家，在美清亭动用机关枪向蒋阳方向探了一会枪，发现无动静，便拔队向蒋阳村推进。当时本县自卫力量在南岭溪制高点站岗放哨，远瞩日军已进驻蒋阳，就举枪向蒋阳方向连续开了几枪。到蒋阳后，日军放火烧了百余间店屋，继而向五蒲岭进发。五蒲岭一路盘折迂回，岭高林密，日军为防袭击，便用迫击炮架在三十六弯桥头向五蒲岭方向开了好几炮，发现无动静，于是才兵分两路前进，一路顺着三十六弯大道至五蒲岭，一路沿着溪口、后畲、山坪、金盘至五蒲岭。日军在五蒲岭驻扎了三天两夜，并在东山顶、五蒲后门山构筑 200 米长战壕沟，司令部设在制高点金盘村洪阿考家。

日军在礌溪乡窜扰期间，奸污妇女 5 人，其中 1 人是 70 岁老太婆。邻近各村的牲畜家禽都被杀光，门、壁、豆腐架、米粉架和其他家具都被拆掉烧饭。五蒲街酒店的老酒被拿去畅饮，而后日兵还把大便拉在酒瓮内。山坪村农民雷阿章在放牛时被抢走了牛，幸而人逃得快，只是肩膀挨了一枪。后畲农民温礼古被打死，赤溪湖里两个撑排过渡的人被打死溪中。竹岚脚房屋被烧了 20 多间。

当时被抓去当挑夫的计有后畲吴明养、五蒲街陈阿进、马宅里马阿牙和金谷八萝洋林阿细兄弟二人等。马阿牙因挑不动当场被打死，林阿细兄弟夜半逃回，其余吴明养、蔡承烛挑到浙江嵊州逃回，陈阿进在浙江乐清逃回。

6 月 4 日傍晚，日军拔队离开五蒲时兵分二路，一路从礌溪沿火炮丘、大赖至白琳，时天黑不见路，日军便把吕厝点着作为照明；另一路顺着古官道至白琳。时五蒲岭至白琳官道多被本县自卫力量挖毁，竹林脚下两座桥也被拆，以致日军马摔骨断不少。

（本文摘编自《福鼎文史资料》第 2 辑）

五峰山“林海娘子军”

耿世文

40 多年前，太姥山西麓的五峰山上曾演绎过一段女子耕山造林的传奇，其主人公就是被誉为“林海娘子军”的磻溪公社金谷五峰山女子造林队。

“我们在经济上也要独立”

1972 年，耿兰花在金谷大队组建五峰山女子造林队。那时，磻溪山区“男主外女主内”的传统思想根深蒂固，社会上瞧不起妇女，妇女干活会被看成是“不正经”，甚至有“妇女能上山，母鸡会叫更；妇女能栽树，不矮就是死；妇女做男工，越做就越空”的顺口溜。造林队副队长、供销社退休职工耿秀莲回忆说：“当时妇女买一根针一根线都得向男人要钱，经济上不独立，就谈不上真正的解放。”

1972 年当选大队支委、妇女主任的耿兰花，一心想让妇女走出家门，参加生产劳动，改变妇女地位。她开始走村串户，发动妇女向落后世俗观念挑战，她挑选 15 位女青年组建五峰山女子造林队，上山造林育林，并立下“誓叫五峰山林成海”的壮言。公社党委高度重视女子造林队的组建，还派了 3 位上山下乡优秀女青年到女子造林队插队劳动，协助工作。

“谁说女子不如男”

造林队从一开始就自己带口粮上山。为了减轻生产队的负担，耿兰花和队员们开山造田，在五蒲长坑里、新庵共开出 30 亩水田，自己生产粮食。后来在县林业局、公社党委、大队两委的支持下，她们在五蒲深湖边盖了一座 7 榴两层石砖结构的房屋，解决了宿舍、仓库、队部、食堂等问题，结束了住寺庙、山棚的日子。值得一提的是，盖房屋时她们大都自己出工出力，挖地基、扛块石、扛木头、挑砖瓦。

此外，她们还栽茶、建基地、养猪、开苗圃、育树苗、养长毛兔、采药材，发展多种经营。为学习尤溪县谢坑罗春娣耕山队育林造林的经验，1974 年 6 月，公社党委决定由金谷大队党支部书记耿仁孝带领五峰山全体造林队队员到尤溪县谢坑罗春娣耕

山队参观学习。时任中共中央候补委员、福建省革委会副主任、福建省妇联主任、谢坑妇女耕山队队长罗春娣热情接待了她们，带她们参观了鬼洞山、虎头山等5个点，开了一场座谈会，并介绍了造林育林经验。罗春娣说，在省妇联时，她从基层上报的妇女工作材料中，知道了五峰山女子造林队的感人事迹，并表示抽出时间一定要到福鼎磻溪金谷五峰山参观、指导。

几年下来，她们征服了十几座荒山，共营造面积达11558亩的人工林，开荒3570亩，飞机播种4000亩，共达15558亩。上寮岗坡陡壁峭，石头多，有野兽威胁，有野蜂狂蛰，她们却征服了它，使成千亩的荒坡披上了绿装。如今五峰山树木成片，郁郁葱葱，让人肃然起敬，由衷地赞叹道："谁说女子不如男！"

既学文又学武

参加造林队前，大多数队员没有文化，个别只读到小学二年级。于是她们办起夜校，白天劳动，由晚上学文化，三个女知青分别教授语文、算术、音乐。对于没文化的人而言读书写字要比拿针拿锄头难得多，但她们克服种种困难，经过几年不懈努力，终于摘掉文盲帽，不但能读书、看报、写日记、打算盘，还会唱歌、跳舞，并用普通话与领导、同事、客人交流。那时五峰山女子造林队队部每天晚上书声朗朗，歌声嘹亮。许多队员深有体会："我们治了荒山，又治好了睁眼瞎。"当年的造林队员后相继从这里走出去，活跃在福鼎各机关、工厂、企业，并有5名女青年加入中国共产党。1979年底，五峰山女子造林队被评为宁德地区"绿化先进集体"、省"三八红旗集体"、全国"新长征突击队"。队长耿兰花荣获全国"三八红旗手"称号，队员蔡凤珠曾被选为县革委会委员，副队长耿秀莲被县委抽调参加管阳公社路线教育工作队，许多女青年被评为公社和县的"优秀青年""三八红旗手"。

五峰山女子造林队合影

除了学文外，造林队还学武。她们充分利用休息时间学军事，在公社人武干事、大队民兵营长的指导下，进行队列、越野、投弹、射击等军事项目训练。她们不知流了多少汗水，吃了多少苦头，花了多少时间，终于掌握了一定的军事技术要领，在公社民兵文艺汇演、民兵比武等项目中取得第一名，让人刮目相看。在全县民兵会操队列、越野、投弹、射击等项目比赛中她们荣获第二名。她们的成绩轰动了全县，县人武、妇联、团委、林业、教育等部门纷纷派人参观学习，总结经验，誉她们为五峰山“林海娘子军”。福州军区、福建省军区、宁德军分区领导有来磻溪检查民兵工作的，都要到五峰山看一看。

参加队列比赛

（本文据耿仁孝、耿秀莲等人口述整理）

千米高山种旱稻

王郑松

1973年春，磻溪公社革委会号召全社16个大队全面开展“农业学大寨”运动，号召全社人民，要不误农时，抢种双季稻，要比力度、比进度、比赶超，努力完成和超额完成县革委会下达的磻溪公社8000亩旱稻任务。

为了抓典型，磻溪公社决定在千米高山王柏樟上种旱稻，除了“四类分子”，还抽调公社干部、各大队基干民兵、精干劳力及部分教师、磻溪中学学生和插秧能手参加。仙蒲村大队的干部主要被安排做粮食、菜类输送等后勤工作。

早春三月的王柏樟，还笼罩在云雾和霜冻中。王柏樟位于仙蒲村的千米高山上，山上住着10多户人家，村里有个翠竹湖，四周有王氏族人世代垦种的几十亩田地，还有大片的森林和毛竹。从仙蒲到王柏樟，需经过弯弯曲曲长约5千米的山路，陡峭的山路，一步高一步低，即使是走惯的人，空着手也要走上一个半钟头。当时从桑园到仙蒲没有公路，人们得先从桑园走30多里的山路到仙蒲，然后翻山越岭十多华里才能到达王柏樟。如果没有“人定胜天”的决心和火红年代战天斗地的革命意志，是绝对不可能在这样的地理位置创造出这样的人间奇迹。

王柏樟种旱稻的总指挥是磻溪公社革委会副主任朱良发。他坚持在千米高山上搭篷扎寨，安排群众蒸气摧秧，安排人工翻田整畦，抽调插秧能手，还开展劳动竞赛和评比，把沉睡千年的王柏樟唤醒，场面一时热火朝天。

在这次大会战中涌现许多典型人物，有许多被抽调去的群众和干部，在低温的情况下，平整土地，填改洼地，甚至为牛拖犁耕田，弄得满身是泥，冷得皮肉发紫，但是他们从不退却，从不叫苦。有的群众和村干部从始至终不下王柏樟，甚至还有人带病参加。有的老师因会插田，自告奋勇参加会战。当时庄边校的池永光老师和仙蒲校的王金梭老师，属仙蒲大队，在王柏樟插大丘田时，插得又直又快，让大家大开眼界，娴熟的技术甚至惊呆了农村插田老手。

王柏樟千米高山种旱稻是农业学大寨中的一个典型和缩影，它将永远铭刻在经历者的心里，也必然载入磻溪史册。

山湖冈茶园平整记

杜联生

根据毛主席“农业学大寨，工业学大庆，全国学人民解放军”的指示，磻溪公社革委会作出开垦“山湖冈万亩茶园”的决定。

磻溪公社革委会主任赵英明指派副主任朱良发、温石枝等领导磻溪人民开垦山湖冈万亩茶园，率领全社青年社员、“四类分子”、部分干部、民兵和师生参加山湖冈茶园平整。

1971年，磻溪公社开始平整七斗垭长约150米、宽约65米的土地。1972年，磻溪人民正式首战山湖冈，公社革委会组织全公社16个大队的一半劳力会战山湖冈墓前垭，改造山头仔村旧茶园，把山头仔社员的所有茶园进行合拼。

平整土地的妇女（磻溪镇文化站 供图）

山头仔旧茶园经改造，成为平整“十三坪”，把两冈一弯地形的冈尾山填平。当时劳动场面十分壮观，千军万马，把整个山湖冈搅得热火朝天。到处红旗招展，人声鼎沸，铁锹声、打石碰击声、炸岩石的炮声和广播声融成一体，人来人往，热闹非常。公社的技工队，三五人肩抬磨盘大的石块，砌成3米高、100米长的大墙坎，硬是把两山之间的山谷填凿成整整齐齐的十三坪。每坪的平均面积约为2.5亩，总共约30亩。如今一望无际的山湖冈茶园和规格整齐的十三坪，不知是当年多少人用一锄一锹一担一筐的土堆积而成，着实令人感叹，令人震撼！

最后是会战仙垢田，即九冈顶。九冈顶位于湖林村北面，澳里村东面，山头境村西面。整座山的山坡至冈尾山徐徐而下，头尾并连。现在从远处看，整个自九冈顶蜿蜒连绵而下的山脉尽是梯田式茶园，犹如一条巨龙身披绿色铠甲。

山湖冈开垦于 1971 年 8 月，完成于 1975 年冬，实际面积约 900 亩，分成 6 个工区，即：七斗垢总场（一区）、十三坪茶场（二区）、山头境农业区（三区）、墓前垢茶场（四区）、四斗垢茶场（五区）、仙垢田茶场（六区）。除三区系仙头仔居民村，其余 5 个茶场均建有茶叶初制厂、办公楼和民工、采茶妇女宿舍，每个工区有场长等相关人员负责；总场设有党支部、团支部，配有技术人员、出纳和会计等。山湖冈茶场正常运转至 1982 年，后因实行家庭承包责任制，各地新茶园不断涌现，许多农民弃田种茶，当地妇女大多回家采摘茶叶，导致采茶妇女数量不足；与此同时，茶叶产量剧增，竞争激烈而导致价格低落；加之随着改革开放的深入，城镇化进程的加速，劳力外流现象严重。种种原因导致磻溪各行政村茶场出现少人承包和廉价承包的现象，山湖冈茶场也出现了这个问题。目前山湖冈茶场除中间场区被承包外，边远部分逐渐荒芜。

山湖冈茶场是磻溪人民战天斗地的伟大创举，是农业学大寨的一个典型，曾一度给磻溪及磻溪人民带来诸多收益。在这块土地上，凝聚了火红年代磻溪人民的血汗和改天换地的精神。

（本文据朱良发、周恒小、周庆球等人口述整理）

井下洋平整土地纪实

吕忠魏

磻溪是山区，几乎没有大面积的田园，唯有磻溪大队井下洋那几百亩水田，算是面积比较大的田。

20 世纪 70 年代初，磻溪人民公社贯彻县革委会关于开展“远学大寨，近学勤俭”的指示，作出大搞农田基本建设，平整土地，改革耕作技术的决定。公社选择井下洋作为农业学大寨平整土地示范基地。所谓平整土地，就是不论山丘沟壑，还是泥土石头，都要平整成整齐划一、面积差不多大小的水田。

平整前的井下外洋原是一片水田，各丘面积大小不等，最小的田只能种几十棵苗，而最大一块田的面积有九斗，俗称“九斗丘”，是当时磻溪面积最大最为著名的田，每年公社或大队的插秧比赛都在这里举行。而井下里洋的水田却高低不平，洋正中间有一座小山丘，小山丘旁还有一块几十立方米的大石头，另外还有几条大小不一的沟壑从洋中流过。

1971 年农历九月末，磻溪人民公社从山湖冈知青点和柘楼仔知青点抽调了六七名知青对井下洋进行测量。这几名负责测量的知青把里洋、外洋用木桩和绳索划成 16 块面积差不多大小的长方形地块。公社把这 16 个地块平整成水田的任务分派给每个大队。当时磻溪公社有 16 个大队，包括赤溪、杜家、蒋阳、金谷、黄冈、炉屯、油坑、湖林、青坑、桑园、海洋、大洋、吴阳、仙蒲、后坪、磻溪。

按要求，平整土地每天每个大队要有 15 个人出工。这 15 人除了大队带队干部和个别贫下中农外，主要的是“四类分子”。

每个大队的工地上都插着内容不一样的大幅标语，有的写“为有牺牲多壮志，敢教日月换新天”，有的写“与天斗其乐无穷，与地斗其乐无穷”，有的写“定叫高山变良田”，还有的写“抓革命，促生产”……从每一幅的标语中，都可以看到当时人们学大寨改天换地的狂热决心。

参加平整土地的民工要自带被、席、农具及粮食。整个公社除了金谷、磻溪、湖林、黄冈这四个周边大队的民工每天起早摸黑按时赶到工地上工外，其余 14 个大队 180 多个民工就驻扎在井下、吕厝、池垢头、洪厝、花门楼这 5 个自然村的民房和花门楼生产队和井下生产队的2个仓库里。

那时候天气很冷，晴天早晨到处都是白茫茫的霜，就像下过一场大雪，天寒地冻，田野里、路边的湿地上更是结着厚厚的冰。人们生活贫困，衣服穿得很少，民工有的穿着布鞋，有的甚至穿着草鞋，走到工地上脚已是冻得发紫。因为怕弄湿布鞋，收工时没鞋穿，凡是穿布鞋的民工到了工地都把鞋脱掉，赤着脚走进工地。为此有的人脚上生满冻疮，有的皮肉开裂、鲜血直流。

冬天白昼时间短，民工每天早晨6点钟太阳还没上山就要出工，中午11:30收工，下午13:30出工，傍晚18点收工，太阳已经落山。他们起早贪黑，一天劳动10个小时。晚上还要参加政治、时事学习。

经过一个严冬的奋斗，井下洋平整土地工程终于在1971年年底大功告成。磻溪公社在总结了井下洋平整土地经验后，又平整了金谷洋、樟柏洋、炉屯洋和山湖冈茶场。

忆我童年时的磻溪

马志平

在磻溪，有一个美丽的地方——赤溪村。赤溪是个典型的山区农村，山连着山，水带着水。山上有亭如神龙探头，取名曰“龙亭”。赤溪有一个著名景点——乌杯，满目青山绿到发黑，恰又深处四周环绕的深山之底，就如同一个青绿到发黑的杯子。方圆百里甚至更远的人们常来这里远足，爬山登亭、游庙赏景、戏水踏青。站在乌杯边的山崖上，尽情高呼，四周空谷回音，如钟如鼓。

在赤溪有一个名叫溪东的小村，20 世纪六七十年代，这里是一个极不起眼的只有 20 来户人家的小村。父母自从我半懂事的时候起，就一直教诲我们：“一定一定要记得记住溪东这些父老乡亲，他们是你们兄弟姐妹的救命恩人！”我有 6 个兄弟姐妹，我是最小的，在我 3 岁的那年，家中发生了一件不幸的事。那年，父亲突患一种怪病，两条大腿水肿，卧病在床达一年之久。兄弟姐妹中最大的还不到 15 岁，最小的我才 3 岁，再加上年迈的爷爷、体弱的母亲，近十口之家嗷嗷待哺。溪东村百姓知道情况后，私下召开村族会，商议每家每人省出一口饭接济我们。当时人们生活不富裕，吃饭都是大问题，但他们仍然把生产队的粮食分出一部分来，乘着月色，悄悄地蹚水过河，把粮食挑到我家，我们一家人才不至于饿死。

我 5 岁那年，我们家迁到海洋村。在海洋，让人记忆犹新的莫过于亦真亦幻的民间传说。海洋村虽无海，但却有一条清澈无比的大溪，沿溪走四五里的地方，有一个蝙蝠洞，从洞外远远看去，洞深不可测，洞外草木茂密，常有黑压压一大片蝙蝠从洞中飞出来，在空中飞舞。洞外有一潭，名曰“蝙蝠潭”，深不可测，潭中鲲鱼群自由嬉戏。

1972 年，海洋村里来了“专割资本主义尾巴工作组”，组长姓毛。他见我父亲做面条能养活近十口人，而他的小舅子也做面条，却买不起面条机。于是他便以“割资本主义尾巴”为名，将我家中的面条机及所有的物品全部扣留，而后索性送给他左手残疾的小舅子，并把父亲抓去批斗。三天后，父亲带着一家人，满怀怨气地离开了海洋，迁徙到桑园村。

桑园村很小，当时才三四十户人家，村民集中住在一个沿溪呈一字形的溪谷地带，所以有一个跟城里人一样“街”的时髦叫法，街上称“店南街”，虽然叫“街”有点夸张，但听当地人说，在明清及更早的年代，那可是官府的“官道”中重要的一站，“街”中间那巨大的路石，被踩得发亮，正是当年繁华的印证。我家住的位置靠溪，那是一排单层的木结构的房子，一半在岸上，一半在水中，水中的部分用石头柱子撑着。

父亲在离家一二里远的名叫“水尾宫”的地方用家里自备的面条机为生产队加工面条，挣工分以养家糊口。我 11 岁的时候，又一件意想不到的事发生了。有一天，突然爆出生产队里的面条被偷了几百斤的消息。原来，在一年多的时间里，50 多岁的出纳乘父亲不在的时候，常偷一些面条卖到四五里外一个名叫“外塔”的地方，看事情迟早要败露，便栽赃到父亲头上。后来公社派来工作队查明了真相，还了父亲清白，不过因为出纳无赔偿能力，他们就硬是把父亲的面条机给扣押下来赔偿损失。直到父亲离开桑园迁往蒋阳 3 年后，他们才把生锈成废品的面条机还给父亲。

在蒋阳及周边的村庄，住着不少姓马的同宗人。蒋阳虽然也在山区，但当时交通、生活等各个方面都比其他的村较为方便。蒋阳村下属溪口自然村的“人民大会场”是我最早看到的规模最大、最壮观的建筑，小学时被评为“三好学生”，在溪口大会场颁奖，让父亲高兴得好几天合不拢嘴。溪口，顾名思义，恰好在二溪交汇之口。溪水浩浩荡荡直奔下游而去，在悬崖绝壁上落差高达百米，浩大的溪水与坚毅的岩石冲撞时激起层层巨浪。

溪口是蒋阳的一个自然村，而“蒋阳”这一名称却颇有传奇色彩。“蒋”字在当地方言中与“将”字同音，听老人们说，很久很久以前，村里曾出现过一个身材高大、力大无比、饭量惊人的巨人，因其饭量太大，难以养活，万般无奈之下，其父带他去山上砍木头，当巨大的木头将断未断之时，父亲让巨人单手撑起木头，巨人问父亲何故，父亲道出其饭量太大而难以养活，巨人于是放手让巨木将自己活活压死。当夜，土地神托梦巨人父亲，说他将一颗将星给残杀了！于是，就有了“将阳”这一名称。另一种关于蒋阳之名的传说是“樟阳”，当地方言中“蒋”与“樟”谐音，据说当地樟树极多、极大，便以树取名为“樟阳”。个人认为，后者较为可信。

蒋阳最出名的要数“三十六弯”，是古官道的一段，那是在悬崖峭壁上硬生生凿出来的一条路，极其险要。古代官道是商旅之人、出游之客、驿路信使、迁谪官宦等的必经之途。周边不法之徒常借着山岭险要、树林茂密的优势，抢劫往来客人，所以古时三十六弯是让人闻名色变的地方。

20 世纪 80 年代，三十六弯仍然是蒋阳、杜家、赤溪一带学子外出求学的必经之地。其实当时当地已经通公路了，但学生们大都家庭贫困，买不起前往福鼎三中 2.5 角钱的车票，或者舍不得买，于是便取道三十六弯经五蒲岭到白琳，走 25 千米的山路，挑够一周吃的地瓜米。三十六弯春夏时节毒蛇极多，同学们为防毒蛇所伤，于是便绑起长长竹条，竹条在前人在后，推着竹条走，从头走到尾，最多一次推出十几条竹叶青来。人生路漫漫，30 多年过来了，都难以忘怀那曾经走过的三十六弯人生路。

文教卫生

磻溪办学述略

林丹球　白　杨

自宋代以来，磻溪有多人通过科举考取功名，如林光祖、林汝浃、林桂发、林宋卫、林仲节、翁易、翁廷相、翁旦、翁茂榔、杜子新、杜柳波、杜琨、张维铨、张显祖、吴均堂等，可谓代有其人。这与磻溪自古以来重视办学有关。封建科举时代，磻溪办学有族塾义学、书院、书斋、家塾（私塾）等，薪火相传，持续不断。

磻溪的宗族聚落明显，许多村以单一姓氏为主。磻溪的望族很多，有桑园翁氏、磻溪与仙蒲的林氏，乌杯与赤溪的杜氏，后坪张氏，南广李氏，黄冈吴氏，湖林与黄冈的周氏等。这些望族多办有族塾，有的设立书院，有的办家塾。

宋代范仲淹倡立族塾义学，之后全国各地兴办族塾义学。族塾一般由族中官僚或者富户赞助兴办，之后需有“族田”或“义学田”的租金作为办学的经济来源。族塾规模有大有小，大者名师会聚，学生数十人，分级教学，学堂数间；小者塾师一名，学生数人。

磻溪林氏最早在大洞庵创办的就是族塾义学。南宋隆兴元年（1163）林光祖中进士，后始创大洞庵课读儿孙，培养了林汝浃、林桂发等人才。南宋端平元年（1234），林汝浃告老还乡，扩建大洞庵，改称双魁书院。林家乡哲先祖桂发、玉芝、健翁、咏奇、家凤及秦屿硕儒王迟云等均列教席，并筹集公租300担以供膏火束脩之用。双魁书院一直延续至清代。

仙蒲书院始于林氏族塾义学，创办于元代，持续至清代，培养了大量人才，也培养出林仲节这样的奇才。据仙蒲《林氏族谱》载：“道光年间，石斋公以功名勋其子鸿逵君，鸿逵君排行第四，少年时代异常聪颖，读书过目不忘。道光丁亥春，鸿逵君入县文庠，举族为之一振。”

桑园书斋旧址位于桑海村部下方，距前岭古道茶亭下首约500米，此地历来村民称之为文昌阁，现被村民垦为茶园。原书斋建于宋朝，系翁姓家族子弟读书之所。据翁氏后人说，书斋缘于南宋大儒朱熹游历讲学，曾宿其处，授学于斯可循手书“云泉观读”四字镌诸石。然至清代书斋已毁，镌后亦无迹。

杜氏迁居金溪（今赤溪）流域以来，有晋唐中原士族遗风，渔樵耕读，课业子孙，代有人才。杜氏的族塾义学显然更有特点，名师众多。逮至清末，杜氏一门贡生、太学生、庠生、耆宾、乡耆、耆寿层出不穷；清末民初，金溪杜氏文风日炽，杜慕莲和杜楚楠、杜柳坡、杜琨父子四人皆福鼎名仕，颇有诗声，尤以杜琨为最。

元大德十一年（1307），后坪村于村中心倡建文昌阁，前后历3年，于至大三年（1310）建成。元末又在文昌阁左侧建造了地主宫和会龙桥。文昌阁坐北朝南，围墙八角高8尺，楼阁面阔5间，进深3间，占地面积300平方米。文昌阁为宝塔式建筑，外观4层，通高12米，飞檐翘角、古朴端庄。一、二层为四角方形，三层为八角形，攒尖顶，穿斗木构架。第一层祀孔子神位，设有私塾学堂。

湖林周氏办族塾，延请良师办，福鼎名士、清朝拔贡陈少游（炉屯人）就曾被周氏族人聘为教席。清嘉庆至光绪年间，有6位宗族兄弟乡试榜上有名。清末新学初兴，族人捐资办起新型学校。

黄冈蛤蟆座吴氏祖屋原是吴氏族塾义学场所，“武魁”吴均堂就在族塾里学习。吴均堂1岁时吴氏大厝遭回禄，举家迁址蛤蟆座。今人误以为蛤蟆座是吴均堂原来的大房子。吴均堂孙吴观楷也是在蛤蟆座成长。

清代，磻溪但凡人烟稠密的村落都有设立家塾（私塾），招收青少年，教以《四书》和应用文。每年大多自元宵后开学，暑天不放假，由于孔夫子不吃冬节丸的习俗，所有私塾均在冬节前一天闭馆（放年假）。教学方式，根据学生年龄和天资不同，授的科书各异，大都采取单独授课。每天上午学生到馆时，先向老师敬礼一揖，然后走到自己座位坐下，由老师逐个面授。授课后在书本上用红笔写一记号，令其回原座位读书。老师的束脩（即酬金）半年缴一次，每人3元左右。有的以每月一斗米计资。端午节老师会赠给学生一把纸扇，学生回敬老师扇仪红包3角银圆。

清末和民国时期，社会动荡，民不聊生，许多磻溪人吃不饱、穿不暖，文化教育一度落后。当时唯有较为富裕人家的子女才有办法上学，其他大部分人因贫穷而目不识丁。

民国时期磻溪曾出现过这样一则新闻：1932年，磻溪有一联保主任叫林姓后生送信往城关县政府，信的内容就是要抓这个人去当壮丁。林某拿着没有信封的白纸黑字赶到城关县政府，看守衙门的人一读信，便把他抓起来，可谓不用一兵一卒，自己送上门。广大民众在旧社会受尽没文化的痛苦，不少人就这样上当受骗吃哑巴亏。

1949年后，磻溪设有一所中心小学，校址在九曲里林家祠堂内，教室设在厅堂上，每个教室里排列两排简陋的长桌子和长椅子，每一张椅子上坐4个学生。1953

年，校长吴思民（沙埕澳腰人）携妻儿步行来到磻溪，住在祠堂中间的小楼上，生活十分艰苦。当时教师很少，只有占振熹、占清莹、夏守成 3 位正式教师，分别来自白琳、翠郊和城关，同时聘请林寅和林忠秀两位本地老师。1956 年，调来陈国安、游绍硅两位老师，分别来自管阳和城关。1959 年，从福州调来倪秀震老师，是磻溪第一个由正规师范学校毕业的教师。当时学生数不多，年龄悬殊，1959 年第一届小学毕业升福鼎三中的学生仅 10 人，只有周朝泉一人升高中，毕业后考入福建省立第二师范学院（今闽南师范大学）。磻溪从 1955 年开始，陆续开办各村完小校，至 1957 年后才普遍成立单、双人校和各村完小，磻溪小学普及教育初具规模。

1958 年秋，福鼎县在磻溪设立福鼎茶叶技术学校，这是福鼎第一所茶叶学校。学校由县委宣传部主管，由县茶业局拨给办学经费。校址最初设在半岭，后迁九曲里林家祖厅，尔后又迁于白琳王渡头旧茶厂。茶校共办两届，首届招生 58 名，翌年招生 42 名，分别来自磻溪、白琳、城关、前岐、沙埕、秦屿等地。1962 年茶叶中学停办。

20 世纪 50—70 年代，扫盲工作成为地方教育工作的重要组成部分。磻溪成人扫盲教育成效显著，至 1956 年，40 岁以下的男女青壮年基本扫除文盲，大多数能掌握 1500 个左右的常用字。扫盲工作成效显著的原因主要有两点：一是旧社会人们因为没文化受苦太深，这激发了人们学文化的积极性和主动性；二是政府成立成教机构，组织成教工作队，下乡包片负责，检查督促，发动各中小学教师承包各自然村的办班任务，上下形成了合力。

1964 年，全国开始社会主义教育运动，“破四旧、立四新”，改革旧学制。1964 年和 1965 年，福鼎县举办教师暑期培训班，集中全县教师学习，在教学中贯彻一条红线，即“教育必须为无产阶级政治服务，必须与生产劳动相结合，培养有社会主义觉悟的有文化的劳动者”。1969 年磻溪小学附设初中班，1971 年附设高中班。当时一中丁其华老师调入磻溪教高中数学，福建师范大学文科毕业生陈朝晖和福州大学理科毕业生郑寿安调进磻溪，1973 年又调入工农兵大学生林珍贤。这一批老师的调入，使磻溪高中教育的师资力量得到了保证。1973 年秋，磻溪高中并入福鼎三中，只办初中，1976 年复办高中班，1979 年秋又撤高中，并到福鼎三中。其间，在上级提出“社社有高中、村村有初中”的新形势下，磻溪先后办起湖林、海洋、桑园、金谷、后坪、仙蒲、赤溪、溪口等 7 所小学附设初中，时称初中。

1984 年磻溪小学附设初中班脱离，翌年改称磻溪独立初级中学，建校在半岭。同期全乡完小校达 16 所，单、双人校达 80 多所，教师达 180 多人，中小学学生数达 4000 多人。1997 年秋，磻溪初中更名为福鼎市第十中学，简称福鼎十中。

1985年磻溪率先实现解决中小学“一无二有”，当时全县教育系统有关部门都到磻溪参观，学习经验。1986—1987年，教育部门对磻溪的初等教育进行入学率、巩固率、及格率等达标验收。1993—1995年，县教委和政府督导室对磻溪进行办学条件改善的“两基”验收，中心校、湖林九年制学校、磻溪中学和18所完小校的办学条件得到明显改善，为全面开展素质教育打好基础。

改革开放以来，磻溪教育发展迅猛，幼儿教育、中小学义务教育、成人教育同步协调发展。从20世纪80年代开始，教育教学质量得到明显提高，特别是20世纪90年代前半期成果突出，中考成绩列全市同类校前茅。一大批学生考入全国重点大学及各类大中专院校。他们中有博士研究生张岩铨，有分别于清华大学、北京航空航天大学、中国科技大学等名牌大学毕业的林开宝、马家斌、林仕鼎等。镇委书记周宗烈和镇长许文贵曾分别荣获“先进教育工作者”称号，磻溪镇被评为“地区教育工作先进乡镇”，福鼎十中被地区评为“普通中学教学管理先进单位”，校长林丹球也被评为“省农村优秀教师”。

磻溪私塾教育拾记

翁启文

封建时期磻溪多数望族和较大的自然村都办有私塾学堂，聘请有名望的先生任教，每年由头人按学生数收缴谷子或货币付给先生当工资。

私塾每年于上半年元宵后开学，至冬至节放假。学生年龄一般在 7 岁以上、16 岁以下，家庭条件允许的子女也有读到 20 岁的。每个学生的年龄、智力和接受能力各不相同，先生需根据学生年龄大小决定学习内容，在教授形式上多采用单独教授，由先生依次轮流为学生授课，其他学生则温习、默写旧课并大声朗读课文。囿于授课的形式，每位先生只能教十来个学生。

学堂布置庄严肃穆，中央置孔子神像，像分两种，一种是塑像，一种是神位。塑像分雕刻木像和泥塑像两种，神位书写“万代师表孔圣神位”。神位和神像前置香炉。学生每天上学时，首先要对孔圣焚香礼拜，其次对先生礼拜，然后先生点名给学生授课。授课时先生手持红笔，学生站在桌边，面对孔圣，先生吟一句，学生跟读一句，一般跟读 10 分钟以后，进行试读，试读成功，就更换另一位学生，依次轮流。在轮流过程中，已教过的学生遇到忘记的字可随时请教先生。先生要检查功课，不会背诵的，或一些字不会念或不会写的，就要被惩罚。如果三心二意，致作业、功课不能完成，则会在中午、晚上放学被留下来。

平时先生在案桌上安放戒尺、戒板、绣花针等，用来惩罚犯错的学生。

当时的礼拜天，也就是现在的星期天，这一天，学生要拜一次孔子，然后跪读《圣人经》。《圣人经》是每个学生必背的功课。

封建私塾给学生灌输读书出仕、做官思想的同时，也鼓励学生立志成才，光宗耀祖。

双魁书院

林 振 林 宸

宋太平兴国三年（978），林遇因避寇乱由浙江昆阳徙入。越180多载，子孙繁衍昌盛，稼丰廪足，商贾云集，市镇繁荣，各姓人口聚集，启蒙设馆应运而生。迨林光祖于南宋隆兴元年（1163）癸未科中进士后，始创大洞庵，课读儿孙。林汝浃幼时就读此庵。

双魁书院是磻溪林氏宗族于南宋宝庆元年（1225）创办。考其族谱及宋梁克家《三山志》记载，南宋嘉定四年（1211）林汝浃25岁入泮，34岁中辛未科右榜状元，历合门舍人、辰州明道等。宝庆元年告老回乡，宋理宗皇帝传旨褒功，赐白银万两，遣秦溪知府杨士豁建状元坊、状元府。杨乃秉承林公意愿，营建从简，仅在宗祠对面大路旁立一石坊（即旗杆夹），在九曲建状元府，占地虽广但结构简朴，府正门外20米处筑一麒麟墙，砌三级阶，左右凿日月潭，头门两边置大石狮。其下五级台阶，开4米宽的九曲大道，旁绕围墙直达街头顶鲤鱼池。将御赐白银省下大部，用于修建书院。于是拆卸大洞庵，扩建单层五榴（四室一厅），署名“双魁书院”，两侧有月池称为凤鸾池。乡耆林怀席有诗云：“双魁院对凤鸾池，培育人才费设施。胜迹依然留此日，鸣声哕哕动遐思。”书院旧址在今镇政府对面山坳，年代久远，颓废无存，仅留碑碣。

书院首任山长林汝浃，广收学子，林家乡哲先祖桂发、玉芝、健翁、咏奇、家凤及秦屿硕儒王迟云等均列教席，并筹集公租300担以供膏火束脩之用。历元、明、清三朝不断充实，渐趋完善，文风鼎盛，人才荟萃。如林九文武超群，累建战功，敕封“山东上将、英烈侯王”。林光祖为南宋隆兴元年（1163）癸未科进士，林桂发为南宋淳祐七年（1247）丁未科进士，林玉芝入太学，林之翰、林必达、林材、林彰寿、林都寿等为乡贡生，林公玉、林宋一、林仲叔为国子生，林栋在文天祥丞相府任督干。清代林于九、林兰仙父子拔贡为宝霞、山东县令，林咏奇法学士训导，林家凤为劝学所长，林怀席名中医，点头石次华廪生，这些邑之俊秀均出于双魁之门。

时代演变，书院改制，清光绪三十一年（1905）林咏奇等首办磻溪小学，复组织董事陈筱猷、周之勋、林家凤、林际春、林竹庄等商讨决定将10班（包括黄冈、桑园、仙蒲、蒋洋、赤溪、溪口、茶洋等村）公租60担充作学校基金。当时因双魁书院破陋，不适使用，乃迁移林氏宗祠，公推林挺英（廪生）任校长。由于校董重视，学子勤奋，成绩斐然，人才辈出。如赤溪杜琨、杜楚南兄弟，翁江肖宗潜，秦屿林剑波，仙蒲林沭云，蒋洋马心如，白琳丁学亮，黄冈周钟坤等，均由此校考取专科上大学，皆著令闻于当世，享声誉于近代。

（本文摘编自《福鼎文史资料》第10辑，参考了林开讲、林开训、林开谆提供的资料）

双魁书院与磻溪林氏宗族的耕读文化

林润基

在太姥山西北麓有一条九龙岗山脉，九龙岗山下有一处四水汇聚、平畴交错、山水互抱的地方，它就是有着世外桃源美誉的磻溪。最早迁入福鼎的林氏宗族就居住在此地。他们秉承忠孝为本、书香传家的理念，依托双魁书院平台，千百年来书写着文化传承的画卷。

双魁书院原是磻溪的大洞庵，位于现镇政府对面的山坳中。当时林氏裔孙在大洞庵课读，五世出林助仕学录，还有林允卿仕迪功郎。学录是地方官名，即在学校对学生执法的官员。迪功郎则是宋朝时八品文官，在县衙内充当文书。二人虽然品级不高，但对处于闽荒之地的磻溪林氏来说意义重大，是磻溪林氏重读兴教、学优而仕的先声。六世又出林之翰、林必达、林材 3 位乡贡进士，至七世林光祖于南宋隆兴元年（1163）癸未科中进士。当时的大洞庵并非只是寺庙那么简单，可能有高才博识者在此隐居。幼时在大洞庵课读的林汝浃，于南宋嘉定四年（1211）辛未科考上右科状元。他在朝及地方为官 8 任，于南宋端平元年（1234）辞官回家，皇帝感念他一生不喜铺张浪费，勤俭廉明，节操无亏，见识不凡，政绩颇著，赐万两白银命长溪知县杨士豁建状元府。林汝浃有感朝廷重文轻武、学武不得志的社会现实，决定把皇帝赐给他修状元府的银两用于修建书院。于是他把大洞庵扩建成双魁书院，书院格局为 5 榴四室一厅，两旁凿月池称“凤鸾池”，主体分上下两埕，上埕占地 165 平方米，是主体建筑，下埕占地 100 平方米左右，是学生活动场所，并聘请名师，广招学生，教育乡人。

磻溪林氏在八世时文出有林桂发进士，武有林汝浃状元，故当时文人雅士把书院称为双魁书院，从此双魁书院正式成为磻溪林氏宗族耕读文化传承的平台。在林汝浃与儿子林健翁的精心管理下，双魁书院将磻溪林氏宗族的耕读文化发展推向高潮，在书院培养成才出桂发、宋卫、玉芝、思学、瑛、永寿、彭寿、都寿、宋一、健翁、伋翁、倬翁、偲翁、栋、通、槼、公玉、维石、莱老、德凤等 20 名学生。其中林桂发高中南宋淳祐七年（1247）丁未科张渊微榜进士，在南京、义乌等处任县令，政绩颇著，告老返乡后皇帝赐予绯鱼袋；林宋卫高中癸丑姚勉榜进士，任洋阳县尉升杭州庐阳县令；林玉芝任福建道宣慰使、泉州石井山长；林栋追随文天祥抗元任幕府督干，战败被俘，元朝许与高官厚禄，他不为所动，在江西隆兴英勇就义；林维石仕福宁州掌教司提领丙午升提案牍；林德风仕建宁路掌教提督。这些双魁书院培养出的人才，有的是地方长官，有的是教育部门主要领导，有的是民族气节楷模。

经过元朝末年的动乱，到明朝建立时，磻溪林氏人口大量外迁，只有两户留居在磻溪的西宅和紫岭，昔日书声朗朗的双魁书院因人丁稀少停办，不久之后湮没在荒山野草之中。留住磻溪西宅的林仲叔非常重视耕读文化传承，没有因族裔的大量外迁而中断双魁书香，其次子文侃在其精心培养下，于明建文帝时考中廪生，磻溪林氏宗族对此给予很高的评价："上承七代之书香下启六世之人文。"并附赞诗曰："迈古文章金鸾鹭，出群行止玉麒麟。"

到明朝中期，林仲叔长子派下人丁兴旺、功名显达，后裔从西宅移居北洋里，建大宅占地 15 亩左右，能住上百人。为方便子孙耕读，在大宅左侧辟出 3 亩左右空地异地修建双魁书院。书院设有石门楼，往里走须上两台阶，每台阶为 11 级，寓意步步高升、出人头地。主建筑为 5 榴 2 层明楼，楼下四室一厅，明楼后过天井设有厨房，左侧楼顶两间是藏书屋和阅览室，楼前下埕凿凤鸾池，池水排往西涧溪。两台阶侧都是空埕，占地 700 多平方米，是学生习武锻炼身体的场所。正厅檐下悬挂双魁书院镏金大匾，书院简陋而不失庄严，洁静而不失文雅，是课读诗书的好地方。在书院就读的不仅仅有林氏家族裔孙，还有临近村落黄冈周氏、金谷耿氏、炉屯陈氏和蔡氏、王氏子弟，真正做到惠及乡邻。

清咸丰三年（1853），双魁书院右侧大宅遭回禄之灾，书院被腾出给受灾户居住。为让书香存续，林氏家族把双魁书院迁移至毓麟宫对面九曲里路口，俗称"书堂里"。"书堂里"为庭院式单层建筑，有 7 透屋，3 个门，即前大门、西面边门、东面石门。东向石门通向鱼池，称凤鸾池（又称龙凤池），池中放养鲤鱼，由两个直径约 0.5 米的暗洞与外面相通。书院大门前有一广场，有 600 多平方米。1949 年后，书院停办，传承近千年的双魁书院被新式教育取代，完成了它的历史使命。

从明朝中期到清末取消科考，磻溪林氏家族在双魁书院累计培养出贡生、廪生、庠生、太学生共 160 多名，其中以北洋里、花门楼、樟柏洋 3 个村在双魁书院培养的学生最优秀。北洋里有"北洋书香，十八秀才村"的美誉，品级最高者如北洋里林葆霞获五品衔赏戴蓝翎，林于九、林兰仙父子拔贡。花门楼村从清乾隆至清末也出了 18 名秀才，品衔高者如林思深获六品同知；樟柏洋的林位检乐山乐水喜种梅兰竹菊，并持家有方，在光绪年间获赠五品衔；贡生林鹤公开仓放粮，救济饥民，获赠“任恤可风”嘉奖。双魁书院的贡献远不止于培养出几位名人才子，更重要的是普及了文化。在双魁书魁任教的林远扬，为了让贫穷的孩子能识字，将常用文字精心编纂成《四言杂字》和《六言杂字》，这两本杂字朗朗上口，容易熟记，农村开展扫盲工作，许多群众把这两本书当课本。杂字的基本内容主要是农具、家具或食物、植物的名字，学起来容易记，群众学成后应用方便，这无形中也使文化教育得到普及。

位于农村的家族私塾能够传承上千年，实属罕见。林氏族人重视尊师重教，南宋林桂发的父亲擅长诗词，闻朱熹在福建某处讲学，就束衣裹食，不远万里地去寻找，走到半路，听说朱熹已过世，只好回家。其子林桂发拜朱熹弟子杨复为师，学有所成，成为理学重要传承人。北洋里林于九家父聘请柘荣金贡生到双魁书院任教，后培养出林于九、林兰仙父子拔贡，为感谢金贡生对他家的厚德，林兰仙划出山场 10 亩、水田 5 亩及地基和坟地相赠，从此金家落户礌溪，衍发 100 多年。林汝浃少时家贫，得其伯父资助完成学业，功成名就，告老返乡，本可享受朝廷赐给他的荣华富贵，安享晚年，但他却把属于自己的财富用于修建书院，反哺社会，选就人才，推动家族和社会的发展。这些是双魁书院耕读私塾的精神实质，这些可贵精神经双魁书院千年传播，深深融入礌溪林氏裔孙血液之中。

磻溪中心小学发展史略

耿宗良

清光绪三十一年（1905），北洋里秀才林大可等乡绅用50担公租把林汝浃于1225年创办的“双魁书院”更名为国民学校，由林大可任第一任校长。中华人民共和国成立后，人民政府接管和改造旧学校，于1950年将“国民学校”更名为“磻溪中心小学”，校址迁九曲里林家祠堂，吴思民为第一任校长，教师有占振喜、占清莹和夏守成3人。1958年秋季磻溪中心小学附办福鼎县茶叶技术学校，生源由各公社选送，第一年招生58人，翌年招生42人，教师3人，学制2年，学校办学经费由县委宣传部、茶业局拨给。1960年福鼎县茶叶技术学校迁白琳王渡头。同年磻溪中心小学更名为“磻溪小学”。1969年春，磻溪小学附设初中班，1971年春附设高中班，1973年9月因办学条件跟不上，高中部并入福鼎三中。1976年春复办高中班，1979年秋高中班又撤并到福鼎三中。1984年秋附设的初中班与磻溪小学脱钩，翌年磻溪附设初中班被正式命名为“磻溪独立初级中学”，同年磻溪小学改称“磻溪学区”。2003年7月撤销磻溪学区机构，又更名为“磻溪中心小学”。

磻溪中心小学（磻溪镇文化站 提供）

磻溪中心小学现坐落于国家级风景名胜区、国家地质公园、海上仙都太姥山西麓，濒临著名的鲤鱼溪。学校占地面积为4989.24平方米，生均占地面积30.8平方米，建筑面积3598平方米，生均建筑面积22.2平方米。2011年以来新增篮球场、乒乓球桌、羽毛球场、沙坑、单双杠、助木、60米跑道等体育设施，设有大型多媒体教室、美术室、教师电子备课室、音乐室、图书室、科学实验室、劳技室、心理咨询室、

磻溪中心小学举办六一节晚会（磻溪镇文化站 供图）

体育器材室广播室、少先队队室等 11 室。学校现有图书种类共 22 种，共计 2760 册，生均图书达 17 册；各教学班均配有多媒体教学设施，实现班班通；现有教学用计算机 36 台，计算机完好率为 100%，信息技术教学能满足“一人一机”教学要求。

磻溪中心小学根据山区特色为群众解除后顾之忧，给留守儿童提供了更多的便利，现已办成具有山区特色的寄宿制小学。

近年来，学校坚持“全面贯彻党的教育方针，注重学生全面发展，遵循教育规律，办好农村寄宿制小学”这一办学目标，秉承“过程比结果重要，成长比成功重要，成人比成材重要”的育人理念，在德育工作方面倡导“以培养学生良好的行为规范、健康的心理、正确的价值观为德育着眼点，强调德育强制性、渗透性和实践性”，在教学工作中提倡“课堂是师生之间交往互动的平台，课堂是引发学生发展的场所，课堂是探究知识的场所，课堂是以学生为中心”。学校逐步构建以文化管理为依托，成长教育为主线，校园安全为保障的校园文化体系，努力深化教育改革，全面实施素质教育，为培养国家需要的人才奠定了扎实的基础。

学校领导以身作则，务实创新，不懈努力。全体教师严于律己，为人师表，教书育人，矢志上进。多年来，校有多篇论文在全国、省级刊物上获奖，有 50 多篇教学论文在市级评选中获奖并被收入汇编；有几十位教师获得省、地、市先进教师、优秀辅导员、先进工作者称号；多位教师参加市级优质课评佳，均获得较好名次；学校亦曾载荣载誉，先后多次获得市文明单位、综合治理先进单位、实施素质教育先进集体等荣誉。

磻山苍苍，磻水悠悠，百年老校，新姿焕发。磻溪中心小学正沐浴着党的阳光雨露，紧扣时代脉搏，顺应形势发展，朝着创设山区特色寄宿制学校的目标稳步迈进。

福鼎十中发展史略

林丹球　周庆团　王忠坤

福鼎市第十中学创建于1969年，建校之初为磻溪小学附设初中，共有2位教师，32名学生，一间土墙瓦房的教室和一块脱漆木制黑板就是它的全部家当。

福鼎十中校园

1972年，县里提出“社社有高中”口号，磻溪小学附设初中班增设高中部。1975年，学生人数达227人，上级先后增调了李良浩、陈朝晖、阮世坤、林珍贤等老师充实高中师资力量。在教革办主任李观住和学校革委会主任郑庆略的领导下，师生艰苦创业，开辟6.5亩茶园，建“五七”农场。学生勤奋好学，学做人、学知识、组织“文宣队”，下田间、上县城。磻小附中培养了一批德才兼备、多才多艺的人才。

1977年恢复高考，校1978届的陈晓梅、陈家珍和1979届的周宗梭、周瑞谷、马德文等学生成了学校第一批独立培养的大学生。1979年9月撤去高中，次年磻溪人民公社在学校现址建起一座两层砖木结构的教学楼，共有8个教室。其时，全体师生自备工具挖土方、开山岩、扛木料、搬砖石，彼此勉励。

1982年机构改革，至1984年磻溪初中独立，由林丹球老师主持工作。学校由此步入快速发展。1985—1995年是学校发展最快的10年。1993年新建一座拥有15个教室的校舍，办学规模得以扩大，1995年发展到13个班，600多学生，有教职工48人。十年来，教学质量极大提高，办学效果显著，1990年至1994年学校连续五年中考成绩名列全县前茅，1992年至1994年，校中考化学、政治学科平均分超过福鼎一中。

1995 年学生参加地区组织的太姥杯作文竞赛获一、二等奖。十年来培养中专学生 168 人，重点高中、职业中专学生 300 多人，其中有 59 位学生大学毕业后在全国各地工作。

1997 年，学校正式更名为福鼎市第十中学。1998 年，学校克服困难，争取各级领导、各届校友、社会贤达支持，建起一座建筑面积 1500 平方米的教学楼，开辟了一个 8.4 亩的田径运动场。1999 年续建建筑面积 2200 平方米的综合楼，并通过省、地两级验收。

2000 年 1 月 8 日，经过 3 个月紧张有序的筹备，福鼎十中召开了盛大而隆重的 30 年校庆。各级领导、各届校友、历任教师都回校参加庆典，社会贤达、各行政村主干前往祝贺。参会人数达千人。

从 2002 年开始，福鼎十中翻开了新的一页。福鼎十中积极实施“阳光”教育、“明志”教育、“卧龙”教育、“帮助”教育等特色教育，关注每位学生的发展，不仅使升普高学生后劲十足，考上好大学，更令广大文化课较弱的学生走对路径，发展良好，充分就业。从 2002 年起，每年都有大量的学生考上职高，就业遍布温州、福鼎。2007 届学生蔡晓榕在 2010 年高考中高中宁德市理科状元，考上北京大学。

与此同时，学校不断改善办学条件。2003 年新建一座 1200 平方米的学生宿舍楼，改善学生住宿条件；2004 年顺利通过“普实”验收；2005 年完成校园道路改道，彻底解决“心腹之患”（原先磻溪集镇至黄冈村的公路横穿校园而过），同时完成上山水和下山水对接，解决用水问题；2006 年完成综合楼夹层与外墙装修；2007 年修建围墙和校门，封闭校园，同时在学校西南角修建沼气池厕所，师生从此告别臭气熏天的老旱厕。2011 年“双高普九”，学校进行校园大改造，保卫处、新大门、校园绿化带、运动场、体育看台等全部建设到位，同时配置价值 15 万元的太阳能热水器（全市仅 3 所学校配置），电脑室更新电脑 40 台，每个实验室实现电子白板和液晶投影仪，每个教室配“班班通”。此外还配发大批图书，补充体育、美术和音乐等器材。学校一跃成为赶超市区学校标准的标准化学校，受到了领导的广泛好评，不仅在“双高普九”验收中为福鼎市增光添彩，而且在 2012 年春季的标准化学校验收中得到 92.5 的高分。

湖林学校发展概述

李丽华

福鼎市湖林学校是福鼎市第一所九年一贯制学校，坐落于国家重点风景区太姥山西麓磻溪镇湖林，距福鼎城关 40 千米。

学校创办于 1927 年，原为湖林洋心周家翼臣先生创办的学堂，校址设在湖林桥头，后迁菩萨宫。学校后改设为公办民助初级小学，张时号任校长，一校一师，有一至四年级，校址仍设在菩萨宫。1955 年学校发展成完小，推行“六年一贯制”。1961 年根据地委宣传部的调整原则，湖林小学被县定为二类公办完小，推行“五年一贯制”，至 1998 年有在校生 500 多人。1972 年湖林小学开设两年制初中班，1990 年改设三年制初中班，1991 年由县教育局决定改湖林小学为“九年制学校”。1998 年 10 月，拥有 467 人的初中班正式与湖林小学分离，独立为“湖林初级中学”。2002 年 7 月，经福鼎市人民政府批准，原湖林小学和湖林初中合并成“福鼎市湖林学校”，至此福鼎市第一所九年一贯制学校诞生，掀开了湖林教育的新篇章。

湖林学校旧址

建校之初，校址设菩萨宫，后选址门首岗，建有土筑瓦房教室 4 间，1987 年建有一座砖木结构的三层教学楼。1997 年选址岔门店，投资 120 多万元，再建初中 4 层教学楼。20 世纪 90 年代，湖林学校抓住普及九年义务教育的契机，步入蓬勃向上的发展期。20 多年来，学校大力改善办学条件，加强软硬件建设，校园占地面积拓至 15497 平方米，建筑面积 3812 平方米。翁以瑞校长多方争取，2009 年，建成 1076 平方米的师生宿舍楼，2011 年 10 月建成 616 平方米的学生餐厅，育人环境进一步优化。学校在 2011 年和 2012 年顺利通过省“双高普九”验收和“标准化学校”评估。目前，学校拥有 12 个专用教室，教学仪器和设备均达省颁一类标准，并拥有 6000 多册图书以及 30 台电脑的独立计算机室。学校现有教职工共 43 人，设有幼儿班、小学部、初中部共 12 个教学班，在校生共计 304 人。

如今学校规划科学、布局合理，教学区班班使用多媒体，生活区层层使用太阳能，已然成为山乡孩子学习的殿堂、生活的乐园。

学校自创办以来，始终坚持“育人是根本，教学是中心，质量是生命，特色是希望”的办学指导思想，以“办好一方教育，服务一方百姓，成就一代孩子”为工作宗旨，以“实施素质教育，争创山区特色校”为奋斗目标，内强管理，外塑形象，重视师德教育，培养了一支热爱山区教育事业、师德水平优良的教师队伍，培养了一批行为习惯良好、奋发进取的优秀学生。学校教育教学质量稳步提升，毕业班中考综合比率名列全市同类校前列，2008 年综合比率达 65.7%，2009 年达 60.8%。2011 和 2012 年校中考再创佳绩，一中上线率分别达 11%和 16.7%。

湖林中学教学校

学校以“善教、乐学、协作、奋进”为校训，励精图治，奋力拼搏，营造和谐的氛围。党政团队团结协作，各部门协调发展，全体教职工爱岗敬业、踏实工作、协作奋进。现有小学专任教师 24 人，其中中师 4 人，拥有大专及以上学历 20 人；中学专任教师 14 人，其中本科毕业 12 人。学校重视教师的能力培养与提升，现有国家级骨干班主任 2 人，省级骨干教师 1 人，地市级骨干教师 2 人，县市级骨干教师 1 人。学校初步形成“精细管理、和谐奋进”的办学特色，并获得“宁德市文明学校”“宁德市绿色学校”等荣誉称号，赢得社会各界的一致好评。

2019 年，何建华校长在“善教、乐学、协作、奋进”校训的基础上，结合教育发展趋势、区域特点，提出“质量立校、文化兴校、道德强校”的办学思路，创建“最美乡村学校”。

磻溪卫生院发展略述

蔡铭福

56年风雨兼程，56年不懈努力，磻溪卫生院终于达到今天的规模，为磻溪人的保健、就医提供了便利。

2000年的门诊综合楼（磻溪镇文化站 供图）

磻溪于1956年成立联合诊所，地点设在鲤鱼池前面的奶娘宫里，人员有周成霞、林兆雁、陈阿匹、林勤基、林月兰、吴立敦等。1958年成立磻溪区保健院。1971年成立磻溪卫生院，地点在磻溪新街62号，同年新建第一座房子，为砖木结构，4榴2层，作为门诊部和药房；1973年再建门诊楼，为砖木结构，2榴2层；1982年扩建3榴2层；1984年盖住院楼一座，6榴3层，为砖混结构，共450平方米；1990年建职工宿舍楼一座，3榴3层，为砖混结构，共616平方米（原门诊楼改建）；2000年10月建门诊综合楼一座，6榴4层，为砖混结构，共990平方米（原门诊楼建）；2011年8月新建业务综合楼一座，4榴3层和2榴2层，共计552平方米。

现卫生院总占地面积为1367.7平方米，建筑面积2680平方米，其中业务用房面积2030平方米，生活用房面积650平方米。设有办公室、财务室、安全办公室、新型农村合作医疗报账窗口、防疫组、妇幼组、公共卫生科、药品仓库、内科、小外科、急救室、注射室、牙科、放射科、化验室、B超室、心电图室、中药房、西药房等。

卫生院自创办起就成立防疫组，1970年创办妇产科，1972年创办化验室，1974年创办放射科，1999年开办B超科，2001年创办心电图科室和牙科，2002年开设中医理疗科。1960年成立湖林分院和赤溪分院，分别由周钦、杜筱辉担任分院院长。

全镇现有18个卫生所和6个卫生室。卫生所分布于18个行政村，卫生室分布在湖林村大岗尾、湖林村澳里、仙蒲村庄边、蒋阳村、蒋阳村溪南、杜家村九鲤。各卫生所室共有卫生人员33人，其中执业医师2人，执业助理医师2人，乡村执业医师29人。目前卫生所的任务主要是公共卫生工作，以健康为第一，促进地区卫生事业健康发展。卫生所乡医每月可享受国家津贴100元，每位乡医一年可享受8000元公共卫生补贴。

福建省军区流动医院于1966年到磻溪，并办赤脚医生培训班。从1973开始，磻溪卫生院成立计划生育结扎手术队，1976年举办第二期培训班，有8位赤脚医生取得全国第一批赤脚医生证书。2009年福建卫生职业技术学院承办第三期“福建省在岗乡村医生中专学历教育培训班”，卫生院共有10位学员取得省教委承认的中专学历。卫生院现有职工28人，其中卫技人员18人（执业医师3人、执业助理医师8人、检验医师1人、执业护师1人、执业护士3人、护士1人、药士1人）。

全院实行信息网络化建设，并配备有监控探头。功能科室配有200MA X光机一台，CTS-260A B超一台，9200-A牙机一台，FX-7000心电图机一台，血球分析仪一台，生化分析仪一台，尿液分析仪二台，FK-D六合理疗仪一台，多参数PDJ-3000心电监护仪一台等。

56年来，磻溪卫生院全体员工爱岗敬业、救死扶伤、潜心医学、刻苦钻研，涌现了诸多名医，如杜楚楠、杜筱辉、周起级、林兆雁等。在医学科学研究方面也取得一定成果，多篇论文在省、地、市及国家级刊物上发表，并收入汇编。1977年论文《半身出汗》被录入《福鼎医药资料》第十二期，1978年又录入《闽东医药》第二期。1992年10月，在福建省召开的首届农村基层医院中西医结合学术研讨会上，周起级《单方木贼猪肝汤治疗肝阳偏盛头发脱落临床验证》等3篇论文在大会上交流，并收入，论文选编写的。杜复培医师1997年撰写的《泽泻利水通淋而补阴不足之我见》一文在“第五届全国农村医学学术会议”上交流，并被录入《中国乡村医药》增刊，1981年写的《对祖国医学“气”的初步认识》一文被录入《闽东医药》第八卷。杜复培医师于2003年4月被福鼎市中医药学会聘为市中医药学会第三届理事会理事。

（本文写于2012年）

磻溪民间传统文艺

张位金

磻溪地处霞、鼎、柘三县交界处，历史上官道穿镇而过，学子、商人、官宦等前往福宁府或福州时都得经过磻溪，各界人士南来北往、传播文明，造就了磻溪灿烂的文化。

民间戏班

磻溪紫岭林氏曾在明正德年间成立戏班。据清嘉庆磻溪《林氏族谱》载，紫岭戏班在当时相当出名，经明、清、民国，历时440多年，演戏从无间断。

据传，紫岭祖婆曾遇天门大开，当时祖婆对上天祈福祷告，请求恩赐林氏子孙一担龙袍。原想祈求子孙世世代代无穷无尽做大官，后来虽有灵验，子孙拥有一担龙袍，但不是做官，而是做戏。

磻溪紫岭戏班曾在福安、宁德、罗源、柘荣、福鼎以及浙江平阳、瑞安等地演出。清光绪年间，戏班乘船从沙埕前往浙江途中遭遇风浪，船覆，戏班成员所剩无几，后重组。1934年，因兵荒马乱，民不安生，戏班尽散，自此失传。

20世纪70年代，赤溪村成立闽剧团，曾在霞浦、柘荣和福鼎一带演出。

金谷耿氏有演“年头戏”的习俗。每年正月初，各家各户都要凑份子，请本地、邻县或浙江等地的戏班来演出。由于长时间的耳濡目染及历史文化传承，再加上耿氏宗亲有部分人十分爱好国粹京剧艺术，于是有人便萌生了创办业余京剧团的想法。1980年，耿连生、耿忠和、耿廷乾、耿丹妹、耿弟古、耿建容、耿建金、王志琴等人牵头创办了金谷业余京剧团。他们捐款、捐粮、自筹资金，招来了30多名酷爱京剧艺术的学生，开始学戏、排练，地点就设在金谷耿氏宗祠戏台。当时聘请了曾学信、林家奖等先生执导，经过一年的学习、排演，成功练就了《打渔杀家》《探阴山》《徐策跑城》等多集折子戏和《龙凤呈祥》《打龙袍》等10多部正剧。1981年正月开始，金谷业余京剧团在本县及浙江等地演出，颇受欢迎，历经5年后，由于种种原因，剧团解散，目前还有部分演员活跃在舞台上。

后来，每年仙蒲和南广的“年头戏”均请外地戏班演出。

布袋戏

在磻溪农村，布袋戏和提线木偶戏是农闲和逢年过节最多的剧种。布袋戏演得尤为经常，因为布袋戏只要一个师傅，不需要搭戏台，也不需挑场地，厅堂或稍大的房间可作为演出场所，大家凑上几十块钱，就可请布袋戏来演上几天几夜。一本小说没演完，没看个结局，喜爱者和戏迷自然放不下，又再凑些钱请师傅再演。农忙时，只晚上演，农闲和下雨天时，下午和晚上都演，看的人也比农忙时多。

布袋戏道具（磻溪镇文化站 供图）

布袋戏的剧本一般是小说和神话，如《八仙过海》《沉香救母》《绿牡丹》《包公案》《彭公案》《七侠五义》《八美进西藏》《狄青平南》《罗通扫北》《隋唐演义》等。

演布袋戏的师傅，可是个多才多艺的艺术家，他要扮演戏中各种角色，集说、白、唱、打于一身。两手拿两个或两个以上的人物，还要用手指比画出人物的表情、姿势及持刀弄枪等各种动作，两脚还要有节奏地敲锣、打钹、点鼓，做到手、口、脚有效协调，心与行配合默契，每个人物，每个动作，都必须符合人物的特征。

演布袋戏的师傅对文学艺术必须有较深的造诣，要博览群书，上知天文地理，下知人间百艺，耳听八方，出口成章，否则演出则难以形象生动，缺乏内涵。除此之外，师傅还要摸清观众的心理，喜欢什么，禁忌什么，要把台下缺乏的一些新闻趣事作为素材，融入表演中。

布袋戏或说或唱，有时演人物在路上行走，或乘船或坐轿，便要吟唱一段民谣、民歌或诗篇，以便表演者能空出一手准备道具。说即讲白，讲述书中故事，是最能吸引观众的地方。

在文化生活较为贫乏的过去，布袋戏是农村群众最为喜闻乐见的艺术形式。至20世纪80年代，磻溪好几个行政村都出有布袋戏师傅，其中较有名气的是仙头境（今山湖冈）周宗生和上盘陈阿伐。这两人演出时间最长，艺术水平也较高。改革开放以后，随着城镇化的发展，大量人口进入城区，农村人口越来越少，看戏的人也越来越少。随着群众文化生活的丰富，布袋戏这种民间文艺逐渐失去市场，渐渐消亡。

提线木偶戏

在磻溪，提线木偶剧团规模仅次于京剧，先后成立两个提线木偶戏班——青坑吴思魁木偶戏班和炉屯洋头陈阿雄木偶戏班。20 世纪 60 年代至 80 年代，这两个木偶戏班一直活跃在磻溪各村，为山乡人民送去许许多多喜闻乐见的剧目，丰富着农村群众的文化生活。

提线木偶（磻溪镇文化站 供图）

木偶戏班的演出，少则 1—3 天，多则 5—7 天。戏班偶然经过某村的演出，叫“打台基”或“下地台”，不论送多少钱，只要能安排食宿，晚上便演一晚，至明天由村上头人或爱好者决定接下来的安排。若是农闲季节，可留一两天，遇到农忙，第二天则离去，这已成为惯例。如果是春节期间，也许连演 10 天或更长一些。春节期间木偶戏最热门、最受人们欢迎，这时人们比较有空，戏班随便经过何地，都有人聘请。一些望族常以演戏为契机把全村的群众聚集在一起。

木偶戏的艺术水平和行头新旧是决定木偶戏戏班前途命运的关键。一个提线木偶剧团，前后台至少要有六七人。前台每个表演的人物，均由后台几个人唱，此外，他们还要根据戏中场合采用不同的演奏方式。因此，后台的三四人必须精通二胡、锣、钹、唢呐、笛子等各种乐器，还要学会京剧的所有曲牌，这样才能得心应手。

前台一般是两位提线师傅，一主一副，这两人是演好戏的关键。主演者是这个戏班的掌管和师傅，师傅要把整个剧本中的人物、事件、情节都明晰地记在脑海中。演戏时，二人一问一答，你来我往，各色人物走动进出都必须默契，人物的语言和动作的配合，如提刀弄棍、喝酒提杯、飞檐走壁、走马行船，形态看上去必须逼真。

木偶戏班演出常由观众点戏，若人员没能精通乐器，没有过硬的唱戏功底，没能配合默契，就会立即出丑而被辞聘。改革开放后，随着电影、电视的普及，提线木偶戏慢慢淡出人们的视线。

舞龙灯

舞龙灯（磻溪镇文化站 供图）

舞龙灯是磻溪人十分熟悉的民间文艺活动。按照磻溪人的习惯，逢年过节或大喜大庆的日子，都要舞龙灯，这是大吉大利的象征。1949 年以前，每逢春节，各村都要组织培训舞龙队。1949 年以后，金谷、排洋、炉屯、车岭、磻溪、青龙和乌杯等村还保有 7 个舞龙队，每年正月到二月，到各村巡回表演。

舞龙队将到之前要派一人发帖子，发帖人要把红帖分发到每家每户。发帖人每到一个地方，就会收取一份红包钱。舞龙灯时，拿牌灯的人排在龙灯队最前面，端正地用双手拿着龙神牌位，牌位前点着香，燃着蜡烛。排在龙神牌位后面的便是龙珠，整条龙灯必须紧跟着龙珠。龙灯一般有 9 节，第一节为龙头，第九节为龙尾。在舞龙队的 10 人之中，对技术要求最高的有 3 人。一是拿龙珠的人，他负责领头和掌握各种龙灯舞法的要点，让一整条龙随着龙珠舞动；二是拿龙头的人，在舞龙时，他必须与拿龙珠者密切配合，做到活灵活现，生龙活虎。龙头大而且吃风，又比较重，所以必须由体格健壮的人拿；三是拿龙尾的人，必须灵活，他的活动范围大，需不停地左右摇摆，半蹲半站，舞动各种姿势，十分辛苦。因此，每个龙灯队都配备两到三人进行轮换。

除以上常见的几种民间表演外，磻溪还有许多其他群众喜闻乐见的民间艺术，如唱嘭嘭鼓、评书说唱、唱苗担花、唱钱咒、耍猴戏、对歌等。此外还有唱诗歌，如《十二个月采茶歌》《十里亭》《罗带》《目连救母》《孟姜女送寒衣》等，由于时代变迁，这些宝贵的流行诗集已散失。

磻溪民谣

吴敬汉

磻溪赤溪七都溪，不值一条蒋阳街。
茶店布店连客店，主姆厉害多语言。
漆溪原早漆木多，名扬卜溪天洲溪。
马兰溪外下山溪，小溪连通杨家溪。
漆溪鲥鱼透京城，办酒请客大有名。
山上柴竹用排运，一年四季笋最多。
漆溪竹排几百张，人工撑排最高强。
把篙像箭飘飘走，一漂就到渡头洋。
白毛茶针出黄冈，阿郊经营下南洋。
独具太姥真神韵，一盏香茗胜参汤。
王柏樟岗千百丈，后坪出个大草场。
弄坑毛竹透天长，青龙珠炮响天堂。
吴阳毛竹三丈三，拨到漆溪响当当。
山头角落出海洋，仙蒲出产好纸张。
好竹好漆好纸张，福州纸伞最喜欢。
吴阳大洋出竹器，造篮造箩好几万。
出口经过漆溪洋，竹排运输喜洋洋。
仙蒲吴阳漆溪洋，说出腔调同语言。
生意兴隆通四海，社会主义万古长。

林远扬编撰农村识字书

林崇健

紫岭十六世祖林宏瀚分迁车岭，传 22 世。几百年来，车岭林氏书礼传家，子孙中出有多名中医师、私塾先生，据谱牒记载，车岭林氏曾五六代延续有太学生、庠生、贡生等，可见家族书香之盛。明清时期，车岭曾有“九代不穿棕衣”之誉称，其意是说九代儿孙不用务农和做工。

二十七世林远扬，邑庠生，饱读四书五经，好学善文，为族中子孙之农工者能悉习常用文字计，精心编纂《六言杂字》和《四言杂字》。几百年来，林家子孙多能熟读这两篇杂字，有的从头至尾背诵如流。20 世纪中叶，农村开展扫盲工作，许多村的群众就把这两篇杂字作为课本。课本中记载的都是农具、家具及常见的农村物件，农村群众很熟悉，学起来容易记，因此应用十分广泛。

附：

六言杂字

古之圣人仓颉，作字垂训后人。不时儒人所宝，工农商贾皆珍。
今惟举其紧要，小子朝夕当亲。闲时殷勤书写，临堵免问他人。
饮食是谷为首，秋满红白别名。乌稻黄稻秫谷，铁秋香磊旱稜。
麦有大小甜苦，黍分犬尾屈头。明朝万历馑饥，福建巡抚姓金。
外国带来嘉种，号曰番薯救民。至今切丝晒米，大半靠此聊生。
豆亦列于五谷，绿乌赤豆多般，更有蚕豆扁豆，御豆豇豆虎斑。
茴豆胡椒牛角，花生刀豆曝干。蔬菜农家必种，清脾养胃通神。
芹菜芥蓝白菜，萝卜蕹荇蔓菁。苦藚艾荷茄子，芫荽薯芋菠菱。
葱蒜韭姜蓼藠，芹蘱番苋浮藤。茭笋花匏菝蕨，瓜分罗刺登金。
木耳石花紫菜，海苔干涩异名。荤乃飞禽走兽，鸡鹅鸭蛋家常。
芦雁鹭鸶白鹤，东青水鸭鸳鸯。白鸽雉鸡鹊噪，乌鸦山燕鹰扬。
吉了斑鸠味美，画眉百舌声良。鸲鸲山呼语巧，郭公射豹春忙。
啄木鹧鸪翡翠，大鹏孔雀凤凰。虎豹熊罴狮象，猩猩麋鹿豺狼。

狐鼠野猫竹鼺，豪猪狐兔麂獐。穿山甲和猴獭，鼠狼石虎山羊。
家畜马猫牛犬，骡驴月兔猪豚。宰杀剥皮割血，肺肝腰子肚肠。
水族蠘鯰白历，鲟鲳鳗带黄瓜。鰳鲙鳟鲈鲫只，银鲥鲂鲦马鲛。
跳鱼鱿鳂鲢草，丁香持刺骰魦。带柳贴泥水鳝，黄梅乌贼成羓。
溪斑淡鳗泥笋，青鳞蛸管龙虾。墨斗泥丁土蚌，虾蛄水母名蚱。
更有介属食物，号为龟鼈鼋鼍。蟳蠘石狮毛蟹，螂光蚶蛍车螯。
螺有石钉香角，蛤多黄白油花。蠓镜土匙岐结，水蟮牡蛎堪嘉。
或是网廉钓掘，鲜干咸螯由他。切片炒烹煎煮，油盐酱醋交加。
尝得酸甜辛辣，延宾燕客奢华。果品荔枝龙眼，杨梅桃李香橼。
金橘石榴梨柿，杏梅橄榄蜜橙。橘柚林檎甘蔗，枇杷魁枣花红。
瓜子葡萄锥栗，莓莳吊藟藕莲。茶食苏糕礼饼，水晶果饮口香。
麻古真酥箔碎，马蹄月饼水光。到熬软烧软凸，油酥云片龙门。
细嫩炊切线面，调和红白冰糖。服饰章身之要，尤须逐件记真。
买得纱罗绸缎，纺绉呢锦毡绫。哔吱羽毛嘎哩，布匹蓝绿紫青。
制出衣靴鞋袜，朝帽纬笠头巾。水晶车渠金顶，蟒袍补服披肩。
马褂长衫套裤，单袍夹袄粧绵。拦肚腰抄银锁，雪衣鱼裤见身。
扣带绒领背褡，荷包烟袋时兴。灰鼠羔羊海虎，狐裘寒气难侵。
广缔台丝南葛，粗嫩夏布凉身。妇女云肩裙袄，栏杆纽扣着珍。
手袖弓鞋褶裤，描鸾绣凰宜人。簪镯指环耳坠，银花点翠销金。
鬃髻横包妆扮，胭脂香粉为容。绍带铃铛珠玉，房中移步有声。
更有家私器皿，常用为汝推详。厨灶铁锅饭甑，笊篱鼎筅盐矼。
鍚妥厨刀鍚橄，火钳火铲炊床。节瓮盆硼甄钵，匏瓢水管桶楻。
硋砖锡壶贮酒，沙煨铜鼓烧汤。热菜暖锅最便，烹茶广罐为良。
牙箸汤匙酒盏，冰盘花斗龙矼。醋碟汤瓯盖碗，十六围碟排场。
肴馔既然齐整，请酒搬出厅堂。文椅八仙漆桌，茶几琴凳炕床。
灯盏烛台点火，铜炉曲几烧香。帘幕围屏遮格，张灯结彩成行。
鹤鹿古董盆景，名人字画图章。奇巧师于鲁班，雕刻花鸟文章。
内室床铺席被，帐褥毡毯嫁妆。长柜衣橱花盒，章台镜架匾箱。
粗用扫帚畚斗，箥箕筛苈橐囊。水碓车轮舂臼，土砻水磨油杭。
篮藟粪箕箩簟，老笼盆盒筥筐。盂老风筅踏碓，家家做米筛糠。
出外油纸雨伞，水靴木屐难忘。炉踏火笼冬暖，蒲扇牙笏夏凉。

物有因人使用，且依品目成编。儒士文房四宝，笔墨纸砚相联。
界尺场篮卷布，水壶笔架笔筒。歌赋诗词富甚，文章册籍纷然。
武童雁翎批箭，大刀重石弓弦。馆里学骑习射，教场跑马着鞭。
上下思考既毕，学台取进才全。赴过棘围乡试，龙虎榜上名扬。
上京春闱会考，进士选入翰林。皇上金銮殿试，探花榜眼状元。
朝堂掣签挑选，职分九品从公。官衔定为六部，吏刑礼户兵工。
承诏封赠三代，荣妻荫子威风。治民首推文学，劳力次及农夫。
犁鉦田刀耙鏟，镰钩铁板山锄。箩箪桯梯畚斗，秧桶田踏禾梳。
抵丫扁担不离，柴刀草角常携。割草砍柴供灶，烧灰挑粪担泥。
裤緞衫头布袋，簑衣笠斗芒鞋。春月锄田划坎，打勃做地翻犁。
做坝涂塍要密，下秧播插及时。夏后耕田耨草，瘠土灌溉可肥。
车水逐螟努力，田歌唱和娱嬉。最怕秋来天旱，看水日夜莫迟。
倒草清沟防鼠，搜荑拔稗无遗。过了立冬节气，收成割稻之期。
共说今年大熟，且喜高下咸宜。租粒送仓交纳，暴晒积蓄支饥。
余力栽种小季，四时莫断园蔬。工艺大惟木匠，奇巧师于鲁班。
墨斗丈篙曲尺，以为平直方圆。龙锯斧头凿子，鑢钖鎚枹多端。
寻判杂柴大木，正杉松桧榅杉。取作梁枋柱板，斗栱衡串诸般。
起盖龙楼凤阁，皇宫官舍衙门。宫庙台亭铺馆，驿院寺观堂庵。
明楼大格平地，鹤篱两庑重门。出栋廻椽抽衖，花窗朗齿栏杆。
搁天官厅三透，卷廊仰板双湾。门限楼梯踏斗，壁档贴檝地棚。
楣枋地栿檐笕，锁腰闩閂神龛。画桷雕榱可玩，翚飞鸟革奇观。
丈数以六为止，起于秦始年间。六乃水数制火，天下驾屋一般。
小可修改帮扇，粪厕灰厂牛栏。泥水手锄石斧，砖刀筑杵泥匙。
料用灰砖瓦石，三合沙土最宜。未见安梁立柱，现资定磉扦基。
粘筑火墙土垒，龙沟水道鱼池。屋后花台叠笋，门头华表巍嶷。
破土开山做墓，安棺卷圹立碑。砌坝埋碇做埂，城墙河堑坛壝。
高架虹桥缥缈，长修道路崎岖。既有安身之处，旋咨适体之工。
熨斗皮刀剪尺，穿针引线裁缝。制就衣裳冠履，长短阔狭不同。
服色异其彰彩，以别上下尊卑。此外微末手艺，所作器物已详。
称名无庸再述，且及行货之商。轿马奔南走北，船航过海飘洋。
只为蝇头微利，不辞路上风霜。跋涉肩挑贸易，往来贩卖猪羊。

藏货待售曰贾，栈行店肆开张。米谷时价籴粜，箩斗升合计量。酿酒不离曲药，法制古有杜康。夏老冬白厚烈，蜜烧重酿甜香。木瓜气殊绿豆，葡萄味别高粱。赊账现钱沽卖，论甑打碲发矼。酒乃合欢之物，过醉惹事猖狂。大禹圣言可念，卫武诗训莫忘。若是银钱兑换，招牌国宝流通。皮印标钻号錾，钱盆针贯柜筒。钱分厘毫丝忽，天平戥秤至公。正银出与吕宋，四工笑面仙容。其有不堪通用，散发鬼子多宗。种种装模作假，灌铅夹铁包铜。至若抠挖追捕，轻分过重难庸。元宝纹银武直，大小论锭称分。孔方青蚨钱号，各省敕铸皆同。严禁私制鹅眼，剪边破缺非铜。照价汇兑拨票，出入生息无穷。自运苏松布匹，新改云锦圆标。佛色毛蓝月绿，京青莲紫红绡。搭卖零星碎件，无非丝线皮条。店里起碾作染，乡间摇鼓搬挑。若夫药材折兑，道地南北交加。制精丸料饮片，杜煎虎鹿龟胶。受弄高腔雅调，且寻音乐行家。班鼓京锣檀板，大铙小钹呕哑。八音金石丝竹，匏土革木喧哗。笙箫唢呐笛管，三弦琴瑟琵琶。书坊剞劂刓印，字画较对无差。论语学庸两孟，五经鉴史纷华。卷备九流三教，言兼诸子百家。闲览稗辞小说，雅俗充栋盈车。至于日用食物，各色杂货俱全。收贮南北京果，腌藏贵贱鱼鲜。炖烛光腾凤蜡，柬檀香吐龙涎。火炮硝磺填腹，双声百子喧天。带套官全请帖，梅红单片花笺。九牧真堂贴纸，重朱彩素卷联。皮料毛边京县，双联大纸花占。大满金银元宝，冥衣纸马库钱。玉口铜头柴梗，紫斑筋竹吃烟。兰州水烟铜盒，台湾火石艾链。麻布水藤棕索，砲钉屈铖门钳。数簿随手登载，算盘因物计钱。九转便歌熟记，归除乘法当传。秤有鱼牙火捞，钩锤钢索花星。每斤该两十六，折除挨补重轻。要知两值多少，求两法自觔生。一十六毫二五，二一二五分明。三则一八七五，四从二五来寻。逢五三一二五，六则三七五成。七乃四三七五，八惟作五无零。九五又六二五，至百与十同因。太阳之精曰日，一日地绕一周。昼夜飞行舒疾，五万六千里遥。入咸池出旸谷，黄道赤道经由。太阴之精曰月，行度比日慢行。满则缺盈则亏，朔死暗望生明。季都罗侯二宿，日月遇之失明。锣鼓助其阳气，救援日月大清。

四言杂字

天地元黄 宇宙洪荒 东西南北 罗列四方 乾坤艮巽 分配阴阳

类集杂字 训尔诸郎 日月星辰 雨露风霜 雷电霹雳 律令阿香

虹霓云雾 霞雪穹苍 一年四季 春夏秋冬 拾贰个月 月有三旬

一旬十日 上中下匀 每日盈昃 十二时辰 时分八刻 昼夜期定

朔望弦晦 晚晡清晨 寒来暑往 周而复元 冷暖炎热 清凉曛暄

呼唤作息 砍芦踏田 犁锄耙地 划墈作塍 开荒垦熟 插种须先

担粪壅秧 作涀荫田 割芊驶牛 看水宜严 修崩塞漏 补破填穿

柴枧竹笕 通水流田 春来早种 夏至碌耘 秋收早稻 冬割糯秋

拌稻砻米 送租纳粮 剉竹障篱 破木围园 曝草烧灰 踏豆下姜

担石结路 挑泥筑墙 拔茅盖屋 凿井开泉 舂灰做灶 担砖铺厅

踏途泥壁 开沟补埕 行船走马 过水渡江 登山玩水 游遍四方

生理买卖 坐贾行商 趁趂钱米 仰事爹娘 溪河江海 波浪汪洋

潭深濑浅 旷野荒坪 山川海屿 贼寨兵营 坑塆陇畔 峻岭高岩

滩头墺尾 险阻须防 凸凹平歪 尖顶峰峦 偏僻窎远 崎岖岗嶶

高低尖尜 浅深方圆 乡村邻里 州县府城 市头巷口 大路街坊

烟墩栅寨 碇步桥梁 茶坊酒馆 当店布行 牙馆客店 官府衙门

庵堂寺院 佛殿神龛 灵坛古塔 宫庙厅廊 门庭户牖 枓柱栋樑

桁椽壁剌 地栿椤枋 磉盘柱子 门槽前重 中厅披榭 两廊厨房

楼梯跳板 米柜谷仓 竹庐茅舍 窗口间房 牛栏厕所 灰斗粪楻

猪牢马厂 羊椆沟塘 砻磨舂臼 水碓油杭 米筛簸箕 苈簩箩筐

柴盘篾箴 篮藟笼箱 板坪踏凳 桌柜皮箱 衣架帽盒 镜台嫁妆

香炉烛架 圆桶扁楻 茶壶酒瓶 菜砵水缸 油缸醋瓮 饭甑粥樽

笊篱鼎笼 鍚鋖匏瓢 砂锅铜鼓 铁钳火挑 饭箸灶刀 柴夹斧头

茶杯碗碟 酒盏汤瓯 农具要件 田刀锄头 犁壁铁鉎 四钯镰钩

稻梯楻桶 谷箪秤斗 扁担布袋 蓑衣笠斗 竹枪柴棍 绳索桶箍

男耕女织 绞机梭扣 纺车縩窝 麻苎棉条 裁刀夹剪 撑披熨斗

火笼熏焙 合扇椰瓢 扁簪手镯 金钗珠挑 凤冠银髻 手指耳钩

鬃牌髻索 青巾横包 剃刀鼻镊 耳钯插头 推铇凿子 锉钢针扣

锁匙锥钻 锯锉卷铇 桌围椅垫 门帷镰钩 毯褥被席 草荐枕头

棉被布帐 棕荐毡条 衣服布匹 裕饶海宁 纱罗绸缎 锦绣葛绫

丝棉繂布　头帽手巾　单袍夹袄　长衫裹身　云肩背搭　外套旧新
裙裤腰带　掩肚缚身　鞋袜胶暖　前裾后衿　纱帽常熟　漂白染青
阔标新改　装色谁人　红青赤白　蓝绿双扪　紫花铁色　金酱溜红
鹅黄粉浆　月白天青　五音乐器　钟鼓大铙　云锣钹罄　檀板笙箫
琵琶管笛　琴瑟各调　军牢预备　枪刀戈矛　弓弦箭袋　籐牌腰抄
头盔铁甲　马嘶铃镖　宝剑弹戟　钢铳磺硝　钩镰半斩　排枪刀鞘
长杖短棍　铁尺斧头　器物难尽　身体诸名　头脑骨髓　肾脾肝心
肚肺脏胆　眉毛眼睛　肠胃筋节　胸胁认真　肩臂背脊　牙齿舌唇
口嘴耳目　观听声形　耳聋口哑　好歹难凭　额头鼻吼　腹脐肛胫
四体具备　五谷略陈　稻粱菽麦　黍稷养人　羊羔赤豆　时粿糍粽
面包糕饼　煎熬烹蒸　油盐酱醋　苦涩辣辛　清甜渐淡　□□咸酸
豆油香豉　酱瓜糟姜　烧鸡煏鸭　火腿腌豚　鹿脯麂腿　牛肥鼠蚤
煨肉蒸蹄　野猪山羊　豺狼虎豹　狐狸麝獐　猿猴兔獭　麒麟狮象
鼋鳌龟鳖　鲸鲲蛟龙　燕窝鲍鱼　鲙鲈鲑鲳　泥鳅田鳝　沙鳗黄鲂
瓜鳖白蛎　马鲛赤章　鲈辟切鲞　苔□螺螃　墨鱼鲮鲦　鲟虾蚶蛏
蛃蛤麻蟹　龟脚蛇虫　虾蟆蚯蚓　蠓仔苍蝇　蜘蛛蟢蜢　蝼蚁蜈蚣
蜻蜓蝴蝶　蟋蟀营蝉　螳螂虱子　丝蚕蜜蜂　鸦鹳喜鹊　白鸽黄莺
鹧鸪画眉　伯劳鹎公　杜鹃射鸨　鸳鸯鸾凤　鹭鸶鹦鹉　燕鹊雁鸿
鹰歌鹤鸪　牯牳雌雄　禽兽略举　果品多样　荔枝龙眼　白果桂圆
枇杷橄榄　柑橘香橼　核桃菱角　瓜子花生　杨梅梨柿　庆枣栗杏
莲蓬藕粉　金橘银杏　林檎李奈　枹柚溜橙　葡萄甘蔗　莓莳桃干
甜匏钓蕾　梅子金弹　园中蔬菜　萝卜菠菱　芹菜苦蕒　笋蕨芥苋
香菇木耳　紫菜金针　瓜匏茄子　苍莲芥蓝　薯芋姜椒　番蒜薤辛
茴香八角　葱韭蔓菁　蓼蒿蕹菜　天萝旋陈　芫荽番苋　豆芽煮羹
龙凤礼饼　果馅水晶　蒸酥箔碎　油枣牙滕　麻月酥饺　琴糕云片
麻枝花串　茶食龙门　文房四宝　各各有名　笔墨纸砚　儒士随身
书称宝籍　字值千金　族派亲戚　上和下睦　公婆爹娘　兄弟叔伯
哥嫂姊妹　姑姨眷属　婶妈娘妗　外甥孙侄　孩儿童郎　男女子媳
夫妻奴婢　小厮价仆　丈人岳母　女婿外孙　姨丈姑夫　连襟指腹
左右邻里　一亲九族　医生道士　堪舆星卜　和尚尼姑　巫师法术
唱喝斗骂　欺骗枉屈　生面歹人　莫留歇宿　细腻稳当　苦楚快乐

推倩替换　轮流贯确　价值贵贱　高低品搭　买卖赊现　商量忖度
加增添减　无碍差错　面前背后　欺善怕恶　典当生借　相邀相约
大斗小秤　粜籴米谷　银钱等项　我凑补足　行事公平　神钦鬼伏
担鲜贩货　行南走北　阔狭矮偏　长短曲直　厚薄轻重　虚实满足
涂堆土块　平坦宽促　崎斜端正　完全破缺　精粗细嫩　有余不足
丑陋光生　肮脏龌龊　整齐标致　文雅粗朴　晴天暴晒　枯槁燥湿
坚紧牢固　损坏崩裂　衰瘦肥壮　接待相夫　赶逐擒拏　打探消息
快紧搜寻　绑缚催促　延迟宽慢　凡事要速　早起相帮　莫嫌劳碌
一日三餐　实实确确　懒惰散漫　嫖饮赌博　倾家败产　无处绝落
衣衫褴褛　亲朋畏缩　饥寒无靠　穿墙挖壁　拿护送官　枷锁鞭扑
后生小子　须宜悔觉

茶韵悠悠

磻溪茶业史话

白　杨　周庆贺

民国《福鼎县志·第四自治区分编》载："出产有茶、竹、木、纸、炭，而尤以茶为大宗。"当时第四区含当今磻溪、白琳、点头三地。磻溪一直是茶叶的主要种植区，茶叶一直是磻溪主要经济作物，尤其是黄冈与湖林村更以茶闻名，五蒲岭一带则是野生茶树品种的发源地。

磻溪位于太姥山核心景区西麓，五蒲岭西面是进入太姥山的门户与关隘。文献记载，五蒲岭至太姥山天门岭附近，很早就有一片茶园。

黄冈茶叶种植始于元朝初期。元至元十六年（1279），周氏先祖周瑶从浙江丽水避乱于黄冈，优选山间多种野生茶树（后称土茶）栽于农地间陌，于清明前后采之晒干，药饮两用，遇瘟疫、癫狂、上火、疳积等，则煮茶服之。

黄冈《周氏族谱》载，清康熙甲寅年（1674），十五世祖周三虞出海经商，遭匪患，回乡途经太姥山，裁岩间茶枝带回，培育茶苗，栽白毛茶。其用茶枝压条的无性繁殖技术，保证了白毛茶基因的纯正。周三虞因此被黄冈周族敬为白毛茶茶祖，神位供在丰水宫，每年正月初八卜茶节，周氏族人都会来此上香，祈愿新年茶事有个好年景。

福鼎市广福茶厂及其加工现场

无独有偶，清光绪六年（1880）点头翁溪汪家洋村药农林圣松在磻溪的五蒲岭发现福鼎大毫茶，带回汪家洋进行无性繁殖，其亦成为福鼎大毫茶的鼻祖。

湖林村的周氏、翁氏先祖很早就在村里开辟茶园，他们为湖林日后成为茶叶重点村落打下了坚实基础。清末，周翼臣（1871—1936）无意仕途，弃学返乡，亦农亦商，从乡先辈、姑父陈焕学习制茶技艺，得其真传，首创“福建周鼎兴茶号”，所送茶叶在巴拿马万国博览会参展获金奖。

清代，磻溪茶人不断晒制白毛茶针、旗枪（一芽一叶，即今白牡丹），茶农在家中制作白琳工夫红茶毛茶，而这成为白琳茶商最喜爱收购的产品。民国年间，黄冈吴观楷（小名阿亥）创办玉琳茶厂（后改为双春隆），周宗杰创办“一团春”茶行，把黄冈白毛茶销往国外。黄冈是玉琳茶厂的主要原料基地，主要生产黄冈“白毫银针”“旗枪”“白毛猴”“莲心”“白琳工夫”等。

1949年后，国家对黄冈村白毛茶（福鼎大白茶）十分重视。1952年，派茶叶专家李冬水和福鼎县茶叶生产指导站赵坚夫等技术人员赴黄冈白毛茶原产地凤阳、大湾头蹲点考察。李冬水和赵坚夫等人一致认为白毛茶有推广价值，并向省农业厅汇报。1954年省茶科所派技术员到黄冈试制红茶绿茶。1955年省农业厅专文上报农业部，将福鼎确定为大白茶（白毛茶）良种繁育基地县。

李冬水等农业专家对经黄冈茶园水土、周边环境、海拔气候、茶树品种、茶叶品质等的考察论证，建议经白毛茶中心区——黄冈村建茶叶初制厂以保证白毛茶独立生产。黄冈茶叶初制厂于1957年9月动工，1958年底完工，为木瓦结构。当时为保证木料及时供应，砍伐了许多名贵古树，还拆除了叶苣岭的百年古刹双林寺。黄冈茶叶初制厂为四合院布局，最北边横向建单层红茶发酵、炭焙车间600平方米，近北建双层绿茶加工车间2400平方米；东北处建厂部办公楼760平方米和食堂380平方米；东边建动力机房60平方米；西边建会场礼堂2400平方米，有戏台和上下楼双层观礼台；南边两层为20榴木瓦结构白茶晾青楼（与捡场共用），每榴宽3.8米、长15米，楼内晾架排列整齐，晾架可折合；南门外有5000平方米露天广场及用木桩和毛竹搭成南北走向的晒茶架，架高1.3米。这些建筑相互联通，院内还有柴料场。黄冈茶叶初制厂是当时全县除白琳茶厂外规模和产能最大的茶厂，主要生产白茶、绿茶、红茶、花茶胚等，其原料由黄冈、湖林、翠郊等地供应。

1958年，黄冈村被评为“全国茶叶生产先进单位”。1959年，农业部决定在闽东召开全国茶叶生产现场会，黄冈被国家列为老茶园改造重点视察指导点。为迎接各省代表现场参观视察，磻溪公社举全社之力，仅用不到一年时间，就完成了必要的基础建设。黄冈群众不分男女老少，人人参与，干成了三件大事：一是建造了100千瓦的车岭头水电站；二是开通了磻溪集镇至黄冈的3千米公路；三是建成了一座综合性茶厂（得益于白毛茶，黄冈成为福鼎最早通车通电的行政村）。1959年3月中旬，全国茶叶生产现场会期间，时任农业部副部长蔡子伟、农业司司长高麟溢等领导率领各省农业厅领导和业务骨干120多人到黄冈视察指导，与会的有省农业厅干部张天福、李冬水等，规模宏大的“黄冈茶叶初制厂”和典雅神奇的“黄冈白毛茶”令代表们赞叹不已，他们纷纷索要茶苗，诚邀制茶技师前往各自家乡传经送宝，黄冈白毛茶因此闻名全国。当年10月1日，黄冈大队党支部书记周宗本、采茶能手陈九妹受邀进京参加中华人民共和国成立10周年国庆大典。他们带去家乡的特产——白毛茶针，并受到毛泽东主席等中央领导的亲切接见，带着中央领导“以后要在山坡上多多开辟茶园”的嘱托回到家乡。黄冈茶业由此步入振兴。

1956年底湖林村筹建茶厂，1959年湖林茶叶初制厂正式开工投产，年底下放给湖林大队，又因社队范围调整，改为湖林公社社办茶叶初制厂。1962年，经扩建和补充设备，规模得到拓展，有厂房两座（萎凋室、机房各一），职工22人。由于湖林茶多、粮多、劳力少，1963年，省外贸局、福安专区专署办公室、财办等签署文件，同意将湖林茶叶初制厂由省茶业进出口公司接管经营，此后称湖林国营茶叶初制厂。1995年，国营福鼎茶厂全面停产，2001年，湖林国营茶厂变为福建省广福茶业有限责任公司茶厂。

1958年春，福鼎县开始在磻溪筹办茶业技术学校。经福鼎县政府批准，学校由县委宣传部主管，由茶业局、财政局、教育局共同配合办学，校长由茶业局局长张德海兼任。教师有马坚忍、杨祖镇等3人。当时马坚忍在点头小学任教，因其毕业于福安农校茶叶专业，故被抽调至茶业技术学校。茶校学制两年，为公办性质，可半工半读，学生来自全县各公社，大部分是有高小或初中文化程度的青少年。1958年秋，学校开始上课，校址在今磻溪中心小学东北角。学校除开设语文、数学等普通课程外，还专设土壤、茶叶育种栽培、茶叶加工等专业课程，并以茶乡黄冈和国营湖林茶厂为劳动实践基地。茶校首届

茶叶技术学校《茶叶制造》教科书

招收学生58名，毕业后除两名学生送广西大学深造外，其余学生全部分配至各公社从事茶叶技术指导和推广工作，后来大都成为县茶叶行业骨干。1960年下半年，为方便茶叶收购，县里决定撤去白琳茶业站，设立磻溪茶业站，后迁至白琳翁江，校长由李弟古兼任。茶校共办两届，第二届再招新生42名，两届学生均对福鼎茶业的发展作出巨大贡献。两届后，茶校因经济困难停办。

茶叶技术学校《土壤肥料》教科书

1959年至1960年，磻溪公社发出“再造万亩茶园”号召令，各大队利用山坡荒地共建造2万多亩梯层式茶园；1976年黄冈大队组织茶园改造大会战，在炮台岗、岭头亭、尾湾建设标准化茶园2000亩；1972年磻溪公社组织茶园建设大会战，在山湖冈十三坪新建标准化茶园。20世纪60年代初开辟万亩茶园，各大队都有几百亩集体茶园，20世纪70年代还建有一批大型茶场，如公社所有的山湖冈茶场（3000亩）、福鼎县民政局所有的东岭茶场（1500亩）、省林业厅所有的福山和后坪茶场（2500亩）、福鼎供销社所有的海洋茶场（2000亩）、福鼎林业局所有的油坑茶场等。那时黄冈大队有1个专业耕山队、4个茶场、2座茶厂（分初制和精制），几乎算是茶叶专业村，茶农不种田，靠吃国家供应的“茶米”。1976年，全村准备农转非，因国家粮食缺乏没有实行。20世纪六七十年代，磻溪茶叶品种最丰富，横比产量最高，产值最大，财税贡献最多。

改革开放后至2006年，磻溪茶业发展陷入低谷。茶叶原属计划经济二类物资，不愁销售，市场开放后，销路成为最大问题。一大批磻溪儿女奔赴全国各地，销售磻溪茶叶。林型彪、周庆贺、周德荣到广东省广州、深圳卖茶叶，开拓南方市场；王忠华、翁开振等人在山东济南、泰安、烟台等地销售茶叶，开辟北方市场，为日后茶叶销往广东南方市场、山东北方市场打好销售基础。

2003年，福鼎市政府开始推广白茶；2007年，全力打造福鼎白茶公共品牌。磻溪茶业随着福鼎白茶的快速发展，步入茶业发展最佳期。周庆贺于1986年到深圳、广州经销茶叶，于1996年成立广州市誉达茶叶有限公司，2003年在福鼎星火工业园区征地建起现代化厂房，成立福鼎市誉达茶业有限公司。2004年，福鼎誉达茶业有限公司升格为福建誉达茶业有限公司。林型彪于1991年到广州销售茶叶，2001年国营湖林茶厂拍卖，林型彪成功获得产权，在原厂基础上建立福建省广福茶业有限责任公司。周德荣兄弟于1990年在广州经营白茶，2005年在芳村茶市场立足，2015年全面升级“粒达白茶”品牌。长期在广州经营茶叶的周瑞进于2012年创办康来颜茶业有限公司，2014年，在磻溪村岗尾坪——杜岭茶叶精品加工区建设厂房。

1993年，王忠华在山东泰安销售茶叶，于1998年转战济南，2007年注册四季盛商标，2012年在磻溪成立四季盛茶业有限公司。2001年翁开振到山东省烟台市开办茶行，于2014年在湖林创办晒鼎香茶业，如今已有多个茶叶联合体。2010年后，长期在山东济南经营茶叶的王军因看好福鼎白茶的发展，在桑海村成立万氏留香茶业有限公司，联动当地茶农。2010年，吴敬寿携子吴志坚重返故土，承传祖业，创办一叶九鼎茶业，长期在内蒙古经营茶叶的林时铮亦回到炉屯村创建万亩茶业。

大沁茶业有限公司成立于2014年，承包有十三坪与山湖冈茶园，共投入700多万元建设山湖冈公路，改变了茶园没有机耕路的历史；巨资征地100多亩，建立拥有自主知识产权的现代化高科技、全自动、日光萎凋和传统福鼎白茶制作生产工艺流程，并建造2座纯木屋，为茶旅融合发展奠定基础。2017年六妙茶业有限公司进驻赤溪，村企共建成立福建省福鼎赤溪生态发展有限公司，建立畲家白茶馆、赤溪产业园，为赤溪创造就业岗位、拓宽村财增收途径。

磻溪镇大多数区域海拔在200—800米之间，地势较高，常年气温偏低，茶叶生产周期长且病虫害少，大部分土壤为红黄质壤，呈弱酸性，肥水保持和透气性好。磻溪植被茂密，没有工业污染，空气洁净清新，负氧离子高。这些独特的地理条件，保证了磻溪茶叶的优异品质，许多知名茶企纷纷入驻磻溪，国家级龙头企业品品香茶业有限公司在南广建立有机茶基地，国家级龙头企业天湖茶业有限公司在磻溪村、炉屯村建有基地，闽翁、合熹堂等茶企分布在磻溪各村，天然、品农、大湾头等一批企业在磻溪立足。

近年来，随着福鼎白茶的兴起，磻溪优质茶叶吸引大批磻溪儿女投入白茶行业。2019年成立磻溪茶业协会，会员达253家，至2021年10月会员达314家。

黄冈周氏茶事“三节”

岩　泉

山湖冈茶园及茶厂

黄冈周氏先祖生于官宦世家，因朝代更迭南下归隐。栖居黄冈后，周氏先祖自设私塾，教化子孙，立训不科考，不求官，勤耕作，图自在，子子孙孙以耕田种茶为生。周氏族人种茶、品茶、敬茶勤劳朴实、淡定内敛的品质与白茶古朴淡雅的品格融为一体，形成一系列的茶文化，历经几百年风雨，坚守传承至今。

黄冈村很早形成了独特的茶事民俗，时期，黄冈有 3 个有关茶事的节日：即正月初八卜茶节、五月初四斗茶节、八月仲秋谢茶节。

卜茶节

卜茶节是黄冈茶民祈求神佑、卜问茶景的特殊节日，据说始于明代。到了清代，卜茶节成了黄冈周边各村群众共同的节日。正月初八这天，供奉着元帅爷和三宝（据说是七下西洋的郑和）神位的黄冈临水宫会举行一场规模盛大的卜茶仪式。仪式年请道士设道场，搭九楼（9 张八仙桌垒叠），竖大旗，一时幡联高挂，旌旗飘扬。仪式开始，锣鼓喧天，长号长鸣，由各房主事或各村头人领头，本房或本村茶民着盛装列队紧随其后，按族序依次列位，由专事礼宾主持行三拜三叩礼，迎请神明入临。然后，求神赐福，等待出现九线一阳，大功告成。此时，放“三炮筒” 3 次共 9 响，放鸟铳 21 响，所有茶民即跪拜答谢。接着，宫内跳神，茶民向三宝卜问茶景，神告茶景好，欢天喜地。3 天的社戏开演，家家亲朋满座，茶乡热闹非凡。

斗茶节

清明是黄冈茶区白毛茶开采日，这天采的白毛茶针品相最好，色呈浅绿鹅黄，芳香鲜爽，古人认为具有避灾镇邪、去毒防病的功效，因此都自留珍藏，概不出售。“五月四”是黄冈周氏特有的节日——斗茶节，产茶大户或制茶能手均拿出封存一个多月茶品参加斗茶。这天，也是黄冈周氏族人统一举行春祭庆典的日子，公祭周氏先祖和各房祖先。

上午公祭。各房各家族裔，不论迁居何地，身处何方，都必须回家参加公祭。一来祭奠自己的已故长辈亲人，二来参与公祭祖先的活动。清早即开始各自祭奠，人们在各自故去亲人灵前摆供品、上高香、烧纸钱、化冥物、寄门书，虔诚膜拜。供品有牲礼、果品和茶酒。巳时，公祭正式开始，各房董首带领族裔集中祠堂场院。仪式按程式举行，按族序依次行祭拜礼。礼毕，全体族裔和特邀客人共进午餐。

黄冈原生白毛茶树

下午斗茶。这是节日的重点。午后，参赛的各村产茶大户或制茶能手将带来的白毛茶针、旗枪（一芽一叶白牡丹）等茶品送交斗茶组织处，组织者把茶品置于大小和颜色统一的木雕茶盒内，为茶盒底部编号，只有组织者清楚其中的对应关系。斗茶开始，若干评审员对参赛茶品进行鉴赏，观品相，闻清香，继而泡茶、品茶，最终决定名次。评审员用在茶品展桌前站位的形式，分别决出白毛茶针、旗枪的一、二、三名，第一名冠以“茶针王”或“牡丹王”称号。族长当场宣布斗茶结果，颁发锦旗，奖励茶米，一、二、三名分别奖稻谷 3 石、2 石、1 石。

谢茶节

古时候黄冈还过谢茶节，即在茶叶收成的好年景，由获得丰收的茶民组织的答谢神佑的活动。谢茶节一般在临水宫举行，族长和各村头人必须参加，但参加的其他人较少，因此规模较小，场面远不如卜茶节隆重。依然设道场，用整头猪祭神，有时也演社戏。也有人说谢茶节和中秋节同在一天。

黄冈茶文化的内容和形式淡出已久，但黄冈茶叶的优秀品质却已是公认，黄冈茶文化底蕴之深厚令人惊叹。踏进黄冈，茶香绕鼻，茶产业一派繁荣，仍然能让人感受到那一种浓郁的茶乡风情。在黄冈，人们至今依旧熟悉先人们唱的茶歌："春采白茶卖高价，夏制红茶送客人，秋后打尾留自己，茶篮挂壁半年闲。""奇古枝，锯山柴，阿妙老婆会泡茶，茶叶两粒仔，碗里两尾虾，清明茶针自己吃，秋后茶婆见人客。""草头仔，黄武帝，你月大，我饼细，茶为兄，米为弟，茶包当饼蛮去替。"

一代茶商吴观楷

周庆团

谈论福鼎茶叶总绕不过一个人，他就是阿亥——民国时期福鼎最著名茶商之一。早些年，笔者曾怀着敬仰之心，拜访阿亥先生的老家黄冈蛤蟆座，虽然没能拜会阿亥先生的嫡系后代，但从先生本家提供的族谱和族人津津乐道的故事里我还是得到了一些可用的信息。加之我的外祖父——著名茶人李时武先生，从14岁开始便在玉琳茶厂干活，他见证了玉琳茶厂的兴衰，小时候从外祖父那听来的关于阿亥先生和玉琳茶厂的事还清晰在耳。

阿亥原名吴观楷，字世和，黄冈蛤蟆座人，清光绪乙未年（1895）生。14岁之前，阿亥曾上过几年私塾，但由于家里不富裕，年少的阿亥和其他孩子一样，无奈地干着放牛、砍柴、采茶、除草的活。1910年9月17日，16岁的阿亥独自走出家门，来到白琳。白琳是茶商聚集地，这里商旅集结，是福鼎商贸重镇。

吴观楷最开始在杂货商店做童工，替老板打下手，因为天性聪颖睿智，办事用心卖力，看店、记账、进货等样样娴熟自如，深得老板喜爱、器重和信任。18岁时，阿亥已是一位“金牌”雇员，布店、药店、当店、钱庄的聘约纷至沓来。

阿亥与茶业结缘，由于一次偶然。在福州马尾埠头，他发现大批来自武夷山的茶叶为卷毛金发的夷商所青睐。从茶商那里获知，销售茶叶回报丰厚，回想起家乡黄冈优质且丰富的白毛茶。他北赴茶产地考察，南下漳泉市场调查，经过两年艰苦周密的筹划，在白琳王渡头建起一座相当规模的茶叶初制厂——玉琳茶厂。

玉琳茶厂创建之初，阿亥实施茶叶品牌战略。首先回家乡黄冈和翠郊，贷钱给茶农，调动茶农积极性，大力培植茶叶资源；其次招聘有为青年，通过培训，打造了一支技艺娴熟的精英团队，安排到茶厂担任技术骨干。此外，阿亥还注册了一批优质茶品商标，其中以白毛茶为原料制成的白茶品种有“白毫银针”“旗枪”“白牡丹”，绿茶品种有“白毛猴”“莲心”，以土茶为原料制成的红茶品种泛称“玉琳工夫”，样样都是精品。

1930年前后，吴观楷在福州经营茶叶，结识了国外的茶叶老板，直接与国外连接，一时利润成倍增加，吴观楷的茶叶资金暴涨。玉琳茶厂转变为双春隆茶行。1942年，吴观楷派堂弟吴观箫又注册第一春茶行。1936 年，吴观楷以敏锐的目光投资药行，创办逢春堂药行，1944 年更名为平安堂。紧接着又添置田产与房屋，遂成为让人敬仰的富商。

吴观楷先生娶有两室，发妻磻溪林氏生五男四女，侧室沿州林氏育二男一女，先生膝下七男五女，可谓财丁两旺。事业成功之后，其生性聪慧且胆识过人的老大是田敦带领勤勉机警的三弟吴年敦替其分担管理内务。哥俩尊父教诲，为人亲和，处事严谨，把企业打理得井井有条，吴观楷先生自此专心外围市场，事业愈加壮大，资本积累急剧增多。

1959年全国茶叶生产现场会在黄冈举办

白　杨

1958年，农业部副部长刘瑞龙到黄冈大湾头调研。1959年，全国茶叶现场会举办，农业部蔡子伟副部长率领各省农业厅领导到黄冈考察。

作为当时的亲历者，茶叶专家李冬水、福鼎著名制茶师王奕森、画家马树霞、黄冈茶人周宗义直到现在还能回忆起当年的盛况。为什么国家茶叶现场会议会放在黄冈举行呢？

背景：提高茶叶产量是国家战略

自清以降，沙俄对我国的茶叶依赖程度不断提高。俄国十月革命后，苏联布尔什维克与中国共产党的联系更加密切，大到政治纲领、国家战略、武器装备、经济资助，小到柴、米、油、盐、酱、醋、茶等物资的交流。苏联人爱喝茶，特别是红茶，而苏联除了格鲁吉亚种植少量茶叶，基本不产茶，茶叶成为我国的二类物资，偿还苏联贷款的重要抓手。

李冬水回忆，1949年后，中央十分重视茶业发展，20世纪50年代到60年代，党中央专门为茶叶开了4次会议，可见对茶叶的重视程度。他还说，那时在国内，外省根本买不到茶叶，只有北京、上海等大城市才发茶叶票，一年也就能兑几两茶叶。当时我国外汇很少，茶叶的换汇率特别高，国外也特别缺茶叶，因此国家非常重视茶业发展。

农业部副部长兼任中茶公司总经理的吴觉农对全国茶叶产区十分熟悉，也深刻认识到茶叶产量不足问题。1937年，吴觉农亲临福鼎，对福鼎茶区的情况进行了解。1950年，福鼎茶园种植面积较少，茶叶生产基本手工制作，工业化水平低，由张天福发明的木质揉捻机刚刚在福鼎各产茶区用上。根据福鼎档案馆的档案，1950年福鼎茶叶产量仅1132吨，1951年仅700多吨。如何生产更多的茶叶，寻求质优、高产的茶树品种成为亟须解决的问题。

黄冈具悠久产茶历史

福鼎县磻溪黄冈一直产茶。1279 年，周氏先祖周瑶避乱于黄冈，带来饮茶与种茶文化。黄冈《周氏族谱》载，清康熙甲寅年（1674），十五世祖周三虞在太姥山，把白毛茶茶苗（后被培育命名为福鼎大白茶）带回黄冈，被尊为茶祖，由白毛茶晒制而成的白毫银针在市场上特别畅销。

张天福写于 1963 年的《福建白茶的调查研究》载："福鼎大白茶，原产于福鼎县太姥山。据传说，距今 100 多年前（1857），有柏柳乡竹头村陈焕把此茶移植家中繁殖开来。又一说是柏柳乡翁溪村张吓钦发现的，传播到黄冈乡是在光绪元年（1875），由周开陈自后井移植来的。"

黄冈产茶历史悠久，也有 3 个专门为茶叶设立的节日，分别是卜茶节、斗茶节、谢茶节。茶叶是黄冈村最重要的经济作物，栽培、种植茶树苗也成为周氏专利，代代相传，黄冈茶叶在福鼎县名气颇大。

据黄冈周氏祖训，茶树品种秘不外传的。但也有例外，可以送给姻亲。为了亲戚能发家致富，有些人家也会送几株茶树苗给女儿女婿。白毛茶作为高品质茶树品种，在茶界很快引起关注。

大湾头村出现高产量茶园

1952 年，黄冈村大湾头村富农周汉奋（粉）家的茶园管理得特别好，亩产特别高，能生产干毛茶 100 斤，被福鼎县上报到福建省农业厅。那一年，周汉粉的茶树栽培经验得到了福建省农业厅茶叶专家张天福等的高度重视。

据张天福先生生前口述，他于 1953 年来福鼎组织培育福鼎大白茶树种。李冬水回忆他说："当时福建省农业厅派我和李友梅、沈玉春到大湾头周汉粉（奋）家蹲点考察茶树品种，土壤、土质、气候等情况。""当时福建省农业厅到福鼎磻溪的大湾头村有 300 多千米，其间不通公路，只能选择步行，我们每天只能步行 30 多千米，步行了 10 多天才到大湾头村。到大湾头后，我们住在周家老宅，专门请人做饭，由福鼎县茶叶指导站赵坚夫陪同考察周汉粉家的茶园。"

黄冈大湾头的土壤情况在张天福的《福建白茶的调查研究》中有记载："据 1954 年省农业厅、省农学院、省茶科所的调查分析，其剖面性状：0—15 厘米的质地为黏壤土，16—75 厘米为壤土……大部分分布于翠郊、黄冈，一般为花岗岩、花岗斑岩和辉绿岩风化而成。据黄冈大湾头的黄壤分析，土层厚度达 150 厘米，质地为黏壤土，有机质含量为 1.58%—2.33%。全氮 0.08%—0.093%，速效性氮 1.0—2.5ppm，磷 0.5—1.0ppm，钾 10—15ppm，钙 50ppm。酸碱度 5.0—5.5，空隙度 54.79%—61.65%。紫色土分布在黄冈和翠郊两乡，其母质为紫色砂页岩。土层达 120 厘米，质地为黏壤土，有机质 0.98%—2.08%。酸碱度 4.7—5.0，空隙度 51.96%—56.2%。”

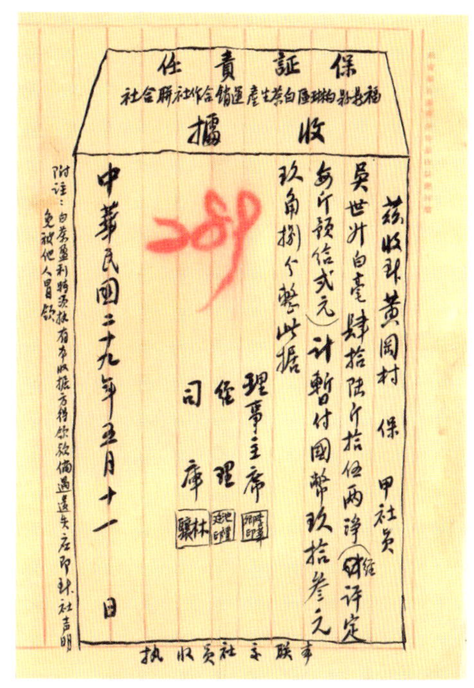
保證責任
福鼎縣白琳區白茶生產運銷合作社聯合社
收據

茲收到黃岡村 保 甲社員
吳世升白毫肆拾陆斤拾伍兩净（經評定
每斤額估式元）計暫付國幣玖拾叁元
玖角捌分整此據

理事主席
經理
司庫

中華民國二十九年五月十一日

附注：白茶盈利特殊按有本收據方得領取倘遇遺失應即向社聲明免被他人冒領

本聯交社員收執

1940 年茶叶收据

李冬水他们在周汉粉家茶园发现，白毛茶产量高，品质优，可以制作成白茶、红茶、绿茶。只是限于当时的繁殖茶树经验，要保持优良品质，只能用压条、分株的方式培育茶树苗。

大力培育福鼎大白茶品种，提高茶叶产量

1954 年，福鼎县农科所开始进行茶树短穗扦插实验，于 1956 年获得成功，大面积种植、推广白毛茶茶树品种成为现实。白毛茶被专家们命名为福鼎大白茶。

1958 年，福鼎县专门设立福鼎县国营茶场，地点设在翁江，专门培育茶苗。当时建设 100 多亩福鼎大白茶苗圃，每亩有约几万株福鼎大白茶茶苗，浙江、安徽、江西等全国各地的茶叶工作者相继过来考察，调福鼎大白茶的茶苗到全国各地种植。

李冬水说，福鼎大白茶对全国茶叶发展贡献很大，是当时全国推广最多、推广面积最大的茶叶品种。1958 年，农业部副部长刘瑞龙亲临黄冈大湾头考察指导。

举办茶叶现场会，推动茶业发展

1954 年，福建省茶科所派技术员到黄冈用福鼎大白茶树种试制红茶、绿茶。1955 年省农业厅专文上报农业部，将福鼎确定为大白茶（白毛茶）良种繁育基地县，黄冈被评为“全国茶叶生产明星村”。

全国茶叶现场会于 1959 年在黄冈举办。接到全国性会议在黄冈举办的通知，福鼎县委高度重视：一是把交通做好，开辟一条从磻溪到黄冈的村级公路，建设福鼎第

一条通村公路；二是发展电力，建造 100 千瓦车岭头水电站；三是建设茶叶初制厂，供参会人员参观；四是举办采茶比赛；五是抽调人员来黄冈，协助办好国家级盛会。马树霞说，当年他刚从美术学校毕业，县委派他到黄冈采风，用画板画茶园时，当地老百姓争相传告，黄冈要召开“橄榄会”，他听不懂什么是“橄榄会”，后经了解原来是茶叶“展览会”。王奕森说，他从白琳被抽调到黄冈，主要是学习如何采用机械化生产茶叶。1958 年，黄冈乡举办双手采茶比赛。

1959 年 3 月中旬，农业部副部长蔡子伟、农业司司长高麟溢等领导率各省农业厅领导和业务骨干共 120 多人到黄冈视察指导，与会的有省农业厅的张天福、李冬水等人。

后来黄冈大队党支部书记周宗本代表茶叶生产先进单位进京参加国庆十周年大典，黄冈妇联主任、采茶冠军陈九妹亦进京参加国庆十周年大典。据传，他们还带着福鼎大白茶的茶树进京献礼。

福鼎大白茶品质优异，因全国茶叶现场会闻名于世。20 世纪 60 年代后，全国 18 个省茶园改种福鼎大白茶。福鼎大白茶也被称为“华茶 1 号”，是全国茶树品种标准对照种。

李冬水与福鼎大白茶的不解之缘

周庆雅

2019年中国厦门国际茶产业（秋季）博览会上，一位身穿衬衫、脚穿凉鞋、手里提着布袋的老人在“大湾头”白茶村的展位边上徘徊了许久，几经犹豫终于走进了“大湾头”白茶村的展位，这位老人就是李冬水。虽然已经94岁高龄，李冬水身体依旧健朗，思维敏捷，头脑清晰。他问参展的工作人员：“这是福丁（鼎）的大湾头吗？谁是周汉粉（奋）的后人？”

李冬水看到我第一眼，就说：“你和周汉奋有点像，只是没有他高。”紧接着很形象地描绘出周汉奋的长相。我正是周汉奋的曾孙。李冬水说，自己看到大湾头这3个字的时候感觉特别亲切，只是不敢肯定。李冬水老人20世纪50年代时曾经在黄冈村大湾头工作，也在我家住过一段日子。他对我说：“真想再去大湾头走一走，看一看。”

李冬水老人一边回想当年培育福鼎大白茶的场景，一边问我福鼎大白茶以及大湾头现在如何。次日，李冬水老人邀请我到他家里，取出珍藏多年的资料，向我述说当年往事。李冬水老人对我说：“1952年，福鼎县上报黄冈大湾头周汉粉（奋）的茶叶丰产优质事迹。由于周汉粉（奋）是富裕中农，他没评上劳模，但他的茶叶亩产特高（100多公斤）。1953年，省农业厅就派我和李友梅、沈玉春到大湾头周汉粉（奋）家蹲点考察。从福州农业局到大湾头白茶村往返1000多千米，交通不便，只有两段路能坐船，其他都需步行，每天要步行30多千米，10多天才到黄冈大湾头村。到大湾头后我们住在周家老宅，专门请人做饭，由福鼎县茶叶指导站赵坚夫陪同考察周家茶园。”

李冬水老人回忆，他们一行人吃住在周家，在周家茶园里，发现了福鼎大白茶，这种茶树单株产量高，品质优越。经调查发现，周家茶园之所以产量奇高，主要是福鼎大白茶品种优异，再加上我曾祖父管理茶园有方。

之后，农业厅安排李冬水老人等根据我曾祖父的经验介绍试制茶叶，利用福鼎大白茶茶叶分别制作了红茶、绿茶、白茶等，最终确认福鼎大白茶品种优良，是福建省优良品种。紧接着，他们便发动群众大量培育茶苗。因当时压条式繁育福鼎大白茶幼苗供不应求，后研发扦插式培育幼苗技术，几经挫折，技术得以成熟。在这一技术帮助下，开辟了100多亩福鼎苗圃，每亩培育约24万株福鼎大白茶茶苗。浙江、安徽、江西等地的茶叶工作者相继前来考察，调拨福鼎大白茶茶苗到全国各地种植。福鼎大白茶是当时全国推广面积最大的茶叶品种。

李东水（左）与张天福（中）

1985年，福鼎大白茶被全国农作物品种审定委员会认定为国家品种，俗称“华茶1号”。

李冬水说：“正是因为有了福鼎大白茶茶树品种，数次福鼎茶业盛事，国家都派相关领导亲临活动现场主持工作。1958年，举办双手采茶比赛，农业部副部长刘瑞龙到磻溪黄冈调研；1959年，全国茶叶现场会议召开，派农业部蔡子伟副部长来磻溪黄冈主持工作。”他调皮地说，他和妻子郑秀娥的结缘，也是因为福鼎大白茶。当年郑秀娥刚从浙江农业大学毕业，被借调到福鼎培育福鼎大白茶的幼苗，是当时福鼎大白茶研发团队里唯一一个女大学生。因为研发福鼎大白茶、培育茶树苗，他们相识、相知、相守，可以说，他们是福鼎大白茶“白头偕老”“百年好合”的真实演绎。

李冬水老人说：“正是因为福鼎有福鼎大白茶树，2006年福鼎被命名为中国白茶之乡，2011年福鼎白茶制作技艺被列为国家级非物质文化遗产。”

国营湖林茶叶初制厂

白　杨

国营湖林茶叶初制厂的前身是大队茶厂，始建于1956年。1963年，国营闽东第二茶叶精制厂（福鼎茶厂）根据国内外茶叶市场需求，为增加产量、提高茶叶质量，决定以湖林大队茶厂为基础，创办湖林茶叶初制厂，厂址设在外深湖里。

1957年福鼎茶厂湖林初制厂

湖林片区所产茶叶属于高山茶，茶青品质优良。同时，湖林村地理位置特殊，是磻溪公社黄冈、桑园、湖林、海洋、吴洋、大洋、南广、后坪、仙蒲、炉屯等产茶大队的中心区。为了方便当地茶农出售茶叶，茶厂选择在这里集中新鲜的茶青，利用半机械化设备，加工生产毛茶。

福鼎茶厂先是委派首任厂长张世文带领黄克冬、王景孙、蔡乃动、施亦先、赵代方等16名工人，在外深湖里开辟荒地，利用人工一锹一锄，一砖一瓦建起厂房。初建厂房时，适值全县进行茶叶机械化生产改造，设备先进。厂里安装3台克虏伯揉捻机，每次可揉捻几百斤茶青，外加1台半自动烘干机。由此，湖林茶叶初制厂率先实现半机械化生产，购置的设备主要以生产白琳工夫红茶为主。

工厂大门正对着公路，大门旁有一小门，通过传达室便是一个大操场。大操场的后面建有一座9榴2层的晾青楼，楼上分两大间，每间有600平方米。晾青楼的左侧下方是发动机房，内有1台60匹马力的发动机和1台80匹马力的发动机。初制机房左上方是8榴的大仓库；还有一座办公楼，一、二层是仓库，第三层是办公室。

晾青楼旁的采购处是茶厂最忙碌的地方。湖林、炉屯、桑园、海洋、大洋等大队的茶叶大多数送到湖林茶厂，于此处进行收购，人来人往热闹非常；“带青人”按茶叶测评的等级把农户的茶青带到各间，避免茶叶混。每天扦茶的、评茶的、秤茶的、开发票的，忙个不停；卖茶的人很多，要“打流号”，日常都要打五六百号，有时茶农要等到下半夜才能回去，采购处每天都要收400担茶青，多时达800担。

木制小型茶叶揉捻机

20世纪60年代末，中苏关系破裂，东欧各国红茶市场销路断绝。随着国际茶叶市场的变化，福鼎由原来专门生产红茶改为专门生产绿茶。工厂添置了4台大型杀青机，每个工人每次可放入4大筐的茶青进行杀青，还增加了10台小型揉捻机。

工厂的工人随生产的需要不断增加，有来自茶叶技校的毕业生，有转业分配到茶厂工作的退伍军人，也有白琳茶厂派出的制茶师傅。20世纪70年代末，厂里人数最多，在厂职工达46人，临时工有100多人，张世文、王孝旺、简成坦、胡客妹（革委会主任）、张时定、林飞应、周宗泉等先后任厂长。新工艺白茶发明人王奕森于1969年从白琳茶厂到湖林茶厂，使得湖林茶厂在生产绿茶的同时，还帮助白琳茶厂完成了生产白茶的任务。湖林茶厂生产的茶种红茶、绿茶、白茶，绿茶主要是烘青绿茶，年产毛茶产量达3000担。

在物资匮乏的年代，湖林茶厂自力更生，场长周宗泉带头在湖林的竹岚头开辟农场36亩，种植农作物，为工人们提供粮食与农副产品。

湖林茶厂小型茶叶揉捻机

20世纪80年代，茶叶市场放开。时任厂长张时定打破原有生产方式，额外生产白毫银针、白牡丹、贡眉、寿眉等白茶，为茶厂增加收入。利用这些资金，茶厂改善了职工住宿条件，还办起工厂幼儿园，增添文化娱乐活动场所和设施，使职工们安心生产。厂内生机勃勃，工厂迎来了最佳时期。

1995年，随着福鼎茶厂全面停产，湖林初制厂也因结欠银行贷款停产。2000年12月12日，福鼎茶厂宣告破产，将湖林初制厂房地产及茶园抵偿给兴业银行福鼎支行。

2000年后，福鼎市民营茶叶企业发展迅猛，兴业银行将湖林初制厂公开拍卖，广福茶厂一举中标。国营湖林茶厂至此落下帷幕。

（本文据张时定、周宗泉、张肖等人口述整理）

吴氏老茶坊

吴敬寿

青草济世　龙芽凤羽

明永乐年间，青坑（兰溪）吴姓第十二代传人吴廷璋分居凤迹洋，携其族人再次立基创业，造田耕耘，栽竹造林，加工竹纸，男耕女织，兴办私塾学堂，业兴族旺。其间一场天花麻疹疫后，族人患麻疹后遗高烧皮疾严重，吴廷璋采山中龙芽草煮汤内服外洗，治愈病患。周边村落闻悉而动，龙芽草即成为当时山村的神奇妙药。此后，每年早春季节，各家上山采其芽叶，晾晒烘干备用，是待客、抗疲、消炎、降火之良药，业成为医师处方中一味药引。为了答谢上天赐药人间，吴廷璋立规示族，于每年二月十二日集众拜祭，并将其列为礼佛、供神的至尊珍品，传至清乾隆吴廷璋后裔第六代传人吴开全，移苗扩种，立坊加工，制作兴业，创立“昌盛号”“吴永利”茶坊、造纸坊，茶叶、竹纸产业发展一时成为当地主流产业。

山村创业　吴氏茶坊

吴开全生于清乾隆二十年（1762），八品县丞，庠生国子监典薄，父子三代捐助福鼎县城垣百丈，其继承祖业，兴办竹纸业，耕读传家，诚信营商。而立之年，其得悉凤迹洋龙芽草与太姥山神茶同本，如获至宝，决定开发茶叶生产，召族人拓荒移植栽培，于地瓜园里间植，扩大村人栽种，整个凤迹洋山种植“龙芽草”达数十万株之多。吴开全独资建造作坊，于每年清明前后，集众采芽叶，收集晾晒，手工揉制，炭火烘焙，挑拣成品，所产茶毫香四溢，声誉闻风，经当时福宁府学者推引，被福宁府衙列为待客迎宾之茶，创立“吴永利”号茶行。为方便销售，利川烤、泡竹丝、白铁皮制成茶叶外包装，用特制竹纸做茶叶内包装，组成甲、乙、丙系列，同竹纸销往福州、厦门、宁波等地区，换回布匹、农具、生活用品，以解决当地之需。后吴开全又独资在洋头建造全木四合院，兴办私塾学堂，创建凤迹洋第一所茶叶作坊，称“吴氏茶坊”。1969 年，城里的知识青年“上山下乡”，到山里开荒种茶，吴开全第七代传人退伍军人吴敬寿与知青们同甘共苦，在吴家荒废茶园开荒种茶，种植规模达 100 多亩。后知青回城，茶园失管，荒废数十年，直到近年来福鼎白茶兴盛，在吴氏后人的整理下，茶园才重见天日。吴氏茶人们给这片茶园取名叫“知青茶林”，以示纪念。

记住乡愁　传承祖业

风迹洋海拔 600 米，绿水青山，竹海烟云，草木精华，古木参天，红豆杉群立，环境优美，生态独特。数百年来，茶、竹、纸、炭是风迹洋经济发展中心，今日数千亩毛竹林中隐隐可见旧茶园遗迹，面积达千亩。改革开放后，随着福鼎白茶产业发展，村民们改造旧茶园，种植福鼎大白茶（华茶 1 号）、福鼎大毫茶（华茶 2 号），但因偏僻山区交通不便，雨天无人收购茶叶，致使沽茶、烂茶不断，经济损失严重。为承传“吴氏老茶坊”的传统茶文化精神，风迹洋吴氏后人返回故里发展白茶产业，组织合作社，在风迹洋恢复吴氏茶坊，传承吴氏白茶传统制作技艺，推行传统与现代结合的管理模式，保持茶园生态平衡，为子孙后代留下传承。

磻溪吴氏白茶制作技艺已入选福鼎白茶传统制作技艺非物质文化遗产保护项目。

山湖冈茶场

周钱福

峥嵘峭峻的磻溪九冈顶由西向东延伸，地势西高东低，东西点延绵相距近18千米，共由9条山冈、49个小山包构成。清乾隆年间，黄冈周姓十八世孙周廷梓，育有4个儿子。周廷梓为看到黄冈对面一条山冈山地广阔，云雾缭绕，林木苍翠，草木相伴，土地肥沃，环境幽雅，为了继承祖宗种茶主业便把三子周汝珌留在黄冈祖地，自己携长子周汝璎、次子周汝潜、四子周汝琮等到这座无名冈，搭起草寮，开荒垦地。他平坦有水源的山地或山坡造田种粮，在无水源的山地或山坡开荒种茶，又在较陡地段的山坡栽竹种树，传承黄冈周氏十五世祖三虞公繁殖和加工白毛茶（福鼎市大白茶）技术。随着年代推移，经山寮仔村民不断耕山拓地，良种茶叶种植不断扩大发展，村民生活也逐步改善，大部分村民早已拆掉茅草屋盖起低矮小瓦房，这地方就称寮仔、山头寮仔。周廷梓的子孙后代在此定居、生栖、繁衍。斗转星移，岁月流经，外村人把山头寮仔简称为山寮仔，后叫成“山头仔”。为正村名，又不改变其历史原名内涵，村民将山头仔最后一个“仔”字改为“境”字，后取名“山头境”。

山湖冈茶场（磻溪镇文化站 供图）

1969年1月，大批国家干部和学生被下放到各地“五七”干校、“五七”农场劳动。当时的磻溪公社党委、政府决定在山头仔冈的墓前垢开辟茶园百亩，组织农民、干部、上山下乡学生建立“五七”耕山队，由退伍军人温连垢任“五七”耕山队长，开荒种茶。1970 年 2 月百亩茶园开辟后，称磻溪公社“五七”茶场，并在墓前坵盖起茶场。原寄住在山头仔村的上山下乡知青和民工全部搬到墓前坵新建场房。从此，茶园交由上山下乡知青和各大队抽调民工约 20 人耕耘。新建的“五七”茶场场房是砖混结构“洋房”，有会议厅、娱乐室、办公室、食堂、餐厅。在这里的知青，虽生活俭朴艰辛，但无忧无虑，浪漫洒脱。他们白天唱着革命歌曲，扛着锄头上山劳动，到了晚上便在皎洁温柔的光线中你一组我一群，吹、拉、弹、唱、跳，悠扬清脆的琴声、笛声、歌声轻飘荡在山间夜空，与清风流水相应，充满诗情画意。

山头境面积广阔，域内只有一个山头境生产队，人少地多，大部分山头是荆棘丛生，野兽聚集。1975 年 1 月 6 日，磻溪公社党委决定打破队界、地界，集中 6000 劳力组织大会战，完成 600 亩高水平茶园新垦任务。任务要求各大队民工自带被席、粮食和劳动工具，上山下乡知青普通参与，经 15 天的大会战，600 亩高水平茶园如期开辟完成。新开辟茶园以山头境生产队为中心，西南方与湖林大队接壤，北面与黄冈大队接壤，取磻溪大队山头境生产队、湖林大队、黄冈大队三个队名中一字合名起称“山湖冈”。“山”就是“山头境”，“湖”就是“湖林”，“冈”就是“黄冈”，揭示大会战力量的战斗成果。这次大会战利用九冈顶山脉末端坡度较缓的一块长型地块，按照等宽、等长、等面积的规矩，开垦出 13 丘标准茶园，每坵面积 3.3 亩，取名“十三坪”。后十三坪成为山湖冈茶场的代名词，此后县各公社乃至全国各地参观者络绎不绝，现为大沁茶业十三坪知青茶园基地。

1977 年 9 月，磻溪公社党委决定，向全社人民发出号召，各大队在努力完成本大队秋季茶园基建任务的前提下，再次会战山湖冈，力争在 10 天内完成 400 亩密植免耕新式茶园，建成千亩标准茶园基地。在公社党委的统一领导下，各大队党支部书记亲自挂帅，全党动员、全民参战，把山湖冈茶园九冈顶到十三坪之间的所有空地开成高标准大寨式茶园，面积达 400 亩。十三坪以下空地在完成垦新的同时，复垦油桐基地 1000 亩。

1977 年 9 月 20 日，再战山湖冈誓师大会在山湖冈的十三坪召开，3000 名劳力全部到会，会议由公社党委书记李大碧主持，党委副书记夏文学作报告，并在山湖冈十三坪设立指挥部，下设民兵团、生产技术施工组、政治宣传组、后勤组。李大碧任政委，党委副书记朱良发任民兵团团长，做到“七上山”：学习宣传上山、革命大批判上山、广播上山、红旗上山、民兵练武上山、社区领导上山、社队办公上山。会战期间各大队都插上民兵营旗帜和农业学大寨红旗。茶园标准设立“五大关”，即砌坎、等高、深度、园面、路面质量五标准。经过 10 天苦干、巧干、拼命干，400 亩高标准茶园如期开辟完成，实现了磻溪公社高标准密植免耕的山湖冈千亩茶叶基地目标，为1980年磻溪公社茶叶生产奠定了坚实基础。

九冈顶山脉经过三次的“大手术”，整个山脉都种上了免耕密植的福鼎大毫茶，山头仔生产队也被并入山湖冈茶场管理，成为社直、乡直、镇直单位，通称“磻溪特区”。

茶园的开辟不仅是山的福气，也是山头境村民的福分。一个荆棘丛生、野兽聚集的荒山野岭被开辟成漫山遍野的千亩茶树林，为家乡致富奉献芬芳，为偏僻宁静的山村芳名远播承载着梦想。据了解，千亩茶园最高峰期亩产茶干400斤，最低潮时期亩产茶干二三百斤。茶园开辟后，茶叶开始生产，公社党委在十三坪和墓前坵盖起两个茶厂，这两个茶厂成为公社集体收入的主要来源。

磻溪茶业协会创会经过

磻溪种茶历史悠久，茶文化底蕴深厚，是福鼎白茶的核心产区，被誉为茶韵古镇。福鼎白茶是磻溪镇脱贫致富、乡村振兴的支柱产业。加强白茶产业行业管理，挖掘和弘扬磻溪白茶历史文化、规范市场行为、提高产品和服务质量，对增强磻溪生态白茶的品牌影响力和核心竞争力具有重要意义。

2017 年，福鼎重点产茶乡镇点头、白琳相继成立茶业协会。筹建磻溪茶业行业协会遇到的第一个问题是没有合适的牵头人。2018 年初，镇党委、政府拟请已退休的市粮食局原局长王郑松主持协会工作，但他退休后家在城关，担心工作时间难保、不敢应允。经磻溪镇党委书记林有龙多次上门诚邀，王郑松才答应回家乡开展协会筹建工作。

时值酷暑，筹备组的同志马不停蹄，走访全镇 18 个行政村，调查摸底，宣传动员。在各村两委的大力支持和筹备组同志的共同努力下，全镇 200 多家茶企支持成立磻溪茶业行业协会，并积极加入协会，有 30 多家申请担任副会长或常务副会长。

2019 年 3 月 15 日，磻溪茶业协会成立，全镇 253 家会员出席，磻溪镇党委、政府和 18 个村书记、村主任参加会议，参加者共 330 人。宁德市领导和福鼎市领导应邀出席，市文联、茶业局、农业农村局、市场监督管理局、社团办等部门负责人参加。大会选举产生了磻溪茶业协会第一届理事会，四季盛茶业公司董事长王启兵任会长，聘请王郑松为执行会长，选出常务副会长、副会长 37 人，监事 2 人，理事 43 人，理事会届任期 3 年。随着协会凝聚力不断增强，许多未入会的茶企之后纷纷加入协会。截至 2021 年 10 月，磻溪茶业协会会员总数达 314 家。协会办公地点在大沁茶业的茶青交易市场二层，被划为办公区、白茶品牌展区、大型茶事活动区和多功能室 4 个部分。

成立后，协会明确职责，狠抓工作落实，在抓好产品质量安全、激发会员抱团精神、挖掘弘扬白茶文化、搭建品牌推广平台等方面扎实开展工作，取得明显成效，对磻溪茶业高质量发展起到了积极的推动作用。

（本文由磻溪茶业协会供稿）

磻溪龙头茶企掠影

白 杨

2004 年，福鼎开始宣传、推广白茶品类。2007 年，以福鼎白茶为公共品牌进行推介，白茶企业发展极为迅猛。截至 2021 年 10 月，磻溪茶业协会会员总数达到了 314 个。现撷取有代表性龙头茶企以窥全貌。

福建省广福茶业

福建省广福茶业有限责任公司是福建省级龙头企业，茶企纳税额一直名列福鼎市龙头茶企前列，连续多年获“中国百强企业”称号。

2001 年，福建省广福茶业有限责任公司通过法院拍卖买下湖林国营茶厂厂房，茶厂至今承袭原国营茶厂的传统历史底蕴，保留着原来有布局，大门正对着公路，大门旁有一小门，通过传达室便是大操场。厂内设有食堂、初制机房、仓库、办公楼、晾青楼和采购处，是福鼎 3 个国营茶厂中唯一留有历史痕迹的茶厂。

湖林茶厂前身是属磻溪公社社办茶叶初制厂。1963 年，福建省外贸局、专署办公室、专署财办等签署文件，同意将湖林茶叶初制厂由省茶业进出口公司接管经营，此后该厂改为湖林国营茶叶初制厂。

1991 年，湖林村民林型彪到广州打拼，先后在广东、广西、云南、贵州等地落脚，秉承着坚定不移的创业信念和“注重细节，不断完善”的经营理念，他的茶叶生意越做越大，知名度越来越高，远在广州成立了广福茶业有限公司，建成茶叶营销网络。因家乡情怀，林型彪投资收购了湖林茶厂，并保留原厂址厂貌，在新创建的茶厂引进萎凋、烘干等一整套茶叶清洁净化加工流水线。如今，广福已经成为福鼎白茶中炙手可热的品牌之一，原湖林国营茶厂正在延续着他的光彩。

福建誉达茶业

福建誉达茶业有限公司连续 15 年被中国茶叶流通协会评为“中国茶叶行业百强企业”，被福建海峡茶业交流协会评为“中国白茶十强企业”，连续三届被授予“福建名牌产品”和福建省著名商标荣誉称号，并被福建省科技厅评为“福建省科技型企业”。

1986 年，19 岁的黄冈青年周庆贺到深圳市创业，但效果并不理想；他拎着 10 多斤白毫银针转战广州，次年又收购了 100 多斤白茶，经年积累终于在广州拥有了一定的客户量。1992 年，他在广州旱桥用“誉达”名号开设茶行，寓意“信誉至上，志达高远”。从开始的几斤几百斤，到后来的几十吨，周庆贺的茶叶销量逐年增加，客户群不断壮大，逐步奠定了自己茶商之路的基础在中国第二茶都——广州南方茶叶市场，他租了一间两层的大店面，开辟产业，发展新的销售网点，从此茶叶生意跃上规模。在随后的几年里，他不断扩国内销售网点，将眼光瞄准国外市场，争取国外客户，终于在南方茶叶市场占有一席之地，在广州茶叶界站稳脚跟。

1996 年，广州市誉达茶叶有限公司成立。2000 年周庆贺回到家乡黄冈村建设茶叶生产基地，又于 2003 年在福鼎星火工业园区征地 15 亩，建起现代化厂房。不久，福鼎市誉达茶业有限公司孕育而生。随着企业规模的逐步扩大，2004 年，公司升格为福建誉达茶业有限公司。

福建四季盛茶业

“四季盛”前身是 20 世纪 70 年代的磻溪龙诞集体茶厂。茶厂为古朴的青砖结构，占地面积为 5 亩，分路面三层和地下一层。茶厂现今仍然保留着原来的样子，岁月的斑驳在墙上形成写意画作，讲述着四季盛的茶路历程。

公司创始人王忠华，原籍磻溪庄边村。王氏自太祖王开营起五代人均从事郎中与茶叶生意，不务农作。1983 年，王忠华开始独立制作茶叶；1986 年，王忠华在庄边村开设茶叶加工坊，1991 年，王忠华在吴阳村兴办茶厂；1993 年，王忠华远赴山东泰安，挨家挨户推销茶叶，使茶叶销售额大涨；1998 年，王忠华在济南第一茶城开设茶叶门市店；2000 年吴阳村茶厂迁址扩大生产规模；2007 年王忠华注册“四季盛”商标，凭借先辈的制茶技艺与优异茶青品质，“四季盛”品牌的茶叶在济南茶叶市场站稳脚跟。

2012 年，王忠华与刚从山东大学毕业的儿子王启兵一道专注研制销售福鼎白茶。盛世安康，方有四季茶香，如今四季盛茶业拥有 300 余亩自有茶园基地，1200 余亩企农合作茶园基地，厂房累计建筑面积达 2 万平方米，所制四季盛白茶销往全国各地甚至海外市场。四季盛茶业是福建省级龙头企业，企业质量管理通过 ISO9001 认证。王启兵曾任福鼎市茶业协会副会长、磻溪茶业行业协会首届会长、磻溪商会会长等。

大沁茶业

大沁茶业于2014年成立公司，其企业规模、产值、厂房与荣誉，让福鼎茶界震惊。其为工业反哺农业的典型代表企业，拥有磻溪山湖冈有机茶园基地、十三坪茶园基地近2000亩，现代化厂区、厂房占地面积100亩，建筑面积3万多平方米，掌握私立自主知识产权的现代化高科技、全自动、日光萎凋和传统福鼎白茶制作生产工艺流程。大沁茶业迅速成为福鼎白茶品类中不可忽视的一股新生力量，跻身“中国白茶十强企业”、福建省级龙头企业。

山湖冈茶园基地于1971年开垦，结合了湖林、黄冈两村的优点和独特的地理优势，其土质适宜福鼎大白茶的生长，是福鼎大白茶、福鼎大毫茶适生地；十三坪茶园，每坪基本呈正方形，面积约3.3亩，坪与坪之间以挡土墙分隔，层次分明。

在管理企业方面，大沁茶业已有许多成功经验，并不断把这些经验融入茶行的管理和经营上。建设生态有机茶园，实现可追溯制度；培养一批高素质的营销队伍经营白茶，不断塑造大沁品牌。在北京、西安、郑州、济南、太原、广州、银川、宁波等重要城市拓展100多家专卖体验店和300多家大沁专柜经销代理，大沁茶业被纳入福鼎市规上企业，为福建省级龙头企业。

万氏留香茶业

万氏留香茶业有限公司是福建省级龙头企业。其品牌创办人为王军，原叫作“王氏留香”，叫万氏留香是希望福鼎白茶能在万个家庭飘香。

20世纪90年代，王军从寿宁到济南求学打工，辗转北京、上海、福州各地，最后回到济南。在济南，王军见证了许多品种的兴衰，也销售过许多茶叶，卖过茉莉花茶、绿茶、乌龙茶、武夷岩茶、铁观音等。1997年，王军在济南开了第一家茶店，2000年，他主销铁观音，以主打一款作为其经营理念。2003年，万氏留香茗茶的第一家加盟店在济南落户。

2009年，王军来福鼎考察白茶，踏遍了整个福鼎境内的所有乡村，最后把目光聚焦在磻溪镇桑海村。桑海生态环境优异，森林覆盖率达88%，生产出的福鼎白茶口感清甜、花香四溢、韵味十足，而且极耐冲泡。2009年始，济南一些懂茶的人开始了解福鼎白茶，王军把积累资金都投入福鼎白茶的生产、加工、品牌推广中。俯瞰桑海，首先看到的是云海的壮观，那云海围绕着四周的青山，变化多端，让若隐若现的桑海村宛若仙境。群山环绕着的桑园水库，碧波荡漾。四周茶园、竹林、梧桐树在云雾缥缈中若隐若现，在生态清新、云深雾养的环境中，生长出来的茶树自然十分优良。2010 年以来，万氏留香茶企不断参加茶博会，花巨资在中央电视台和各省台进行推广。10 多年间，先后在北京、上海、重庆、山东、山西、河南、河北、陕西、广东、广西、湖南、湖北、江苏、江西等 23 个省份开设了 300 多家连锁店。

晒鼎香茶业

翁家自迁居三坵田以来，陆续在当地买入或开垦茶山。有了自己的茶山，家中才能有加工毛茶的师傅。翁氏传至翁沛唐，他传承祖传制茶技艺，是地道的茶师。翁沛唐把制茶技艺传给翁宋友和翁开振父子，三坵田翁氏一门骨子里流淌着祖辈种茶、制茶的基因。

翁家沿用祖辈流传下来工艺晒制白毫银针，用竹筷将芽头进行翻动，防止手中的汗渍污染白毫银针的芽头，影响茶叶收购价格。祖辈还有用竹筷夹茶青走水的制茶工序，茶师们不仅能制作白毫银针，还能制作绿茶、红茶。国营湖林茶厂不断培养制茶能手，亦使村中聚集不少制茶匠人，翁宋友便是该厂培养的茶师。

20 世纪 90 年代初，国营湖林茶叶初制厂解体，翁宋友在湖林村创办“春盛茶厂”。2001 年，退伍回家的翁开振带着父亲厂里一些滞销茶叶和不多的盘缠来到山东省烟台市开办茶行，经营各大茶类茶品，把控茶叶销售渠道。随着福鼎白茶公共品牌的崛起，翁开振回到家乡湖林村创办福鼎市湖林茶叶专业合作社，独创湖林翁氏（晒鼎香）白茶制作技艺，茶既传承古法，又有所创新，通过“阴凋”与“阳凋”相结合，实现一系列酶促和理化变化，为制作出醇厚滋味和独特香气的成品白茶奠定良好基础。制作中严格控制茶叶堆积的厚度，通过控制堆积厚度和堆积温度，使茶叶进行有效酶促，让成品有特殊香气，茶汤更显柔顺。以循序渐进的方式使炭温逐渐升高，将白茶“烤”透，让幽香沉积其中，回味悠长。采用纸箱包装与木箱包装相结合的方式储存茶叶，保证白茶长久的存储，让茶叶的枣香、药香更浓郁。

粒达白茶

源自湖林村立达茶厂。清光绪年间，周氏茶人在湖林九龙顶山下修路建屋，拓荒垦殖数亩立达始祖茶园。经春耕夏耘，茶园渐显规模，周氏茶人在此期间开始手工制茶。1955 年，周氏第二代茶人周继州继承父业，于农村合作化时期办起湖林村茶叶初制厂，后并入“国营福鼎茶厂湖林茶叶初制厂”，并先后创办后岭冈、犁头坵茶场。1979 年，周氏第三代茶人周德荣在国营福鼎茶厂湖林茶叶初制厂学习制茶技艺，师从著名制茶大师蔡乃动先生。1984 年，周德荣到福鼎磻溪供销社茶厂当评茶师、制茶师，后升任厂长。

1985 年，周继州创办私营企业立达茶厂，因资金短缺，厂房结构简易，多以当地木材、竹类为原材料，茶厂运营十载后每年盈利。1988 年，周氏第三代茶人周德荣、周宗佑兄弟走出湖林，来到广州推广自家茶叶。1990 年，立达代表福鼎白茶首次参加广州交易会，因此获“广州芳村福鼎白茶传播第一人”雅号。由此，立达在广州芳村茶叶市场立足。2005 年，福鼎白茶所占的市场份额较少，销量不容乐观。但是，立达茶企一直坚持种植、生产、销售福鼎白茶，面对普洱茶市场巨大利益的诱惑，毅然决定回家扩大厂房，投资基础设施和建设。2015 年，注册“粒达白茶”品牌，荣获“福鼎市龙头企业”和“宁德市龙头企业”称号。

康来颜茶业

康来颜创办人为周瑞进，黄冈村人。1957 年，周瑞进的祖辈创办“黄冈茶场”，坚持手工制作茶叶，其匠心精神代代延续。1976 年，其父接下茶厂经营的大任，经过两代人的摸索打拼，积累了丰富的制茶经验，父辈们制茶匠心影响着周瑞进。周瑞进 18 岁开始到福州茶叶市场闯荡，经老客户的介绍，把生意做到了广州。一开始他主要是卖散茶，后听从生意场上港商的建议，把茶压成饼售卖，既利于储存又便于携带，且不影响茶叶品质。经过反复实验，他终于研制出“康来颜老白茶”。1999 年，周瑞进回福鼎接过父辈的接力棒，延续福鼎白茶制茶事业。2000 年他成立公司，于 2002 年再次到广州考察开店，2005 年在北京设点，后在深圳、广州、上海、温州、长沙、郑州、厦门、济南、山东等地联手 30 多个经销商，共有 100 多家专营店。公司茶叶加工厂房面积达 67000 多平方米，厂房设有传统白茶萎凋点和老白茶藏储库。2017 年，金砖会议在中国厦门举行，康来颜茶业“老白茶系列”成为“金砖国家领导人厦门会晤选用产品”。

闽翁茶业

闽翁白茶创办人翁文侃制茶团队有几十年的白茶制作经验，长年驻扎茶山研制茶品，匠心制茶，其茶叶源于福鼎磻溪湖林场区海拔 530 米以上山场，茶品安全、放心、健康。闽翁白茶是福建省级龙头企业、福鼎市茶业协会副会长单位、福鼎市磻溪茶业协会常务副会长单位、福鼎市茶文化研究会理事单位，从 2002 年开始从事福鼎白茶生产销售，是第一批获得福鼎白茶证明商标授权、产品通过 QS 认证的专业白茶企业，曾荣获第十届中国茶品牌金芽奖指定白茶品牌，并亮相丝绸之路国际电影节等大型活动现场。其产品曾销往全国几十个省市，获得广大消费者好评，其诚信和产品质量亦获得业界认可。

福鼎双魁茶业

公司创立于2016年，为清华大学校友众筹企业。公司“双魁”出自宋朝武状元林汝浃在磻溪创建的“双魁书院”，清华学子林开宝与其校友深怀富国惠民的美好愿景，秉持教育兴国、以茶兴教的精神，致力生态有机白茶基地建设。清华白茶园全园面积约200亩，是福鼎双魁茶业发展有限公司重点培植的有机茶基地，原为花门楼村民茶园，因清华大学计算机系1981级校友于2017年4月19日首植认养白茶树得名。2018年、2019年、2021年连续三年举办“清华白茶园植茶活动”。

除上述企业外，磻溪龙头茶企还有大湾头、品农、玉芷芽、旭隆昇、山海川、三十六弯、桑海高山白茶、沁龙、磻溪闽溪口等公司。

民俗风情

磻溪节令习俗

周宗佑

春节

正月初一早餐一般为素食，多为线面、年糕。在这一天，人们要穿戴整齐，儿童着新衣，晚辈要向长辈拜年。旧时初一不串门，初二起探亲访友，各家以糖果、花生、糖茶待客。用番薯炸成的“番薯粬”是传统的请客食品。富者还备有红枣汤、面茶、荷包蛋等点心待客。

初二至正月十五一般可进行各种宴请，如办寿酒、请新女婿酒宴等。亲戚近邻中有寿者，便捧一碗长寿面以示祝寿。

元宵

元宵这天，家家都会准备晚宴庆贺元宵。入夜街上极热闹，舞龙灯、舞狮灯、打马灯等传统民间文艺节目沿村表演，村民鸣炮欢迎。20 世纪 80 年代后，大家进行观看电视元宵晚会、燃放烟花等现代娱乐，传统节目以舞龙灯较为常见，各村也请木偶和戏班做“年头戏”。这些活动每年正月初二开始，至元宵结束。

二月二

二月初二，家家用芥菜煮饭，据说此日吃芥菜饭可免生疥疮。传言说这大是土地公生日，各村许多人会备酒菜、香烛、元宝、天金到山上或庙里敬请土地公，保佑庄稼茁壮成长。

三月三

三月初三，女孩子采一种名叫“鸡母孵”的野花插于发上，据说可免生头屑。20 世纪 60 年代后，这种习俗已消失。三月三还是畲族盛节，畲族人于每年三月三杀猪宰鸡请客。汉族人常说“二月二、蕨冒地，三月三、蕨上栏”，寓意三月三时节，满山草木青绿，可以开始插田、种庄稼，因此三月三也备盛宴，庆祝备耕。此时的鼠菊最嫩，鼠菊糍最香。

清明节

清明节也称“扫墓节”，是日各家需上山扫墓，备果品、菜肴等于墓前以祭奠先人。一般人只打扫墓地，而后在墓前压银箔、纸钱，名曰“挂纸”。扫墓从清明日起至立夏日止。农村把清明节作为大节，是日必备家宴，此例延续至今。清明节还是茶叶初采节，在茶区黄冈，家家都会采一些白毛茶芯，经晒制、木炭烘干珍藏，作为待客和药用。谚语曰：“清明针，补若参。”

谷雨

磻溪许多农村以谷雨作为天由冷转暖的节点，农村俗谓“插田节”，谷雨后即进入春耕春种。谷雨是春茶盛产季节，谚语曰：“清明茶，闹喳喳，谷雨茶，硬扎扎。”虽然谷雨时很忙，但油坑、蒋阳等地村民依然在此时备盛宴请客。

立夏

立夏时，农村家家户户都在这一天煮蚕豆饭或豌豆饭。立夏标志着春天结束、夏天到来，即进入农忙季节。谚语“立夏寒死老侬爸”，意指此时气候还不稳定，应多注意保暖。

五月四

夏祭之日，是日各家需备祭品到宗祠请祖宗，后家人备盛宴共进餐食。

端午节

五月初五，俗称“五月节”，是磻溪传统节日中的大节。是日各家各户精心准备午宴，宴中有必不可少的传统美食粽子和春卷（薄饼）等。为了辟邪，人们在大门两旁插上菖蒲、艾叶，合家饮雄黄酒，小孩用雄黄点额头，胸佩各式自制香囊。传言这天房前屋后撒雄黄可以防蛇。女儿出嫁后的第一个端午节，娘家须送粽子给女儿分送亲友近邻，称“送头年粽”。

六月六

六月六为土地公晒银日，这一天大家出门会遇到财气。六月六是炎热的季节，这一天如果有太阳，可将全家的棉被棉袄拿出去晒晾，然后放存起来，以备寒天穿着。

七夕

七月初七，外婆、舅舅必给未成年的外甥或外甥女送一包状似指头的面饼，俗称“七夕饼”，20 世纪 80 年代后多以饼干、水果代替。七夕是古代牛郎织女相会之日，也是中国传统的情人节，还是姑娘相亲、姐妹结拜的日子。

七月半

七月半，也称“鬼节”，节里需到祠堂或祖厅焚烧纸钱，供菜肴、果品，祭奠祖先。鬼节是磻溪唯一的没有统一日子的节，如黄冈周姓、仙蒲林姓因支房众多，祭祖从初八到十四，各房轮流。七月十五族里做“大半”，各房董事参加，功德圆满后设宴答谢。按旧俗做节有“官三、民四、畲客五”之分，因此多数汉民常于十四日做节，而畲民则在十五日。做节在福鼎，流行这样一句俗语：“年没看节没看，专看清明七月半。”

中秋节

八月十五，是磻溪传统大节之一。中秋节日，大家合家团圆，晚餐设家宴。农村各家蒸水粿（九重粿）。节前外婆、舅舅必给外孙、外甥女送月饼，儿童于中秋晚在屋外摆上月饼，唱着儿歌，尔后分食。

重阳节

九月初九重阳节，“九九”寓长久之意，“九”后为“十”，所以又寓十全十美。这一天，古人要头插茱萸草登高，寓有出头之日。旧时磻溪各村的主妇们都会在这一天带着儿女们远足登高野炊。饱餐之后，妇女们矗立山之巅，面对满眼秋色，引吭高歌，各个山头的歌声此起彼伏，在飒爽的秋风中回旋。重阳节也被视为老人节，其意是保佑老人健康长寿，尊老爱老。

交冬

立冬日，农村俗称“交冬”，是日各家备羊肉、猪脚、狗肉、鸡、鸭等滋补品

“补冬”增强体力，保证冬寒时节不生病，好迎接来年春耕。

冬至又称“冬节”。早餐各家吃“丸子”（实心汤圆），有俗语“吃了丸子多一岁”，意思是过了冬至，这一年就将过去了。谚语“圣人不吃冬节丸”，指冬至将至，学堂便放寒假，先生准备回家过年，不在东家吃丸子。

除夕

农历十二月的最后一天即除夕，俗称“过年”。磻溪自十二月二十日左右起就准备过年，在外亲人陆续回家团圆。十六日称“尾芽”，旧社会商人此日敬财神，宴请伙计，尔后讨债至除夕。二十日起，各户进行室内外“扫尘”，美化环境，并置办年货。二十四日“祭灶”。除夕前一两天，各家舂年糕（俗称“麻糍”）、蒸糖糕。已嫁女儿还要给娘家送猪蹄、线面等，称“送年”。除夕贴春联，备晚宴，鸣炮吃团圆饭。尔后准备好次日所需菜肴（正月初一忌用刀）。除夕晚，长辈应向未成年晚辈发“压岁钱”。是夜，屋内灯光彻夜不息，人们谈笑不寝，谓之“守岁”，有的村叫“等年蛋”。子夜零时，各家大放鞭炮、烟花，迎接新年。

年头福与年尾福

年头福在正月初六，年尾福在十二月二十六日。此时福头（首事）到各家收集福款，虔诚祭祀当境神明地主明王，祈保春夏秋冬四季平安。活动之后，福头置办午宴，各户派员赴宴庆祝。

磻溪婚嫁习俗

吕忠魏

旧时磻溪的男女孩一旦长到婚嫁年龄，父母便会请媒人为其介绍对象。男方会请媒人到女方那里拿生辰八字，俗称“拿命纸”。媒人向女方拿命纸时也为女方送去红包。女方父母一般请写字先生为其女孩写命纸。写命纸很有讲究，命纸的文字一般是竖着写，第一行要写上“百子千孙”，第二行写上“坤造某年某月某日某时辰生人”，最后行写上“富贵康宁”或“三元五桂”。命纸字数一定要依“生老病死苦”五字照推，最后一个字一定要落在生或老上，意即总字数除以 5，余数是 1 或 2。

男方取来命纸，拿给择日先生合婚，排定日子单。择日先生则对男孩和女孩的八字进行推算，看看命里是否有所谓的刑冲克破、孤辰寡宿、刑害绝嗣等等，如果命中没犯这些问题，则认为男女八字相合，即为之排下小定、大定、开剪、合床及结婚等日子。

小定也叫“下定”，指男女两方从此缔结良缘。下定时男方要请媒人为女方送去日子单，并为女方送去盘担（彩礼）。盘担应有 10 盘，除布匹、蹄髈、饰品外，还有花生盘、莲子盘、桂圆盘及红枣盘等。女方父母对男方有什么要求都要在这时提出来，并请媒人转告男方父母，如要求男方有多少彩礼、多少色布、多少猪脚肉及多少金银首饰等。古时女孩已定人家，就要把猪脚肉分给亲戚朋友，让亲戚朋友知道这个女孩已名花有主，同时也让亲戚朋友知道女孩什么时候出嫁，好来喝喜酒。女方开出的这些礼物，男方要在大定时派人送给女方。对于挑盘担的人和媒人，男女双方都得包“花彩”。

大定后，女方可根据男方选定的日子做嫁衣，即“开剪”。女方做嫁衣时会为新郎做两套内衣裤，待新婚之夜给新郎换上。

结婚前一天要送“日子”。这时男方派媒人和一亲朋好友为女方送去茶壶鸡酒、轿前盘担、新娘出嫁时穿的凤冠霞帔和盖头等。这茶壶鸡酒的鸡最为特别，要选尚未打鸣的公鸡进行宰杀，杀好的鸡从外表看应完好无损，这对杀鸡的技术要求相当高——只从鸡屁股后面挖一个小洞，把鸡内脏取出清洗干净，再重新放回到鸡肚里。

然后，鸡双脚要用红丝线缠绕起来，象征夫妻结发。女方收到茶壶鸡酒等东西后，要用“长生不老”和“万年青”两种植物回送男方。“长生不老”喻夫妻双方长命百岁，“万年青”喻夫妻生活永远充满生机，充满希望。茶壶里的酒要换成女孩从小所喝的井水，男方收到后把这水倒入新娘结婚后要喝的井中，防止女孩嫁过来后水土不服。送“日子”除了送去盘担外，还要讲清双方未尽事宜。这天担盘担的人要返回男方家中，媒人就留女方家，待第二天陪新娘一起到男方处。一般情况下，这天由女方办出嫁酒席，出嫁的女孩这天晚上要在席间拜别长辈，俗称“讨大小”。

出嫁前一天新娘要哭嫁，据说哭嫁会使娘家、夫家兴旺发达。哪家姑娘不会哭嫁，会被人看不起。很多小女孩在别人出嫁时去学哭嫁。哭嫁的主要内容有哭祖宗之德、父母之恩、姐妹情深等。哭嫁的句子多为七字四句格式的顺口溜，如哭父母恩情的词有“爹妈生下奴家身，日夜勤劳操碎心，千辛万苦养我大，恩情山高海样深”，哭姐妹情深的有“一根苦藤两个瓜，父母生我姐妹花，日间相亲夜间伴，今日一别各天涯”。

出嫁时女方要请一个女长辈做“送孙”，“送孙”必须是家庭富裕、夫妻双全且生有男孩的女长辈（所谓“好命”的人），一般由姑妈或舅妈担任。

结婚的日子即是大喜的日子。这天新娘要早早起来梳妆打扮，等待男方抬花轿来接。这天早晨，男方要请 8 个亲戚朋友抬花轿，并邀请唢呐锣鼓队吹吹打打去接新娘，即所谓“送轿”。新娘上轿前，要完成两个重要仪式，一是从大厅走向花轿时要跨过家人预先设好的火炉，寓指从此生活红红火火；二是跨过火炉后，走到一个离轿不远的米筛上，米筛里预先放好两把筷子和两把锁匙。新娘左右手各握一把筷子，左手的一把扔向厅堂，右手的一把扔向花轿，寓指娘家、大家广纳田园，五谷丰登，同时用同样的方法把两把锁匙扔向厅堂和花轿，寓指锁住财富不使外流。扔完锁匙后，新娘要换上新鞋，由母舅抱上轿，再不踏在地上，寓指不带走娘家一点财富，干干净净出门。轿里有娘家预先放好的“贵籽”（由花生、莲子、红枣、桂圆等食物组成，“贵籽”与“贵子”谐音，寓指早生贵子）。新娘上轿后，接亲人便抬着花轿在锣鼓唢呐鞭炮声中，欢天喜地把新娘抬往男方家，花轿紧跟嫁妆队伍之后。

“老接”（一般由新郎大姐或表嫂担任，担任条件与“送孙”相同）、“堂接”（一般由新郎姐夫或表兄担任，担任条件与“送孙”相同条件同上）和众亲戚朋友早早等在新郎门前，看到花轿快到门前，便要及时燃放接亲的鞭炮。新娘下轿前，“堂接”要带领众亲戚朋友讲 10 句好话。“堂接”每唱一句，众亲戚朋友要和上一句：“好啊！”如“堂接”唱：“新娘下轿！”众亲戚朋友和：“好啊！”“堂接”唱“千娇百媚、步步金莲、百年好合、举案齐眉、珠联璧合、鸾凤和鸣、永结连理、百子千孙、五子登科”等10句好话，众亲戚朋友都和：“好啊!”唱完了这10句好话，“老接”和“堂接”掀开轿门，由“老接”把新娘扶下轿来。新娘的婆婆穿着喜庆的衣服，腰里围着围裙，站在大门前喜气洋洋地高声叫着：“奶奶接孙!”“送孙”从轿里拿出“贵籽”，高声回应，接着把“贵籽”放到婆婆的围裙里，婆婆用围裙抱着“贵籽”放到新房。“老接”搀扶新娘走向大门，这时大门上已粘好着喜联，悬灯结彩，挂着喜幛，喜幛一般垂着黄色的丝绦，绣着双凤朝阳等图案及八仙过海等字样。进入大门，大堂上早已备好由两张八仙桌拼在一起的供桌，供桌正上方的正厅壁中间贴着大大的喜字，供桌上摆着五果供品，点着一对龙凤大红蜡烛。供桌前围着围屏，围屏上绣着花开富贵图案，并绣有五子登科或百子千孙等字样。供桌左右各放着一把铺着红毯子的太师椅，新郎父母分坐在两旁的太师椅上，以便新郎新娘跪拜。

拜堂仪式时，新娘由“老接”扶着，从正门走向供桌前的红地毯，新郎则由“堂接”扶着从侧门走向红地毯，新娘站在左边，新郎站在右边。司仪高喊：“结婚仪式开始。新郎新娘一拜天地，二拜父母，三夫妻对拜，送入洞房。”新郎新娘依礼而行。

盘担

根据风俗习惯，结婚喜宴共两餐，分午宴和晚宴。晚宴的菜肴比午宴更丰盛，晚宴时，新郎新娘和众朋友在“老接”和“堂接”的带领下吃“暖房桌”。所谓“暖房桌”，即晚宴由两张桌子合拼而成，新娘的众朋友坐右边，新郎的众朋友坐左边，新郎新娘面前的桌上点着一对龙凤烛。一般结婚晚宴要上 24 道菜（俗称“二十四碗”），而“暖房桌”还要加菜。吃“暖房桌”时，新郎新娘要依次向朋友们敬酒，众朋友除了向新郎新娘敬酒之外，相互之间也要猜拳行酒令，或划片猜拳，以增加喜庆气氛。其他亲戚若吃完酒席，也可以跟吃“暖房桌”的朋友猜拳，猜拳输者要罚酒。晚宴菜出一半时，新郎新娘要在“老接”和“堂接”的带领下向新郎的所有长辈行跪拜礼，每个长辈要给他们红包。为考验吃“暖房桌”的朋友的智慧，厨师和喜欢开玩笑的亲戚还常在一些菜品上贴上封条，吃“暖房桌”的朋友要讲出 4 句贴切菜肴的吉祥话才可以开封吃菜，讲不出吉祥话，会被认为学识不够。

吃完“暖房桌”，众朋友还要去闹洞房。新娘、新娘的朋友和“老接”先进入洞房，新郎、新郎的朋友则在“堂接”的带领下稍后来洞房。新郎、新郎的朋友和“堂接”要先讲几个开门令才可以进入新房，开门令就是 4 句带有吉祥意思的顺口溜，如“脚踏房门两边开，麒麟送子进门来，今年喝你洞房酒，明年添孙我又来”。这时洞房已由“老接”和新娘摆好 10 样“贵籽”，闹洞房的亲戚朋友每吃一样“贵籽”都要讲一句好话，每个闹洞房的亲戚朋友还要依次出节目让新郎、新娘完成。闹完洞房，在众亲戚朋友散去之后，“堂接”还要进行“滚铺”，即在婚床上新被中滚动柚子、红蛋、花生及桂圆。“堂接”每拿一样东西在床上滚动，都要说一句吉利的话。

闹洞房的最后一个环节，就是“送睡”，由“老接”和“堂接”教给新郎、新娘洞房花烛夜有关事宜。

人类在发展，时代在变迁，磻溪人的婚嫁习俗也随着时代的发展与时俱进。今天婚嫁习俗虽有改变，但有些习俗仍沿用至今，显现出磻溪独特的人文魅力。

附：旧时磻溪婚宴“二十四碗”

头碗出彩出到燕，二碗香菇凑一双。
三碗鲜鸡垫洋粉，四碗目鲞正好咸。
五碗猪肉满流流，六碗鲜蛎紫菜交。
七碗芹菜拌蜇血，八碗鲜蛏插菇头。
九碗大肠炒笋丝，十碗酸菜煨跳鱼。
十一蟳仔好炒蛋，十二面粉煿鲨鱼。

十三配酒大粒蛤，十四蒜白炒猪肝。
十五红虾头扒壳，十六顶粗白弓干。
十七丁香煎鸭蛋，十八莲子好活汤。
十九冬笋好鲜味，二十鱼胶酸辣汤。
廿一鲫鱼头昂昂，廿二黄瓜马鲛鲳。
廿三白鳓牵血线，廿四盖尾红枣汤。

磻溪丧葬习俗

吕忠魏

旧时磻溪人年老自然亡故或不幸早年夭折，其治丧过程都有一定传统习俗，至今沿用，少有更改。

老人弥留之际，其晚辈亲属要跪在床前为老人送终。老人刚亡故时，不论当时床前多少亲人在送终，也不管亲属有多悲痛，不可翻动亡人遗体。旧时人迷信，认为老人亡故首先要看看这一天是否是重丧日，如果是重丧日，动了亡人遗体，会不吉利。

老人死亡24小时后，要为其理发、净身和更衣。理发、净身之前，要由亲属去“请水”，“请水”时亲属到死者生前吃的水井旁，烧上银宝、天金（皆为冥钱），点上香烛，向井神请水。请来水后，需请理发师为死者理发。理发师对死者理发只是象征性地在死者头上前额剃三刀，后脑剃四刀，即人们常说的“前三后四”。理完发后，再为死者洗身体，也就是净身。净身后才为死者更衣。耄耋老人健在时，他（她）已出嫁的女孩便会为其准备寿衣。寿衣裁剪有讲究，衣服和裤子的总数要为单数，即5、7、9件，衣服一般比裤子多两件。衣服要用扣子，不能用T恤衫，因为人死后身体都会僵硬，T恤衫之类的衣服不好更衣。男孩则要准备寿材（棺材）。为健在的老人买寿材时，要在棺材头盖板中间贴上用大红纸写的“寿”字，在棺材尾部盖板中间贴上一个“福”字。如果是男用棺材，则在棺材的正面盖板上写上“寿比南山”，倘若是为女人准备的棺材，则写上“福如东海”。

更换完衣服，才可进行移尸。移尸即子女把已亡父（母）的尸体抱放到灵床上，移尸时不管走多远都不可停歇，同时死者身体任何部位不能触碰到墙壁或任何地方。旧时灵床一般设在大厅的后堂，用两把木椅打横放着，木椅上照直安放上三块木板，其上再放上草席。所以，旧时说人要睡三块板，就是咒人要死了。

在灵床上，尸体要仰面放着，并将一块红纸包着的银圆或铜板放在尸体的嘴里含住。尸体的左手放上一个手提袋，袋里放置银子等冥钱和灶灰裹的粽子，右手握着桃枝和香（帮助生人祛除秽气）。尸体头部的左边放置一张小桌，桌上放香炉，点香供饭，碗中放着两个蛋，筷子竖着插在碗里，这碗饭叫作“木头饭”（意为亡人在往阴间的路上享用)。这碗饭旁边还会放一小杯饭，供引魂小姐食用。尸体的右边放置有一个烧冥币的锅，亲属在锅里不断烧着纸钱冥币，以便亡人到另一个世界去使用。

出殡前子女将亡人尸体移进棺材，叫“下棺”。接着子女为亡人喂甘草茶，还要为亡人喂食物，表达子女的孝心。然后是盖棺，盖棺时人影不能照到棺材里。有福有寿的老人亡故，出殡时间一般定在下午两三点，如果是年轻人夭折，过午十二点后就要出殡。出殡的时候，出殡队伍前有专人打火把，还要有一人一路撒纸钱。

旧时礌溪人死后进行土葬、墓葬（也叫葬棺)，或将尸体停放在旅厂里。旅厂是旧时有钱的人们为了守灵方便而专门建的放置棺材的地方。

土葬放死人的棺材洞，一般要选择避风向阳、藏风纳气的地方。打棺材洞要选择高坡或高坎，棺材洞是横着打的。封洞口也很有讲究，一般要做三层，内外层为石头，中间筑土，以防尸臭透出和野兽侵害棺中尸体。

有钱人死后亲属会选择一个吉日，直接把棺材葬到墓里，叫墓葬或葬棺。墓葬对棺材要求很高，一般要漆上几十道油漆，使棺材不漏水。墓葬要挑选吉日。

人死后，每隔 7 天，亲属要为亡人做一次“七”。做“七”的供菜一般是单数，第一个“七”即头“七”，最少要有 5 个菜，以后每个“七”逐次增加两个菜。除了做“七”以外，人死百天，还要做“百日”。过一年还做“周年”。

土葬 5 年或 7 年（人死后逢单数的年份）后，子女要为亡父（母）拾骨骸。旧时礌溪人拾骨骸一般在冬至节前后。大部分人都是自己亲自动手拾父母骨骸，以示孝敬。拾骨骸前，要准备一个瓮，瓮的外边刻着姓名、出生年月日时辰及死亡时间，瓮盖里边也刻上同样文字。拾骨骸先从脚趾头拾起，从下到上，最后拾头骨，不可混乱，每一块骨骼要用纸张擦干净，小心翼翼地在瓮里放好。拾完骨骸，盖上瓮盖，瓮盖周围要用石灰糊住，以防骨骼被虫咬蚀。这种装有骨骸的瓮被人们叫作“金瓶”，一般人会将“金瓶”暂时放在土坟中，等待选到吉穴方葬入墓中。

磻溪祭灶习俗

吕忠魏

每年农历腊月廿四和翌年正月初三晚上，磻溪各户都要举行送灶公灶婆上天仪式，俗称“祭灶”。

磻溪民间流传有灶公是玉皇大帝女婿的传说。传说玉皇大帝派王母娘娘到人间视察民情，玉皇大帝的小女儿跟随母亲下到凡间。她看到民间百姓的疾苦，非常同情，但同时也看到人间有许多的恩爱夫妻，向往人间真挚爱情的她，因此动了凡心。后来她爱上了一个给人烧火帮灶的小伙子，她觉得这个人心地善良、勤劳朴实，于是决定留在凡间和他一起生活。玉皇大帝听闻后非常生气，把小女儿打下凡间，不许她再回天庭。王母娘娘心疼女儿，百般求情，玉帝才勉强答应给那个烧火的穷小子一个灶王的职位，专门督察厨房和烹饪之事，因此也叫“东厨司命”。从此，人们就称那个“穷烧火的”为“灶公”，而叫玉帝的小女儿为“灶婆”。

磻溪人信奉灶神，家家户户的灶上都设有灶公灶婆的神龛。神龛中通常写有“奉祀东厨司命香位”字样，神龛两边都写有“廿四上天呈好事，初三回驾赐祯祥”对联，横批是“奏善堂”。因灶公灶婆专管厨房和烹饪之事，所以以前磻溪信奉灶神的人都不敢把牛肉、狗肉等腥秽味重的肉类放到自己灶上煮。

祭灶的真实含义是敬重灶公灶婆，让他们在玉皇大帝面前为自己说好话，不说坏话。在磻溪人的传统习俗中，“祭灶”分为两次，即农历腊月廿四和正月初三。农历腊月廿四“祭灶”，各家各户送灶公灶婆“上天”向玉皇大帝汇报工作。正月初三迎接灶公灶婆回到工作岗位，给各家各户带来吉祥。廿四“祭灶”供品一般用“五果”。这里的“五果”实际上是由橘子、梨、甘蔗、荸荠等四种水果和一种糕点组成。祭灶时先把橘子、梨、甘蔗和荸荠清洗干净，再分别把它们装在5个盘子里。橘子和梨与吉利谐音，糕点有步步高升的寓意，甘蔗和荸荠则有“甜甜蜜蜜”的含义。祭灶一般由一家之主当主祭人。祭灶时，主祭人要先沐浴更衣，再用双手恭敬地把灶公灶婆的神位从神龛上请到供桌上，点燃香烛，前排3个茶杯，后列3个酒杯，再排上5种供品，然后筛上茶，斟上酒，放第一次鞭炮，主祭人跪拜。祭灶要筛3次茶，斟3

次酒，放 3 次鞭炮，每放一次鞭炮，主祭人都要行跪拜礼。放完最后一次鞭炮，即宣告“祭灶”仪式结束，烧天金（迷信用品）送神。最后需把神位送到神龛上。

祭灶完毕后要抓一把糖涂在灶门口，意思是把灶王爷的嘴巴黏住，让他少说话，以免言多失口。祭完灶的糕点和水果，一般不给小孩吃，据说灶公灶婆记性不好，小孩吃了祭灶用的糕点和水果会不长记性。

灶公灶婆向玉皇大帝汇报完工作，在玉皇大帝处过完年，于农历正月初三回到人间的工作岗位。迎接灶公灶婆回归所举行的祭灶仪式与之前相同。

磻溪春祀祈福活动

蓝东风

一年伊始，万物复苏。为祈求新的一年风调雨顺、五谷丰登、家境平安，磻溪镇的许多地方，如磻溪、后坪、炉屯、蒋阳、南广和仙蒲等村都举行春祀祈福活动，其中尤以仙蒲、南广的春祀祈福活动规模最为宏大，形式最为隆重，场面最为壮观。

仙蒲村的春祀活动选在每年的正月初三到初五。初三早晨的活动为春祀祈福拉开序幕。首先由族长或头人代表带领法师和所有接神的人去祖先宫请祖先。仙蒲祖先宫又叫地主宫，地处仙蒲村洋尾，内祀开基先祖，尊为地主公，又奉为“雷使真君”。去地主宫请的主要神灵是林五公。因林五公生前爱看戏，所以每年春祀祈福活动都要把他从祖先宫请到祠堂里去看戏。

出行时，族头和村民代表两人把林五公的神位（香炉）从宫中请出，放在香亭中（表明林五公在此），并排在接神队伍的前头，其他族头和所有接神的人集中宫前依次列队，按顺序排列有花钗、龙头、西瓜锤、长幡、黄龙伞、彩旗、锣鼓队、唢呐队、送神人，后面又是锣鼓队和唢呐队。排好队后，林五公开始出行，先放两枪神铳，然后鞭炮、锣鼓、唢呐齐鸣，林五公起驾，一路上锣鼓喧天，彩旗飘扬，香烟缭绕，沿途每户村民焚香叩拜，放鞭炮迎接，整个山村由此沸腾，鞭炮声、锣鼓声、唢呐声回荡不绝，洋溢着热闹、欢乐、祥和的气氛。林五公出行队伍经洋尾，过路下厝，逾洋中，穿花门楼，上乾头墩，来到祠堂前的大埕。

这时祠堂打开中门，拆掉戏台中间一行的台板，抬林五公香亭直上祠堂正厅中间安座。其余队伍则停在祠堂外面的大埕，再放神铳两声，说明林五公已到达祠堂。司祭人排上香案祭礼，祭礼有猪头、猪肝、全鸡等，由族头主祭，上奏天庭，祈保五谷丰登、风调雨顺，合境人民平安康泰，六畜兴旺。

祭祀仪式结束，族头宣布开锣演戏。在林氏宗祠戏台的板壁上，至今仍有各戏班到此表演戏目的题签。戏一般要演 3 天，昼夜都有族人轮流焚香，香火不断，村民进香礼拜络绎不绝，热闹非凡。到了第三天下午，戏将结束时，要由法师在林五公神前问圣，决定下一届春祀活动的头人，然后送林五公神位归地主宫，其仪式隆重如前。

南广村的春祀祈福活动在每年的正月初十到十二日进行。因为正月初十是南广李氏先祖的生日，为庆祝祖先的生日，同时也为了祈福，南广村组织 3 天大戏，也称“年头戏”。南广村的春祀祈福活动中，最值得一提的是竖“马箸”。

李氏族人好客，在演年头戏时，各家各户都邀请来许多亲朋好友，邻村的村民也纷纷结伴前来观看，届时人山人海，热闹非常。古代无电灯，演戏看戏，照明是一大难题。为了解决这一难题，族人经过不断研究，反复探索，终于想出一个好办法，即找一根最粗最大的毛竹，将它连根挖起，去分杈，留尾部（寓有头有尾，有始有终），这根大毛竹周围用小毛竹捆绑（各家各户都要献上一大捆竹子），捆至直径 2 米、高 20 米左右。中间再用数十根碗口粗木棍横扦穿过，便于扛抬。因所扎之主毛竹连根形如马蹄状，当地人称“毛竹”为“麻竹”，又因“麻”与“马”谐音，经过小竹子多层捆扎整个毛竹形如巨柱，中间横插几十根木棍有如筷子。本地人把“筷子”叫“饭箸”，故称“马箸”。

黄昏时候，男女青年齐上阵，将所谓的“马箸”抬至祖先宫前，先鸣神铳，再将其点燃扶直，用数十根长木棍将其撑住固定，这个过程叫作“竖马箸”。“马箸”点燃时，全村一片光明，一片欢呼。燃“马箸”时会发出响声，响声有如鞭炮声，这时锣鼓喧天，鞭炮齐鸣，好戏开台，整个山村由此沸腾。祈福庆祝活动通宵达旦，亲朋好友在此与村民们共娱，欢乐无尽。

“马箸”可燃三天三夜。20 世纪 90 年代，因扎“马箸”所用大毛竹难寻，且需用相当数量木材和毛竹，对森林资源破坏严重，后又有电灯照明，为保护资源，每年春祀祈福活动不再竖“马箸”。

磻溪镇各村的春祀祈福活动代代相传，历经悠悠岁月而不衰，充分彰显了民俗文化的不凡魅力。如今，人们生活水平逐年提高，每年春祀祈福活动越办越隆重。春祀祈福活动的举办，寄寓着村民的美好希望，更寄托着人们对明天的美好期盼。

磻溪畲家风情与习俗

蓝加喜

从明朝开始，就有雷、兰、钟、李等数十畲族支派迁入磻溪。现如今，畲族人口占磻溪人口十分之一强，分布在磻溪、湖林、桑园、海洋、炉屯、蒋阳、排洋、朝阳等10多个行政村。

传统古老的群居生活

畲族人迁入磻溪的时间远比汉族人迟，当他们来到磻溪的时候，好田园、好山地都已被占用，因此他们只能迁往深山老林，在山凹或山凸的狭小地带上居住，在贫瘠的土地上耕种。因为土地贫瘠，且周围多野兽出没，庄稼多被野兽糟蹋，畲族人耕种收成很少，但大山里的飞禽走兽为他们提供了丰富的狩猎资源，他们常将猎取到的飞禽走兽进行转卖，以换取生活用品和粮食。除狩猎外，他们也采集山果和药材，砍伐木材，换取必要的生活物资。因为常年与山打交道，他们自称“山客”，被汉族人称“畲客”。

1950年以前，同一姓氏、同一家族的畲族人居住在同一个村落，有明显的古部落特征。他们只与畲族的姓氏来往，结成亲戚或同盟。若有异姓家族侵犯他们的利益，或使他们遭受不公，他们就会联合起来进行斗争和反抗，直到讨回公道，获得胜利。他们的活动范围不大，除了与汉族人进行必要的物品交换或给汉族地主打长工、做佃户之外，不与外界接触。过去在磻溪有这么一句话：“畲客不下洋。”明至民国，磻溪下半乡共有20多个大村庄，但没有一户畲族人搬下山居住，上半乡也不例外。在当时，汉、畲两族亦不结亲。

畲族人部落生活的特点是由他们特定的生活条件所决定的，只有采用这种方式，才能抵御外侵，维系家族不断地繁衍生息。1949年后，我们依旧还可以看到畲族人所保留的部落生活的影子。例如，猎手们从山上打回野猪，全村的男女老少都可来尝鲜；一家娶媳妇办喜酒，全村人都得来祝贺；一家遇到灾祸，大家都像对待自己亲人一样，奔忙借钱送物，请医送药。

服饰与发型

畲族服饰以黑色或蓝色为主，衣服的袖口、领口及衣襟镶绣有花鸟等图案，颜色多样。男女青年、少年、中年、老年、已婚、未婚人的服饰不同，头上梳的发型与戴的花色品种也各不相同。

年轻女孩不插花；青年女性不梳发髻，多插红花，脖子上和手上带有银环，一边手可戴有手镯，但不戴戒指；已婚女性头上梳凤翅头、盘龙髻纽头；已婚中年妇女梳后勺圆形髻纽头，并插金银装饰品，手上两边都可戴手镯和戒指，有的还在腰间系上绣花的栏身纹，以示主妇身份；年纪大的妇女，一般头上不戴花，只插上金银簪子和银花，有的头上还戴上遮头布，穿的衣服也不那么鲜艳，以示庄重和辈分高。

坚毅、乐观、好客

以前，同胞为逃避战乱、避免迫害，畲族独立迁居于极为偏远的山区，在山林中寄居，在十分恶劣的自然环境中安家落户，繁衍生息。

畲族人一旦安居一个地方，不管土地多贫瘠、收成多不好、条件多恶劣，他们都会将之视为至宝，祖祖辈辈、子子孙孙坚守下去。不管生活多艰难，他们不怨天，不怨地，不怨人，不怨命，无怨无悔地坚守祖宗创下的基业，不屈不挠地与自然抗争。

传说畲族先祖曾为皇帝立过大功，皇帝封赏“有官吃官，有衙住衙”，而畲族先祖却不靠皇帝恩赐，隐居深山，务农狩猎。但也有传说称畲族人自来贫苦阶层，“逢湾住湾，逢岔住岔”。不管怎样，前者体现了畲族先祖不贪荣华富贵和林泉乐道的高尚情操，后者使人看到了畲族人强大的生命力。

三月三、清明、谷雨为畲族盛大节日。这几个节日中，人们要筹备敬神明、请祖宗礼仪，各家各户要准备买货、请亲戚朋友，到时杀猪宰羊、宰鸡宰鹅，准备丰盛的筵席。一般的家庭至少要准备一桌，客人多的要准备两到三桌。这一天，只要有人经过附近，即便是不熟的客人，也会被热情地请去做客，并被盛情款待。

畲族人爱唱歌，旧时畲族青年有“不会唱歌不敢出门”之说，唱歌是畲族人热爱生活的表现。虽然生活条件很艰苦，但他们“歌那不唱肚内忧”，总是通过歌声表达对美好生活的向往。未婚男女经常在三月三等传统节日赛歌、相亲，通过对歌的形式表达爱情，互相赠送信物，男的一般送金银首饰给女性，女的一般送自己亲手绣的香袋、香囊、汗巾等给男性。

附：

深夜情歌

男：山伯那想英台娘，无奈亦要转回乡。英台留郎再三掌，手拿伞子脚又软。

女：一送黄金一百两，送郎回转读文章。娘今领人茶信了，劝郎回转莫忖娘。

男：感谢娘子感谢娘，你送黄金一百两。千金难解郎心愿，万金难解郎心肠。

女：二送绫罗作为记，送郎回转去寻亲。娘今收人茶信了，劝郎回转莫寄信。

男：娘送绫罗作为记，共馆三年共盖被。书友变做千金女，叫郎怎样莫忖你。

女：三送罗帕共一双，送郎回转去寻双。娘今被人嫁去了，劝郎回转莫忖娘。

男：你送罗帕共一双，共馆三年共床昏。书友变做千金女，叫郎怎样莫忖娘。

女：四送手巾有十箱，条条手巾一样长。手巾送郎擦汗水，忖着手巾也当娘。

男：娘送手巾有十箱，条条手巾绣凤凰。手巾送郎擦汗水，忖着手巾也想娘。

女：五送白扇白迷迷，送郎回转去题诗。扇上又题凤凰鸟，凤凰鸟仔会叫你。

男：凤凰百鸟叫声长，共馆三年读文章。碗水还在床中内，碗上丝线牵过云。

女：六送香袋红又红，香袋也是五色红。香袋送郎作为记，挂分床上伴郎昏。

男：娘送香袋香芬芬，香袋不会伴郎昏。有缘千里来相会，无缘对面难相逢。

女：七送缎鞋新又新，送郎回转去上京。一日三时路中走，着了缎鞋知娘情。

男：着了缎鞋知娘情，同馆三年共条心。书友变成千金女，娘讲话头未知心。

女：八送罗带两头乌，送郎不嫩又不粗。缚在郎身油油嫩，远远看见似龙珠。

男：龙珠生好郎会知，行到面前步难移。当初话头未知想，我郎来晚白白世。

女：九送笔纸一大箱，送郎回转读文章。劝郎文章尽力读，伴郎回转读文章。

男：娘送纸笔一大箱，郎心不比娘心肠。郎练文章盖天下，牛郎织女下凡洋。

女：十送朝鞋共朝彩，送郎回转上京城。山伯文章盖天下，中了状元第一名。

男：中了状元第一名，同馆三年好名声。同馆三年同笔砚，山伯英台结同年。

磻溪“三月三”

蓝加勇

在畲族风俗中，最重要的一个便是“三月三”。“三月三”全方位展示了畲族的体育文化、歌舞文化、饮食文化、服饰文化等民族文化形态，具有独特的民族民间艺术特征和民俗文化魅力，是畲族最隆重、规模最大、内容最丰富的传统民族祭祀庆典节日之一。

磻溪镇作为福鼎市重要的畲族聚居区，其畲族人口主要分布在磻溪行政村的岭头山、木里兰、外山避，炉屯行政村的黄土岗、石木坪，杜家行政村的南柄和赤溪行政村的半山、湖里等地。在历史发展中，这里的畲族风俗受当地汉族多方面影响，呈现出多样化特点。

磻溪畲乡的“三月三”又称“谷米生日”“乌饭节”和“对歌节”，是一个集歌会、吃乌饭和踏青欢聚等活动于一体的民族节日。每年的这天，年轻的布妮仔（姑娘）、风韵的阿嫂、清朗的阿婆都会倾其箱底，拿出最得意的衣裙、饰品，把自己打扮得通身光鲜，整个畲村洋溢着节日的喜庆。这一天，畲族同胞会邀请十里八乡的亲戚朋友到家做客，凡是有缘经过畲村的人，都会被热情地拉去做客。这天早晨，各畲村都要以全鸡、全猪、全羊为祭品，祭拜天地、祖先，祈保家境平安，六畜兴旺，五谷丰登。为了庆祝节日，畲村家家杀鸡宰羊置办酒席，户户悬灯结彩。喜庆的酒席一般是午餐、晚餐连着吃，一直吃到第二天早上，庆祝活动通宵达旦，尽情欢乐。村中青年男女都要梳妆打扮，村中的晒谷场或比较大的草坪将作为临时赛歌场，大家在这里盘歌、对歌，举行盛大赛歌会。

“三月三”是畲族人敬天地、祭祖先的日子。每年这一天，畲族人都要到山上采来乌稔树叶子，捣烂取汁，浸泡粳米或糯米做成乌饭，用乌饭祭天地祖先。关于“三月三”祭祖节的来历，有这样一个传说。隋唐时代，畲族祖先聚居在粤、闽、赣交界一带的高山丛林之中，他们靠狩猎、采药和种山讨生活。一年开春时遭大雪封山，百里畲山只见被大雪压断的树木，峻岩峭壁上挂着胳膊粗的冰凌柱，畲民们住的草棚被大雪压塌，人们都搬到石洞里居住。一个多月过去了，大山还被雪冻着，而洞里已经没有吃的东西。为了活下去，所有的男人都去挖雪开路，到山外去找东西吃。几天后，出山的男人有的打了野兽扛回来，有的挖了野菜、摘了野果带回来，还有的采了很多的乌稔树果实回来。就这样，人们半饥半饱地挨着苦日子。随着天气转暖，冰雪融化，男人们又到更远的地方去打猎和采野果。有一天他们猎山羊时，受惊吓的山羊群迎面冲过来，好几个人被撞落山崖，有的被树桠挡牢，有的抓住了岩下的青藤，但有三位祖公跌下百丈崖壁。当人们跑到崖壁底下找到他们时，他们已因伤势过重死去。他们至死都紧紧护着刚采来的乌稔树果，有几包果子被压出红红的汁，与祖公的鲜血一起流淌。三月初三这天，乡亲们安葬了三位祖公，用他们采来的乌稔树果，将其做成祭品上供。后来，每年的三月初三，畲民们都到山上去采乌稔树果做成祭品祭拜祖公，有些年份乌稔树果脱落得早，或被山中鸟兽吃光，人们就采乌稔树的叶子捣烂取汁，浸米做成乌饭团祭祀。这三位祖公，就是蓝姓、雷姓和钟姓畲族的祖先。畲族后代不论迁徙分居到何处，只要是有蓝、雷、钟姓畲族居住的村落，就有“三月三”祭祀祖先的习俗，而且祭祀的供品中必定有乌米饭。

畲族“三月三”还要为谷米过生日。这一天，畲族家家户户都吃传统的乌米饭，村村寨寨都飘着乌米饭的清香。传说，很久以前，由于连年旱灾，百里畲山草木枯黄，种下的禾稻、玉米、大豆年年歉收。畲民家无粒粮，谷种也被抢光，只能向山主借谷种春播。山主则以畲民欠租未清为由，拒绝借谷种，还当着他们的面，把黄澄澄的谷种撒在地上呼鸡来吃，畲民心急如焚，却也无可奈何。寨子里有个后生蓝天凤，对山主的做法甚为气愤，便于夜晚带上几个身强力壮、机智灵活的年轻伙伴翻墙进入山主大院，套住恶狗，撬开粮仓，把一袋袋谷种扛回寨子分给乡亲，并叫他们连夜将谷种播下去。第二天，山主发现狗被杀，谷种被盗，带着壮丁冲进畲寨挨户搜粮，蓝天凤担心山主毁田损种给乡亲们带来灾难，就挺身而出，最终被关进山主的牢房。乡亲们把余下谷种椿成米，做了饭给蓝天凤送去，却被看牢的壮丁吃掉。乡亲们担心蓝天凤会饿死，于是，到山上采来乌稔树果和米做成乌饭团，用树叶子包好放在布袋里送去。壮丁抢过布袋伸手去抓，突然痛苦惊叫，张开袋口一看，里头有一团黑乎乎的东西在咬他，吓得他猛一甩手把布袋扔进牢里。原来，乡亲们在乌饭团外面放了几十只山蚂蚁。此后，乡亲每次送饭来，都拉开布袋，壮丁再也不敢动手抢饭。时间一天天过去，蓝天凤在牢里天天吃着乡亲们送来的乌米饭，养好了伤。一天，山主听说畲族起义军打过来了，连忙带着全家逃跑。乡亲们趁机把蓝天凤救了出来。不久，蓝天凤带领寨子里的后生参加了畲军，后来当了畲军的首领。这一年风调雨顺，畲族山寨五谷丰登，乡亲们击鼓歌舞庆祝丰收。第二年春耕播种，乡亲们为感谢蓝天凤冒死向山主争夺谷种，便把播种谷种的三月初三那天称为“谷米生日”。蓝天凤为感谢乡亲们用乌米饭救他，便连“三月三”这一天带着义军兄弟到山上采来乌稔树嫩叶，熬汁做成乌米饭宴请乡亲。就这样，“三月三”吃乌饭、过谷米生日的事，一寨传一寨，一年传一年，成了畲族的喜庆节日。

“三月三”谷米生日节，不仅让畲族子孙牢记了粮食的来之不易，还让他们拥有了不畏艰难的勇气和团结互助的精神。唐总章二年（669），聚居在闽、粤、赣三省交界地域山区的畲民因不满唐朝廷残酷压迫，举兵起义反抗，时有畲军2万余人，唐朝官兵围剿近50年未平息。畲族起义军雷万兴、蓝凤高等首领骁勇善战，官府军队几次交锋，都败下阵来。有一年冬天，畲族起义军驻扎的山头被唐军围困。眼看畲军马上就要断粮，蓝凤高命部下到山下寻找食物。当时正当大寒，山里各种植物都已脱叶落果，唯有满山遍野的乌稔果尚挂枝头，一串串晶亮透红、甜汁满口，军士们大量采摘，解决了军粮问题。待到三月初三日，畲家军出击，一举打败官军。畲族人民为纪念这一巨大胜利，每逢“三月三”，家家户户都要到山上采乌稔果做乌米饭吃，以缅怀畲族英雄们的功绩。

以往的“三月三”，磻溪的畲民都会举家外出踏青，畲山处处传来嘹亮高亢的山歌声。夜晚，村寨里男女老少闻歌出动，参与的人们挤满了各个歌堂。随着时代的发展，磻溪畲民庆祝“三月三”的形式亦有所改变，他们将畲歌搬上舞台，对畲歌进行大胆的创新，畲族新歌舞深受畲族群众的喜爱。近两年来，宁德市举办的畲歌赛及“三月三”畲族文化节，更是将畲族“三月三”民俗文化推广至全社会，成为展示畲族民俗风情的一大亮点。

新米节

王雪平

天际雁字横斜，又到了稻谷飘香的季节。

立秋过后，空气中就弥漫着稻谷的清香。那一层一层从山脚延伸到山顶的金黄，给了每一个村民一望无际的遐想，他们心中溢满即将丰收的喜悦。

看着黄灿灿的稻谷堆到家装满粮仓，村民们笑得合不拢嘴。在土地上劳作了一辈子的朴实的村民们都认为，庄稼丰收了，就应该感谢上苍一年以来对村民的庇护。善良的村民们懂得“滴水之恩，当涌泉相报”的做人道理，于是便急急忙忙地将脱下来的稻谷晒干，碾成白白的米粒，再虔诚地捧出通书，挑选黄道吉日过新米节。新米节是农民们感恩上苍的日子。

新米节那天，家中主妇早早起床，先把白米泡在清水里一两个小时，然后把它们淘干净，装进饭甑里，在灶膛里加上几把火。没多久工夫，一股甜甜的清香自甑口溢出，飘满整个屋子。一个小时后，饭熟了，掀开盖子，香气四溢，主妇们拿过早已洗得干干净净的 5 个碗，在每个碗中都装上满满的白米饭，虔诚地在每碗米饭上插上香，将其中两碗米饭供在屋内灶神的龛位上，让灶公、灶婆享用，另外三碗则放在院子外面的墙头以敬天地。一炷香烧完了，就取回供神的米饭。这时就可以开饭了，被邀请的亲戚和左邻右舍围坐在八仙桌上谈笑风生，一边推杯把盏，一边兴高采烈地谈论着今年的收成。

如今，村民们大都出外打工，在家种地的人越来越少了，很多昔日的田地都已长满萋萋芳草，新米节随着田地的荒芜渐行渐远。“00 后”“10 后”很少人会知道曾经有过这么一个令人高兴的日子。新米节只能成为老一辈的回忆了。

磻溪部分传统食品制作工艺

钟而赞

旧时经济落后，物资匮乏，人们希望为贫穷寡淡的日子增添一些滋味，于是就地取材创造出种种特色食品。磻溪有各种传统食品，以下列举数种。

茶

磻溪是茶业大镇，茶叶生产历史悠久。磻溪生产的茶叶，有白茶、绿茶和红茶，工艺各不相同，各有讲究。

制茶过程中最重要一个环节是发酵，所谓发酵，即指茶叶在空气中氧化的过程，能使茶叶中的茶多酚和单宁酸减少，产生茶黄素、茶红素等新的成分和醇类、酮类、酯类等芳香物质。

磻溪红茶属于工夫红茶。红茶是一种全发酵茶，待茶青晾至半干，再过茶磨机捻1小时左右，而后摊放晒干，成品呈红色，汤水深红或褐红。红茶抗菌力强，用红茶漱口可预防蛀牙、食物和病毒性感冒，可降血糖、血压。

绿茶是未经发酵制成的茶，待茶青晾至半干，用锅炒热杀青，再放入磨茶机捻1—2小时，摊放晒干，成品不失绿色，冲泡的茶水叶底以绿为主色。绿茶有助于防衰老、防癌抗癌、杀菌消炎等。

白茶属微发酵茶，采摘后不经杀青或揉捻，只经日晒或用文火烘焙干燥，成品外形芽毫完整，满身披毫，毫香清鲜，汤色杏黄清澈，滋味清淡回甘。近年来，随着福鼎白茶品牌迅速崛起，白茶已成磻溪及至福鼎茶叶的主导产品。

制“米饯”

磻溪人相当看重冬至。冬至节前夜，家家户户搓汤圆、包饺子。磻溪的饺子独具特色，方言叫“米饯”。“米饯”的制作方法是：用浸水糯米磨成米浆，压去水分后为稠浆，先取部分稠浆煮熟为“母”，再将“母”混入大量稠浆成面团，将面团做成皮，最后包进各种的馅。如今磻溪的“米饯”口味很多，有萝卜丝馅、糖馅、肉馅、菜馅，有的还用海产品做馅。

豆酱

用少许黄豆炒后磨粉，将主料的黄豆磨破、去壳、煮熟、沥干，趁温度未全退时，将炒发的黄豆粉均匀撒下，平铺于平底箕里，几天后便发酵。将这些发酵的黄豆放进煮好的大麦粥里，加盐拌均匀，装进钵坛中，每天要晒太阳，晚上及雨天要盖起，不让雨水、生水滴进。一般晒 45—60 天成熟，便是新豆酱。

豆腐乳

首先将大豆制成豆腐，然后压坯划成小块，摆在木盒中，即可接上蛋白酶活力较强的根霉或毛霉菌，进入发酵和腌坯期，最后根据不同品种的要求加以红曲酶、酵母菌、釉霉等进行密封贮藏。原料为大豆、米酒、糙米、食盐、砂糖。

腐乳性平、味甘，所含成分与豆腐相近，具有开胃消食等功效。

榨油

磻溪镇域内曾有多个油坊。所谓油坊，就是榨油的作坊。由于这类作坊利用水利推动石磨进行作业，除榨油外往往也兼作碾米等，所以也称磨坊。油坊一定要建在溪边，利用溪段的水位落差搭建水碓（俗称“水车”），依靠水因落差产生的冲击力推动石磨转动碾压油菜籽、米粒、麦粒等。

随着科技的进步，这些油坊已完成它们的使命。不过，赤溪村油坊的水车至今还在，已成为历史的见证。

赤溪油坊建于清朝光绪年间，距今约 120 年。油坊内设有磨坊、榨油坊。磨坊有大石槽，直径 10 米，一次能加工 100 斤油菜籽。100 斤的油菜籽能出菜油 30 多斤。磨坊内有谷皮灶、蒸灶和 50 个铁箍，一般由 3—4 个雇工干活，榨油的具体操作流程是：将油菜籽过秤后，放入大锅爆炒，再倒入石槽内，用水车转动的动力推动大石磨将其碾碎，倒入铁丝圆箍（内垫稻草），后将装有碾碎的菜籽用稻草裹实，再一个一个叠起来，用石板进行压榨，粗大的木头两端还要用几个绑好备用的石头加重（利用杠杆原理）。在这样的压榨下，油会从石槽里流入木桶中。经一定时间后，停止压榨，卸掉榨具，用手一块一块掰好装入蒸笼。蒸约 40 分钟后，再倒入石槽继续碾压，把圆箍里油菜渣干，控制好碾压时间。把它放入圆箍内，将原先稻草重新裹好，可进行第二次压榨，直到无油溢出为止。最后把渣收集起来，可做肥料。油渣是地瓜、茶的

好肥料。油坊除了榨菜油籽外，有时还榨花生油。

赤溪油坊是一座纯手工榨油作坊。从采集原料、磨胚、蒸胚、包坨、压榨、沉淀成油，历经30多道工序，不依赖任何现代机械设备，榨出的油质纯、色亮、口感好。赤溪油坊直到1973年才停产关闭，后油坊被改造成小型水电站。

米酒

历史上磻溪人爱喝自酿米酒，各家各户都会酿酒，酿酒技术传承至今。

农村自酿米酒有两种：放红粬的叫作红酒，放白粬的叫作白酒。酿红酒的流程是：泡米—蒸饭—摊凉—放水—放红粬—投缸（俗称“投缸做”）。酿白酒的流程是：泡米—蒸饭—淋水—放白粬—做酒窝—保温—放水（俗称“上酿做”）。

红酒与白酒的区别是：红酒性热，白酒性较温。有的人在酿白酒时，在酒中投点红粬，这叫“投红做”，此种酒喝起来不温不热，人们很喜欢。

磻溪四大美食

郑真兴

鼠菊糍

鼠菊糍，是由鼠菊草和粳米加工而成的。

鼠菊草（鼠曲草）为一年生草本植物，农历十一月以后发芽生长，十二月至第二年五月可以采摘，旺季在春季，一般在六七月开花。叶呈柳叶形，肥厚，为深绿色，两面带有白色绒毛，花瓣呈黄色。一株鼠菊常带有数十分枝，大枝长1—2寸，小枝长约0.5—1寸。

人们常于清明前后到田野里采摘鼠菊，除去其根和粗茎，留下嫩茎、叶和黄花，洗净后于沸水里稍煮，放入石臼中捣烂，再掺和到粳米糍中捶捣，直至颜色均匀。尔后用机器或手工搓成15厘米长、5—6厘米宽的条块，即是我们常看到的鼠菊糍。

刚加工完的鼠菊糍可趁热吃，也可冷却后成小块炒白、红糖吃，或用盐炒咸、切片放油煎着吃。

红糖炒鼠菊糍

鼠菊带丝纤维，鼠菊糍带草绿色，有菊香，吃在口里韧且滑，芬芳适口，有养胃清脾、清热解毒之功效。

磻溪集镇有3家鼠菊糍加工坊。每到鼠菊糍上市季节，加工坊门口买鼠菊糍之人络绎不绝，有当地人买两三条吃鲜的，也有外来人买二三十斤送礼的，更有托人来此购买的。加工坊生意火爆，顾客常要和老板预定。

农闲时许多妇女都会去采摘鼠菊，后卖给加工店，以增加收入。加工坊经常大量收购鼠菊，将之晒干贮存，等淡季时，再用碾米机将干鼠菊碾成粉，或蒸熟捣烂，和粳米混合加工成精品。

手打面

手打面

磻溪手打面，因店面位于桥边，所以又称桥头面，是磻溪名气最大的美食，也是福鼎名气最大的面食。因为是传统工艺，主要靠手工制作，无法大批量生产，所以只能满足磻溪集镇当天的营业需求。

在磻溪渭滨桥的桥头溪边上，搭有一个不起眼的单层吊脚楼，面积只有十几平方米。楼中安放着两张不大的桌子，没有装饰，四面都可通风。吊脚楼靠路的边上，安装有一大一小两个锅，大锅用来熬骨头汤，小锅用来烧汤捞面。吊脚楼另一侧靠溪的木墙上开有一扇窗，开业时窗便敞开。在小楼的面桌上吃面，透过窗，可看到底下清澈的溪流和北面岸上的风景。每一位来磻溪的人都会去这家小店品尝美味的手打面，磻溪手打面也是磻溪人招待来宾必不可少的一道美食。

到桥头面店，点上一碗手打面，拌点骨头肉、卤猪肠或卤鸡蛋，一边品尝着鲜嫩可口的手打面，一边欣赏着溪中嬉戏的鲤鱼，听着潺潺的流水声，别是一番风味。若是夏天，小楼更显清凉，坐在窗边，清风徐来，沁人心脾，如果有几个好友相聚，还要来瓶老酒，切盘骨头肉，浇上香油和醋，边吃边谈。

磻溪桥头面之所以扬名在外，让人喜爱，主要得益于其独特的口味，而其口味的独特又源于其独特的制作工艺。

鳒鱼

鳒鱼为闽东山区特产，一般生活在5—10米的深潭中，喜群居。磻溪所产鳒鱼身似梭子，偏圆，背部呈深灰色，腹部呈乳白色，头部两侧有浅红色的腮，腮边颜色红艳，背鳍、左右鳍和尾巴皆呈红色。

磻溪淡水资源丰富，溪流广布，终年不涸，且均未被污染，水质条件良好，是鳒鱼等稀有鱼类生存的自由王国。磻溪有3条溪流盛产鳒鱼：一是湖林蛟龙潭始，经桑园至海洋段溪流；二是海洋溪尾蝙蝠洞潭始，经蒋阳溪口至乌杯段溪流；三是磻溪村柘楼仔、田楼始，经鹧鸪洋、车洋至百步溪溪流。

鳡鱼性情凶猛，力大无比，曾有游泳者在水中抓鳡鱼而被撞伤胸脯。用网捕捞鳡鱼时，如果渔网不够坚固，还可能会被其撕裂。鳡鱼是跳高、跳远高手，能跃起一米多高，飞行两米多远。鳡鱼还会在水流落差处由下往上飞跃，每当此时，捕鱼者便会用圆形长柄网兜在上游接捞，鳡鱼往往会自坠网中。

磻溪鳡鱼味道鲜美，品质上乘，吃在口中鲜香细嫩、丝质软滑。鳡鱼营养丰富，以适量家酿米酒、少量盐和生姜清炖，服之可促健康恢复。鳡鱼还具有补血、调脾、增食欲和提神、抗疲劳的功效。

磻溪镇上的太姥红酒家油煎鳡鱼色香味俱全。其做法是把一条鳡鱼切成若干段，放入平底锅煎炸至金黄色，然后加上酱油、酒、糖、盐、姜丝、蒜末等调料，以温火慢焖，大约 30 分钟起锅。吃过太姥红油煎鳡鱼的人，往往都赞不绝口。

土鸡

土鸡，即本地农家所喂养的鸡。土鸡一般吃的是山野中的各类昆虫和谷子。土鸡多是散养，到处奔跑，肌肉结实，营养价值很高。同时由于家养的土鸡不采用规模化养殖，数量很少，所以价格昂贵，一只鸡市场价一般要两三百元。

外地客人曾有句著名的口头禅是“去磻溪，吃土鸡”。这句话给磻溪土鸡以充分的肯定。凡磻溪人请客吃饭，都要点上这道菜。

土鸡制作有清蒸、清焖、煮炒等方法，而磻溪太姥红酒家常用砂锅、瓦罐清炖或生焖土鸡。清炖时禹把土鸡剁成若干块，放入党参、杞子、红枣、桂圆、当归、生姜、红酒等佐料，以文火慢炖 3—5 个小时，这样炖出来的土鸡味道特别香醇，汤水可口，开脾沁心。生焖则应先以姜丝炒鸡块，待鸡块炒至微黄后放入料酒、白糖等佐料清焖 3—5 分钟，再放进一定的清水，加盐以慢火焖 40 分钟即可。这种做法吃起来口味独特，这样做成的土鸡是下酒的上等好菜。

磻溪桥头手打面

王郑松

磻溪桥头手打面因店在桥头而得名，亦称磻溪手打面。磻溪桥头手打面被冠以“福鼎小吃老字号”“福鼎小吃名店”“福鼎市美食文化名小吃”“福建名小吃”等名号，被中国烹饪协会授予“中华名小吃”，是第五批福鼎市非物质文化遗产。

磻溪桥头手打面是陈兴干先生与其夫人王阿为女士在祖传手打面做法基础上探究研制的美味小吃，以清雅醇香、筋道十足、韧滑可口、油而不腻闻名遐迩。每遇茶季要吃上一碗磻溪桥头手打面并非易事，古街上停满排队等候的小车，有时甚至要等上两三个小时才能吃上一碗，平时周边乡镇甚至霞浦、柘荣乃至浙江温州亦有人为吃上一碗特意驱车前来。

磻溪桥头手打面扬名在外，得益于其对传统工艺的坚守和独特的口味。

磻溪桥头手打面选材严格，做工精细。主材选上等面粉，无任何添加剂，纯手工制作。制作工序有和、揉、压、打、切、醒、煮等 7 道，费时 12 个小时以上，直至筋道十足，是一款独一无二的功夫面。汤水选自上等新鲜猪骨肉，用大铁锅，柴火烧熬两个小时以上，达到色、香、味的完美融合，清甜芳香。佐料葱头油、蒜头醋、辣椒酱等选材与制作亦极考究，好材料辅之以真功夫使得磻溪桥头手打面十里飘香，让人流连忘返，正所谓“无声细下飞碎雪，放箸未觉全盘空”。

昔日的磻溪桥头手打面给人留下的是难以抹去的历史印记。在磻溪渭溪桥头边上，搭建有一个不起眼的单层高脚屋，面积仅十几平方米，屋下溪水潺潺，锦鲤成群。南面临街，隔着步行街就是店主人的二层土墙老房子。吊脚屋店内仅排两张小桌，一方一圆，沿街建有一个柴火灶，灶上安装两个铁锅，一大一小，大的用于熬制骨头汤，小的用于烧汤捞面。手打面的制作工坊设在土墙老房子一层，等面吃的客人常常在工坊顿步观赏。

2015 年 7 月，一场大洪水把原建在溪流旁的高脚小店冲垮，把店主人的土墙老房冲毁，店内设施全部被洪水卷走，一度造成停业。为了尽快恢复营业，方便外地客人和本地居民，恢复繁荣景象，时任镇党委书记郑晋生亲自出面安排，将原税务所空地临时搭成面店，当年 10 月即恢复营业。灾后对土墙老屋进行重建，2016 年 4 月将面店迁入新址，设两层营业厅。新店宽敞明亮，手工作坊被移至二楼，客人络绎不绝，店主人又把儿子、儿媳、女儿、女婿都叫来帮助，大大方便了客人。

磻溪桥头手打面因纯手工制作，产量有限，无法满足日益增加的客源。2015 年 5 月和 2016 年 5 月，分别在福鼎城关和赤溪村各开一家磻溪桥头手打面分店，受到广泛欢迎。

磻溪桥头手打面经百年传承历久弥新，其美食文化必将与磻溪生态白茶一起走进更多人的视野。

磻溪鼠曲粿

王雪平

立春后，路旁、茶园、田边、地角，到处都是鼠曲草嫩绿的身影。一簇簇、一团团、一丛丛、一片片，嫩绿的鼠曲草披着一层白绒绒的毛，显得那样清新、优雅，仿佛一支吹响在幽静山野的清脆、欢悦的竹笛。只要稍用力一掐，鼠曲草的茎就断了。采摘鼠曲草不必连根拔起，根部留着可以再长。

清明前是采摘鼠曲草最佳时间。过了清明，鼠曲草的顶端就会开出淡黄的花穗，开花后的鼠曲草茎部变硬，不能食用。

鼠曲粿是用鼠曲草和粳米做成。鼠曲草不经煮，上百斤的草于开水中一焯，只剩下一大脸盆。手脚快的人一天也只能采十几斤鼠曲草，回家后一般先择去其老叶残枝，将其晾在通风的地方，等采够了，再将它们漂洗干净，接着放入沸水中焯一焯，沥干剁碎后倒进干净的石臼中舂。舂时用石锤一下一下地舂，直到舂成糊状为止。后倒入早已蒸熟的适量粳米一起捶打。打鼠曲粿不是一个人就能干好的活，它需要几个壮汉轮番上阵，一人抡上十几二十锤，旁边还要有个眼疾手快的人不断给离开石臼的石锤抹水。这样，石锤上面才不会粘上黏糊糊的鼠曲粿。

刚舂好的鼠曲粿又香又软，散发出淡淡的青草味。人们将舂好的鼠曲粿放到圆圆的簸箕上，用力搓打着，接着把它们揉成一粒一粒的小球状，最后用刻有花鸟鱼兽的专门做年糕用的模子制成图案各异的成品。这些印有精美图案的成品摆在簸箕上简直就是一件件的艺术品，我们不得不佩服先人，居然可以将吃的东西做得如此好看。

鼠曲粿有许多煮法，或炒，或煎，或炸。其中被大多数人喜爱的是红糖炒鼠曲粿。炒时先将鼠曲粿切成一小片一小片，然后放到锅里炒至微微发黄。倒入早已准备好的红糖水，再用文火焖上一会儿，直到糖水被全部吸收，最后里面青翠碧绿、外表闪着红铜般光泽的鼠曲粿被装盘上桌。时间顿时凝固，空气也仿佛停止了流动，糖的香甜杂着淡淡的青草香扑鼻而来，致命的诱惑从这一刻开始，人们禁不住伸出筷子夹住鼠曲粿往嘴里送，黏糊糊，甜滋滋，香喷喷，一口下去，满嘴生香，真舍不得一下子咽到喉咙里去。

炸鼠曲粿也是不错的选择，刚炸出来的鼠曲粿又酥又香，咬上一口，香气便缭绕在舌尖上，缠绵在唇齿间，久久挥之不去。

不喜欢吃甜的朋友可配海鲜、肉丝、青菜等佐料，待佐料汤煮好后加入切好的粿片，汤水一开便可出锅。打开锅盖的刹那，“山珍”和“海味”一起涌来，食客禁不住闭上眼睛，用鼻子深深地吸气。哇，还没吃便先醉了。

现在，这孕育于乡村的美食却成了吃惯山珍海味的人们舌尖上的惦念，被各大酒店青睐，它的做法也越来越多。市场上正宗的鼠曲粿供不应求，于是有些重利的商贩也卖假鼠曲粿。这种赝品虽然表面上看起来与真品没什么区别，但吃起来味道差了十万八千里。假货的味道不仅淡得很，而且根本没有真品那种嚼劲，舌尖上的诱惑。

若喜欢吃鼠曲粿又担心买到假货，建议到磻溪镇走一走，这里不仅风光秀美，而且还有 3 家专门加工鼠曲粿的人工作坊，保证既饱眼福又饱口福。

九鲤溪鲥鱼

吕忠魏

鲥鱼又叫香鱼，是一种奇特、名贵的淡水鱼，是淡水鱼中的珍品。因为九鲤溪上游几乎没有污染，水质极佳，所以九鲤溪所产鲥鱼其味特别鲜美，素有“淡水鱼之王”的美誉。据说乾隆皇帝巡游江南时，品尝到鲥鱼后，常赞不绝口，即封为贡品，要求年年进贡。现如今，鲥鱼是福鼎市各高档酒店特色名菜。九鲤溪旅游区沿途大大小小的酒家，更是不失时机地把鲥鱼推介给游客。

九鲤溪鲥鱼头小嘴尖，尾分叉，身细圆，鳞发光，除腹部为银白色外，全身呈淡黄色。一条鲥鱼重约100—150克，体长15到20厘米。鲥鱼每年立冬前后都要到霞浦县的渡头入海口的沙砾中去产卵，产完卵后因体质虚弱，大多死亡，只存活一年时间，故又有“年鱼”之称。第二年阳春三月，鲥鱼幼苗自入海口再洄游到九鲤溪的淡水溪流中生活。

鲥鱼

鲥鱼主要以水藻为食，不吃饵料，所以不能用钓钩来钓。九鲤溪两岸渔民一般是驾着竹排撒网捕鱼，近年来也有人用电捕。不同季节的鲥鱼焙干后颜色也大不一样，四五月捕捉的鲥鱼焙干之后身体呈银白色，立冬前后捕捉的鲥鱼焙干后身体呈金黄色，肚皮还有一小片红色。因为鲥鱼干比鲜鲥鱼味道更鲜美，更耐人寻味，所以当地人常把鲜鲥鱼制成鲥鱼干出售。

鲥鱼干的烘焙很有讲究，其方法大致可分两种：一种是直接烘焙，就是把鲜鱼剖开，洗干净，放在烘焙机上焙干，这样焙出来的鱼干香气浓，但这种烘焙会使鱼的肌肉快速收缩，导致形态变化，鱼体不完整，影响美观；第二种是先把鱼晾干，再放在蒸笼上蒸一会，让它吸收一定水分定型后再焙干，这样焙出来的鱼干形状完整，外形美观，但香味比直接烘焙稍差。

磻溪的笋

吴利群

黄冈方竹林

中国是竹笋的原产地，也是世界上食笋最早的国家。早在3000多年前的商周时期，竹笋就已经成为人们餐桌上的美味佳肴。

磻溪山区的竹笋种类很多，有苦笋、柴笋、水笋、红壳笋、檩笋、不孝笋（化笋）、秧笋、方笋、白叶笋、雷笋、花笋、油笋、石笋、观音笋、麦笋、笋丝笋、金笋、紫竹笋、竹根笋、麻笋、竹古笋等，其中最著名的当属雷笋、方笋、水笋和苦笋。

雷笋　个体较粗，壳薄肉肥，香甜脆嫩，味甘甜，性微寒，具有滋阴凉血、清热化痰、利尿通便、养肝明目、益气消食等功效，适宜糖尿病、高血压等病患者食用，对肥胖和习惯性便秘者尤其适合。无论生炒、烤煮、油焖或做汤，其味均佳，是众笋中品味最高的品种，亦是蔬菜中的上品佳肴，被人们誉为“寒士山珍”“甲于诸蔬”“蔬食第一品”。磻溪镇各行政村都盛产雷笋。

方笋　方笋主要生长在高原山区，形呈四方，有棱有角。其笋不发于春而茂于秋，是吸大自然灵气生长而成的稀有之物，食之有助于肠胃蠕动，促进消化，有减肥、美容和防治肠胃及心血管疾病之特效。其质嫩肉厚、色美味鲜，堪称“山珍佳肴”，古为贡品，今为美肴。常食之可延年益寿。磻溪镇的湖林、仙蒲、磻溪、南广、后坪、黄冈等村盛产方笋。

水笋　性甘寒，有活血通络、清热化痰、利尿消肿、化积通便等功效。水笋以脆嫩、甘鲜、爽口、清新、鲜美、食之不腻等特色受到人们青睐，有“素食第一品”

之雅号。磻溪镇的大洋、仙蒲、吴阳、青坑等村盛产水笋。

苦笋 又名凉笋，有皇天苦、屎楻苦、白毛苦、红毛苦、青山苦、斑平苦等品种。据《中药大辞典》载，苦笋具有清热解毒、生津止渴、明目润肺之功效。其肉质鲜嫩，富含各种维生素、氨基酸，营养丰富。其味甘苦、清凉，对咳嗽、支气管炎、产后虚汗、小儿夜惊等具一定作用。随着人民生活水平提高，人们的消费习惯由过去的温饱型向营养保健型转变，药菜两用的苦笋成为人们的首选。磻溪镇的仙蒲、大洋、吴阳、后坪、南广、桑海、金谷、蒋阳、杜家等村盛产苦笋。

磻溪一年四季都有笋，到磻溪旅游的客人都要点一盘笋吃，一来讨个吉利，“笋”就是出门图个“顺”；二来笋确实好吃，吃不腻，客人往往吃完了还要买几斤带回家。

附录：

大事记

唐

唐僖宗时，桑园翁氏从关州（今河南信阳东）迁至闽属长溪县“翁潭”，尔后迁磻溪桑园。

唐末福建北驿道修通，经过磻溪界牌洋、杜家、溪心、蒋阳、半岭、五蒲岭6个村庄。

五代

939年，翁十四率军守长溪白琳寨。

北宋

建隆元年（960），仙蒲叶氏于霞浦渔洋迁入。

太平兴国二年（977），磻溪林姓先祖林遇自浙江昆阳迁居磻溪西宅（现九曲里），拓基立业。南广李百七从霞浦赤岸迁北洋里。

熙宁元年（1068），杜氏迁入杜家里，筑室于杜洋石龟之巅。

南宋

熙宁五年（1072），蒋阳设立巡检司，归长溪县节制。

隆兴元年（1163），磻溪林氏七世祖林光祖癸未科木待问榜进士及第（曾任尤溪县令、桂阳佥判）。

乾道八年（1172），唐僖宗时的金州刺史林嵩的后裔林京一迁居仙蒲。

嘉定四年（1211），林汝浃中武状元（武举、正奏状元）。

宝庆元年（1225），林汝浃创建双魁书院，亲任山长。

淳祐七年（1247），磻溪林氏八世祖林桂发丁未科张渊微榜进士及第（曾任平海军佥）。

宝祐元年（1253），林氏九世祖林宋卫癸丑科姚勉榜进士及第（授承节郎，澧阳县尉，迁杭州庐阳县令）。

景定三年（1262），吴姓肇基祖吴福携子由长溪梧峰迁入蓝溪。

德祐元年（1275），青龙郑氏先祖从福宁州崇儒迁居梨园与青龙二村。

德祐二年（1276），后坪张姓先祖张礼和由柘荣迁入阜坪。

景炎元年（1276），桑园村发生鼠疫，翁姓全村300余人仅剩1人。

元

至元十六年（1279），黄冈周姓先祖周瑶自浙江处州括苍陈半岭迁入黄冈洋。

至治二年（1322），林家义学仙蒲书院创办。

至治三年（1323），林仲节荣登江浙行省癸亥科乡试解元。

泰定元年（1324），林仲节殿试高中左榜二甲。

明

洪武元年（1368），梅洋王氏先祖王铭德从寿宁黄龙山迁居梅洋。

洪武二年（1369），徙蒋阳巡检寨于大筼筜，为大筼筜巡检司。

永乐二年（1404），金谷耿氏先祖从建宁府中游街迁入金谷洋。

洪熙元年（1425），仙蒲南岭王姓先祖从惠安县搬回南岭。

成化年间，创建后畲临水宫。

万历十八年（1590），金盘庵始建。

万历年间，福宁州知州秦堈捐建三十六弯秦公桥。

崇祯四年（1631），池氏先祖从福安龙溪迁入湖林后岭。

清

顺治十四年（1657），磻溪林兆志率18名族人攻打南门岭的海寇山贼。寨破，林兆志与18名好汉力战而死。

顺治十七年（1660），海寇登陆，入侵阜坪村，村民有多人被杀。

顺治十七年（1660），蓝姓分支由浙江泰顺鳌岭迁入法洋蒋家岭（今海洋章家岭），成为畲族迁徙磻溪的第一支。

顺治年间，山海寇发，黄冈洋周文绪、磻溪林茂龄率族人坚守南门寨。寨破，皆被杀。

康熙十八年（1679），海寇登岸沿途烧杀抢掠，延至十四都阜坪。

康熙三十三年（1694），湖林周氏先祖周兆增从福安迁居湖林头。

康熙五十三年（1714），朝阳温氏先祖从汀州府上杭县迁入。

康熙五十四年（1715），郭氏先祖迁入油坑，马姓先祖从汀州府迁蒋阳南山溪（今南岭溪）。

乾隆三年（1738），翁彦邦、翁桂馨、翁汉霖等人倡建桑园碇步。呈东西走向，共101齿，长70余米。

乾隆四年（1739），福鼎置县。磻溪置县前为九都，置县后为十二、十三都，其中南网、后坪两村属十四都。

乾隆二十四年（1759），林学焯倡捐重建秦公桥（在三十六弯）。后又重建百步桥。

乾隆五十二年（1787），张月生建成小龟洋桥。

乾隆五十七年（1792），群虎（一说为狼）为患，白琳至霞浦无人行，后设阱捕之，获二十余。

宣统三年（1911），朝廷裁驿归邮，蒋阳、五蒲岭铺递被废。

中华民国

1919年11月，霞浦上万山贼海寇攻占山门岭、鸳鸯头两乡，接着欲攻打邻近的福鼎十二、三都及十四都。乡兵扼守阜坪、仙蒲诸险要地形，抓获贼寇探子3人。贼畏怯，乡兵乘胜追击，而霞、鼎官兵亦踵至，贼寇乃夜遁。

1930年11月，本邑匪徒百余人聚集溪口、蒋阳各村，四处肆虐，旋被油坑村民斩杀多人，而各乡团练复同时严加搜缉，乃被消灭。

1934年4月，中共霞鼎县委成立，并在磻溪后坪成立上西区苏维埃政府，主席张位丕，辖后坪、梅洋、澳底、梨园、岭头、龟洋、青龙、南广、炉屯、湖林、玉山、桑园等16个村。

1934年5月上旬，霞鼎县工农赤卫队独立营一夜之间打下仙蒲、古坪头和磻溪3个碉堡，缴获枪支10多支，接着攻打五蒲岭碉堡，缴获枪支30多支。

1934年5月，中共霞鼎泰县委在磻溪成立，同时成立霞鼎泰县苏维埃政府。

1934年9月，中共福溪村支部在福溪村建茅楼，并将其作为霞鼎县中心县委机关办公地点。

1934年12月20日，霞鼎县工农赤卫队独立营攻克仙蒲碉堡，全歼福鼎县保安大队第一中队30余人。

1934年秋，白琳、点头、翠郊、磻溪并为第四区。

1935年1月16日，霞鼎县工农赤卫队夜袭店下大帝宫守敌，活捉排长蔡斌三及士兵40余人，缴获40多支枪。接着又抵达磻溪，打垮从石山前来“围剿”的国民党军和民团，缴获机枪1挺。

1935年春，中共霞鼎县委在磻溪马兰设立红军闽东独立师第四团后方医院。

1935年4月中旬，叶飞、陈挺、许旺等带领闽东红军独立师特务队、红四团及地方游击队在樉岔头设伏，全歼国民党新编第十师一个加强连。

1935年6月，国民党第八十七师“围剿”磻溪章家岭畲村，焚毁民房240间，杀害畲民121人（占全村人口86%）。

1939年，造纸业在仙蒲达到最盛，全村180户中有170户造纸。

1939年，乡人周恒卿、林观赞等人倡建位于磻溪街头的磻溪桥，长30米，有桥屋15档。后改为钢筋混凝单孔拱桥。

1940年8月，改联保为乡镇，全县划24个乡镇，磻溪为其中之一。

1940年，湖林、油坑、蒋阳、磻溪、黄冈等地的茶叶产销合作社创办。

1941年，磻溪天花流行，日有死亡，哭声载道，人心惶惶。

1943年2月，磻溪天花流行。

1943年九月初九，油坑、后坑大刀会参加全县大刀会暴动，先后杀死蒋吴乡乡长尧卿、磻溪乡长陶肇贻、国民党县军事科长康捷成。九月十九日转而攻打县城，未成功。

1945年6月2日，侵华日军北撤窜扰磻溪，经龙亭入境，在五蒲岭驻扎三天两夜。期间，蒋阳街被烧毁，多人被抓、被打死，多名妇女被强奸，粮食、牲口被抢无数。

1945年7月，磻溪乡瘟疫流行，多有死亡。

1947年，溪口、湖林等地的茶叶产销合作社成立。

1949年6月，磻溪乡归点头区辖。

中华人民共和国

1950年6月，磻溪乡归白琳区辖。

1952年5月，设磻溪区。

1952年，赤溪木、竹收购站建立。

1955年12月，磻溪区供销合作社成立。

1955年12月，磻溪卫生所成立。

1955年，湖林乡第四农业生产合作社社员翁会堂被福建省人委评为省农业劳动模范。

1956年4月，精简机构，撤磻溪区，归白琳区管辖。

1956年4月，磻溪联合诊所成立。

1956年5月17日，磻溪邮政代办所开办。

1956年8月11日，磻溪炉屯乡发生火灾，烧毁民房13间，烧死1人，伤6人。

1957年，磻溪成立水产批零门市部。蒋阳朝阳农业社社员林玉婉被福建省委、省人委评为省农业劳动模范。

1957年，国营海洋竹具厂创办。

1958年7月，岩桑公路白桑段破土动工。

1958年8月，磻溪卫生院成立。

1958年8月，撤乡成立磻溪、桑园、赤溪3个人民公社。

1958年9月，蒋阳小（三）型柴口水库竣工。

1958年，黄冈村被评为全国茶业生产先进单位。

1958年，福鼎县茶叶技术学校于磻溪创办。

1958年，国营湖林茶叶初制厂创办。

1959年2月，为迎接全国茶叶现场会在磻溪召开，建设了磻溪人民会场。

1959年3月，全国茶叶生产现场会在福鼎召开，来自16个省的100多名代表参观黄冈、大湾头、湖林等茶业产区。

1959年4月，磻溪公社卫生院改称磻溪公社保健院。

1959年4月，磻溪、桑园、赤溪3个小公社并为磻溪大公社。

1959年10月1日，黄冈大队支部书记周宗本、妇女主任陈九妹晋京参加10周年国庆大典。

1960年1月1日，白桑公路通车，磻溪公社举行通车典礼。

1961年6月，磻溪公社改为磻溪区公所，下辖磻溪、赤溪、桑园、大洋。金谷、仙蒲、湖林、蒋阳、后坪、炉屯10个公社管委会。

1961年，磻溪邮电所改磻溪邮电支局。

1962年8月27日，霍乱由硖门传入磻溪，炉屯死1人，为福鼎第一例。

1963年4月，磻溪区10个公社管委会改为乡政府。

1965年，小（二）型金谷水库及小（二）型磻溪王六坪水库竣工。

1965年，磻溪供销社成立贸易商店和批发站。

1966年秋，磻溪卫生院开办半农半医培训班，教学内容以中医为主，中西医结合，选定推拿、针灸、草药3门为主要课程，理论学习时间为1年，实习期为4个月。

1968年6月，成立磻溪人民公社革命委员会。

1970年6月，城关镇4个街委会600多名待业青年响应号召，成立“五七建设兵团”，到磻溪大洋山开荒、种粮、种树。

1970年，赤溪村成立全县唯一的业余闽剧团，后自行解散。

1971年11月，小（二）型黄冈水库竣工。

1972年春，湖林村林场成立。

1972年秋，磻溪小学附设高中班。

1972年12月，磻溪公社保健院改称磻溪公社卫生院。

1972年，湖林至油坑6千米乡道公路建成。

1973年3月15日，国营后坪林场正式创办，隶属福建省林业厅，为正科级单位。

1973年3月，磻溪至福鼎城区开通公路客运。

1973年春，于千米高山王柏璋插旱稻。

1973年春，仙蒲村成立仙蒲林场，金谷村成立五峰山女子造林队。

1973年10月9日，受15号强台风影响，山洪暴发，磻溪20多间吊脚楼被冲走。

1973年12月，磻溪邮政所和磻溪电信所合并为磻溪邮电所。

1974年2月，第一次利用飞机对磻溪进行播种造林。

1974年3月，金谷村成立金谷林场。

1974年，磻溪公社在山头仔、湖林、黄冈交界处开辟了县乡级最大茶场——山湖冈茶场，面积801亩。

1975年5月，黄冈村办水电站——黄冈水电站建成。

1975年5月，梨园公路桥由群众集资、有关部门拨款建成。

1975年5月，县交通局动工修建从秦屿茶塘至磻溪仙蒲的973线县道白琳至茶塘段。

1975年，磻溪新街建成，全长530米，宽5米。

1975年，磻溪供销社被评为全省图书发行先进单位。

1976年1月，桑园前岭至后坪林场3.4千米林业专用公路动工，于同年12月竣工。

1976年春，炉屯村成立炉屯油桐场。

1976 年，福鼎县拨款在磻溪公社修建金谷、黄冈、磻溪、湖林 4 个知青点。

1977 年春，磻溪村、油坑村林场成立。

1977 年 5 月，乡办蛟龙水电站建成。

1977 年，瓦窑坪至蒋阳 9 千米乡道建成。

1978 年，为开发山区毛竹资源，加大柴竹炭购销，磻溪供销社从福建省供销社土产处筹得投资款 25 万元，建造一条从海洋到仙蒲运毛竹的 10 千米简易公路。

1979 年，金谷五峰山女子造林队被评为宁德地区“绿化先进集体”，福建省“三八红旗集体”，全国新长征突击队。队长耿兰花获全国“三八红旗手”称号。

1980 年 1 月，磻溪初级中学正式成立。

1980 年 10 月，桑园村办桑园水电站建成。

1981 年 7 月，县公安局破获赤溪村下山溪自然村雷文进转卖罂粟种案，铲除赤溪、杜家、蒋阳、油坑、青坑村等 80 多处罂粟园，摧毁罂粟园 2 亩多。

1983 年 11 月，磻溪公社改为磻溪区公所，下辖 16 个乡人民政府。

1984 年 6 月 24 日，《人民日报》发表王绍据的《穷山村希望——实行特殊政策治穷致富》，反映了磻溪镇赤溪行政村下山溪自然村的贫穷状况，掀开了全国扶贫工作的大幕。

1985 年 6 月，磻溪邮电所改为磻溪邮电支局。

1986 年 7 月，磻溪东岭福利茶厂在海洋村创办。

1986 年，福鼎县定磻溪乡为福鼎县贫困乡。

1987 年 1 月，福鼎县福利茶叶初制厂在海洋村创办。

1987 年 7 月，磻溪区改为磻溪乡人民政府，下辖 16 个村委会。

1988 年，磻溪公社建自来水厂一座，铺管道 1 千米，日供水 1100 吨，年供水 13.2 万吨。

1989 年 4 月，福鼎县公布南广古窑址为县级首批重点文物保护单位。

1990 年 10 月，磻溪渭滨桥工程动工，于次年秋竣工。

1991 年 8 月，福鼎县教育局改湖林小学为“湖林九年制学校”。

1991 年 9 月，九鲤公路桥动工，于 1992 年 6 月竣工。该桥为石拱桥，上加钢筋混凝土覆盖，净跨 50 米，桥长 82 米、宽 7 米、高 15 米。

1992 年 5 月，桑园库区移民工作开始，桑园村移民集体安置于杨岐，海洋村移民安置于秦屿水井头，桑园、海洋两村集体安置于桑园村水库后靠点的前岭，并分别增设桑杨、秦海、桑海 3 个移民建制村，分别归属龙安、秦屿、磻溪管辖。

1992年6月，桑园水库工程正式动工。

1992年11月，福建省民政厅批准磻溪撤乡建镇，辖19个村委会。

1992年12月11日，黄冈村被评为福建省1991年度明星村。

1992年，撤海洋、桑园两村，成立桑海村。

1993年，溪口水电站工程动工，于1994年11月竣工，拥有发电机2台，容量1000千瓦，总投资440万元。

1994年6月，磻溪镇发生霍乱。

1994年7月，中共宁德地委实施"造福工程"，为下山溪村民兴建长安新街。下山溪22户、88位村民顺利迁入长安新街。

1995年4月，福鼎县在九鲤溪瀑风景区的赤溪游览点种植经济竹、观赏竹100亩。

1995年5月26日，桑园水库拦河坝导流底孔封堵一次成功，正式开始蓄水。

1997年，磻溪初级中学更名为福鼎第十中学。

2004年7月，山洪暴发，福鼎城区发往湖林班车行至坑兜漫水桥地方被洪水冲走，所幸没有人员伤亡。

2005年12月，坑兜桥由群众集资及有关单位捐资建成。

2006年，湖林村被福鼎市列为社会主义新农村示范村。

2006年11月1日，磻溪古廊街50多榴吊脚楼被全部焚毁。

2008年，磻溪镇被确定为福建省首批清洁家园行动试点镇。

2009年4月30日，国务院扶贫开发领导小组办公室以国开发〔2009〕57号文件通知福鼎市选送"中国扶贫第一村"造福工程图片晋京，参加中华人民共和国成立60周年大型成就展。

2009年，赤溪村长安新村群众自发竖起"全国扶贫第一村"碑。

2011年8月6日，九鲤溪景区峡谷发现中华桃花水母。

2011年，赤溪村被福建省委、省政府确定为省级整村推进扶贫开发重点村，由省民族与宗教事务厅开展为期3年的挂钩帮扶工作。

2012年2月，仙蒲村被确定为福建省第四批省级历史文化名村。

2012年6月，大洋山森林公园获批为省级森林公园。当年年初，磻溪镇被福建省环保厅评为"省级生态镇"，金谷、湖林、油坑、黄冈、仙蒲、磻溪6个村被评为"省级生态村"。

2012年6月，油坑村被列为"宁德市文明村""少数民族进步模范试点村"，并成为宁德市“田园风光，生态之村”建设重点村。

2012年12月27日，住建部、文化部、财政部下发通知，公布第一批中国传统村落名录，福鼎市磻溪镇仙蒲村被列入。

2014年，岗尾坪——杜岭茶叶精品加工区，广林福、康来颜、四季盛、大沁等龙头企业升级壮大，切实打响磻溪生态茶叶品牌，增加茶农收入。

2015年1月29日，赤溪村扶贫工作成效得到习近平总书记批示肯定。

2015年，赤溪村被授予“全国旅游扶贫试点”“中国乡村旅游模范村”“中国最美休闲乡村”称号。

2015年，车岭获评“中国最美生态旅游村落”，杜家村上榜“福建省最美休闲乡村”。

2015年12月7日，汪洋副总理亲临视察，把赤溪村扶贫工作作为扶贫开发“宁德模式”的典范。

2016年2月1日，《人民日报》在头版头条刊发了长篇通讯《脱贫路上的赤溪村》，同时第10版整版刊发《“中国扶贫第一村”脱贫记》。

2016年2月19日，习近平总书记通过人民网与赤溪村民连线对话。

2016年7月，赤溪村党总支被中共中央评为“全国先进基层党组织”。

2017年，赤溪村被中宣部、文化部、国家新闻出版广电总局评为第七届全国服务农民、服务基层文化建设先进集体，被确定为省级旅游特色村，成功入选中国名村排行榜，并被列为“中国少数民族特色村寨”。

2018年，赤溪村建成旅游集散中心、玻璃栈道、畲家客栈、农业特色产业园等10个试点试验项目，累计完成投资5092万元。

2019年3月15日，福鼎市磻溪茶业协会成立。

2019年3月21日，磻溪廊桥举办“状元故里　生态茶乡——一桥一水一茶席”首届吟茶会。

2019年5月，举行以“白茶故里　生态茶乡”为主题的磻溪白茶推介会。

2019年6月27日，“全国茶叶生产现场会60周年庆典暨首届黄冈卜茶节”在磻溪镇黄冈村举办。

2019年6月，金谷、油坑、桑海3个村实现脱贫摘帽，建档立卡贫困户中92户、311人已实现稳定脱贫。

2019年11月17日，首届磻溪白茶丰收节在磻溪廊桥举办。

2020年7月16日，40多位记者、编辑们走进赤溪村，开展“走向我们的小康生活”主题采访活动。

2020 年 9 月 1 日，“同舟共济 · 守望相助 · 团结奋斗”福建省第十三个民族团结进步宣传月启动仪式在赤溪村举办。

2020 年 10 月 13 日，“摆脱贫困与政党的责任”国际理论研讨会线下参会代表赴宁德实地考察，考察了被称为“中国扶贫第一村”的磻溪镇赤溪村。

2020 年 10 月 17 日，磻溪第一次举办磻溪白茶丰收节大奖赛。